卓越学术文库

冯友兰中西文化的哲学思考研究

FENGYOULAN ZHONGXI WENHUA DE ZHEXUE SIKAO YANJIU

河南省高等学校哲学社会科学优秀著作资助项目

刘素娟　著

郑州大学出版社

图书在版编目(CIP)数据

冯友兰中西文化的哲学思考研究／刘素娟著.
郑州：郑州大学出版社，2024. 9. --（卓越学术文库）.
ISBN 978-7-5773-0705-3

Ⅰ. B261.5；G04

中国国家版本馆 CIP 数据核字第 2024DZ9837 号

冯友兰中西文化的哲学思考研究

策划编辑	王卫疆	封面设计	苏永生
责任编辑	席静雅	版式设计	苏永生
责任校对	郜　毅	责任监制	李瑞卿

出版发行	郑州大学出版社	地　　址	郑州市大学路 40 号（450052）
出 版 人	卢纪富	网　　址	http://www.zzup.cn
经　　销	全国新华书店	发行电话	0371-66966070
印　　刷	河南文华印务有限公司		
开　　本	710 mm×1 010 mm　1／16		
印　　张	18.75	字　　数	273 千字
版　　次	2024 年 9 月第 1 版	印　　次	2024 年 9 月第 1 次印刷

书　　号	ISBN 978-7-5773-0705-3	定　　价	86.00 元

序

　　自 1840 年鸦片战争以来,中国遭遇了"数千年未有之大变局"。西方资本主义列强为追求商业利润,强势打开中国大门,中国经济、社会及文化受到西方的强烈冲击。面对这些冲击,中国士人努力寻求应对之法,经历了从以"天朝上国"自居到承认自身不足之处、发奋图强的过程。

　　冯友兰先生是我国著名的教育家、哲学家、哲学史家,是中国哲学乃至思想文化界的代表性人物,也是民国时期河南"高教四杰"(冯友兰、嵇文甫、赵纪彬和吴绍骏)之一①,不仅在高等教育方面做出突出贡献,而且在学术造诣上也首屈一指。他被公认为是研究哲学史、思想史"可超而不可越"的代表性人物。冯友兰在哲学、哲学史上的学术探索,有着很强的时代痕迹。冯友兰曾说:"我从 1915 年到北京大学中国哲学门当学生以后,一直到现在,60 多年间,写了几部书和不少的文章。所讨论的问题,笼统一点说,就是以哲学史为中心的东西文化问题。"②作为五四时期成长起来的热血青年,冯友兰以如何解释和解决中西文化的冲突矛盾为自己毕生的讨论课题。他试图从哲学的视角去提供一种理解这种矛盾冲突性质的思路、适当地处理这种冲突的方法,并不断地让自己与这种文化矛盾冲突相适应。

　　作为中原学子,扎根中原、研究中原杰出人物,有着很重要的地域特色

---

　　① 散木:《哲学家赵纪彬的人生故事》,《党史博览》,2007 年第 1 期,第 54 页。

　　② 冯友兰:《〈三松堂学术文集〉自序》,《三松堂全集》(第 13 卷),河南人民出版社,2001 年,第 409 页。

和文化意义。近年来，我指导的博士研究生先后完成了嵇文甫学术思想研究和赵纪彬学术思想研究。所以，当素娟问我博士期间的研究方向时，我建议她做冯友兰学术思想研究，她欣然同意，并表示自己很喜欢这方面的研究。我知道这是一个有极大学术难度的研究，因为冯友兰先生学贯中西、思想深邃、博大精深，非下苦功夫才可能深入进去、有所获得。但我更相信刘素娟同学的实力，她本、硕都毕业于武汉大学思想政治教育专业，学业功底比较厚实，更重要的是，她身上有股执着的韧劲，认准的事情一定要做到底。在随后的博士论文定题时，又将研究题目具体化为《冯友兰的中西文化观研究》，我认为这个选题很有意义，因为一部中国近代史就是一部中华民族的民族救亡史，而这个历史进程中，最集中最高层次的反映就是中西文化方面的矛盾冲突，在中国近代思想文化史上，围绕中西文化矛盾冲突的讨论从未间断，研究著名哲学家冯友兰在这个历史进程中从哲学视角对中西文化的深层次思考，对于中西文化研究具有重要的学术价值。

　　本书是素娟在其博士论文的基础上修改完善而成的。全书用二十多万字，将冯友兰对于中西文化问题的哲学思考分为六个历史阶段进行论述，时间跨度从五四运动时期延续到改革开放之后，研究内容基本涵盖冯友兰的所有著作，作者还将冯友兰的中西文化思考放在每个历史阶段文化讨论发生的时代背景下进行评论和思考，这需要对每个历史阶段进行一定程度的把握。书稿经过数次修改，逻辑清晰，语言流畅，内容丰富，在冯学研究方面别具特色。

　　一是思想史学的视角。目前的冯学研究以哲学、哲学史专业为主力，大部分的冯友兰中西文化观研究是从纯哲学的视角来开展的，主要侧重于冯友兰文化观的哲学理论探讨，部分研究者对冯友兰的文化观与同时代学者的文化观进行对比研究，以凸显冯友兰文化观的价值和时代意义，但也多集中于理论讨论。冯友兰谓研究一哲学家之哲学，"作历史的研究时，须注意于其时代之情势，及各方面之思想状况"，须"知其人，论其世"①，本书作为中国近现代思想文化史专业的论著，除对冯友兰中西文化观本身的内容、价值进行探讨之外，还对冯友兰中西文化观产生的时代背景、文化讨论热点和各方观点等进行探讨，让人对于冯友兰的中西文化观点产生的原因、所针对的文化现象和观点有更深刻的理解，达到对人物思想"同情之了解"的目的。例如，冯友兰早期对中西文化差别及中国文化为什么落后的问题所进行的探索，是以五四运动发生不久，冯友兰为"救这饥荒"远赴美国攻读博士学位为背景的；冯友兰从人生哲学的视角来探讨中西哲学之异同，指出中西人生哲学都存在损、益和中道的人生观，是以当时的"科学与人生观"论战为背景的；冯友兰在20世纪三四十年代提出的文化类型说是在"中国本位文化"论战中本位文化派与全盘西化派的激烈论战中提出的。在20世纪五六十年代，当人们一味批判以儒学为代表的中国传统文化时，冯友兰则提出了"抽象继承法"，为中国传统文化的价值及存在而鼓而呼。作者在书中对冯友兰每个阶段文化主张的提出背景、人们在当时争论的文化焦点、冯友兰的文化观点等进行系统阐述，以图对冯友兰文化观有更深入的理解。

二是细致全面的耙梳。古往今来，人们关于文化的讨论从未停止，文化的内涵也纷繁复杂，现在世界上有关"文化"的定义有200多种，美国著名文化学专家克罗伯和克拉克洪在《文化：一个概念定义的考评》一书中比较权威而系统地归纳了166条文化的定义，这些定义分别涵盖了不同的学科领域，有人类学、社会学，也有心理分析学、哲学，还有化学、生物学、地理学等自然学科门类。"由来自文学批评、社会学、历史、媒介研究等的观念、方法和关切组成的地地道道的大杂烩，都在文化研究的方便的标签下面杂陈在一起。"②正因为文化概念的复杂性，在中西文化的讨论方面，人们莫衷一是，存在着多种不同的解释。历史上的名师大家关于文化也都提出了自己的看

---

① 冯友兰:《中国哲学史》(上),中华书局,2014年,第23—24页。

② 科林·斯巴克斯:《文化研究的评价》,陶东风主编:《文化研究精粹读本》,中国人民大学出版社,2006年,第1页。

法,梁漱溟持一种广义的文化观,他认为:"文化,就是吾人生活所依靠之一切。"①梁启超注重文化的精神价值和历史延续,他认为,"文化者,人类心能所开积出来之有价值的共业也""勉强找个比方,就像一个老宜兴茶壶,多泡一次茶,那壶的内容便生一次变化"②。

冯友兰认为文化是一种"总和体"或"总合体"。他说:"所谓'文化''民族性',都是空洞的字眼,不能离开具体的东西而独立。中国文化就是中国之历史、艺术、哲学……之总合体;除此之外,并没有别的东西,可以单叫做中国文化。"③冯友兰对文化的定义是综合的,既有精神层面,也有物质层面,既有深层次的哲学思想,也有具体化的文学艺术。冯友兰对中西文化进行对比探讨,一方面侧重从哲学深度进行思考,内容涉及中西文化的根本不同,另一方面还有对一些具体文化现象的探讨。本书作者对冯友兰的中西文化思想力求全面体现,对冯友兰的所有著作进行了精心的耙梳,不仅对冯友兰的哲学思想进行阐述,还将其关于中西文化的一些零散的、具体的论述进行了总结和提炼。比如,作者论述到,冯友兰在早期中西文化对比时提出了中国的官气与美国的商气,认为中国人从上到下官气十足,连商店老板乃至店小二也流露出一种对普通百姓的颐指气使,而美国人则充满了商业气息,连大学招生也要使用广告。冯友兰在游欧访学期间,在英国的游学经历使他得出中西文化是"古今之异"的新认识,他专门到苏联进行考察,得出一个结论:"封建社会'贵贵',资本主义社会'尊富',社会主义'尚贤'"。这些都是冯友兰从具体的生活经历中得到的印象和感悟,这些经历对于他的中西文化观产生一定的影响,作者在书中进行了详细阐述。

三是现实问题的关照。近代中西文化的冲突自 1840 年至今从未间断,人们在探索中西文化冲突的性质及出路时,不同年代有不同的争论主题和

---

① 梁漱溟:《我们如何拯救过去——梁漱溟谈中国文化》,江苏文艺出版社,2013年,第 13 页。
② 梁启超:《梁启超论中国文化史》,商务印书馆,2012 年,第 1 页。
③ 冯友兰:《论"比较中西"》,《三松堂全集》(第 14 卷),河南人民出版社,2001 年,第 232 页。

解决方案，从"东西文化论战"到"中国文化出路"的讨论，从"科玄论战"到"中国现代化道路"的论争，从"马克思主义中国化"到"文化大革命"，从20世纪80年代"文化"热到90年代之后的"国学"热，文化讨论随着时代发展而此起彼伏。冯友兰自1919年开始参与到中西文化的讨论中，这些讨论伴随着中国近现代思想文化史的发展过程。作者在梳理冯友兰中西文化观的过程中，时刻充满现实关怀，将当代的中西文化争论主题与冯友兰所处时代的争论相联系、相比较，将文化的讨论延续到当代，以期对于当代文化争论与冲突解决有所贡献。比如，冯友兰先生提出的爱国意志论、爱国不需要理由的思想对当代的爱国主义教育具有启发意义；在中西文化对比中，冯友兰始终在寻求中国传统文化的价值，从"作为一种思想材料总有研究的价值"到"社会的基本道德是有永恒价值的"，再到"传统文化中那种可以适用于所有社会的思想可以抽象继承"，这对于我们传承中国传统文化提供了思路；在马克思主义中国化进程中，冯友兰以马克思主义理论作为指导，重新撰写中国哲学史，其本身就是对马克思主义与中国传统文化相结合的一种大胆尝试，体现了很强的文化使命感。"学史以明智""以古鉴今"是史学的功能和价值所在。21世纪以来，随着改革开放的持续深入和中国特色社会主义建设事业的发展，中西文化的冲突和矛盾又有新的呈现：如何处理对外开放和市场经济带来的负面文化影响？如何面对全球化背景下的中西文化交融交锋，做到文化自信？等等。本书对于冯友兰先生中西文化哲学思考的系统梳理和论述、对于当代解决文化冲突与矛盾问题均具有一定的参照意义。

本书主要论述冯友兰关于中西文化的哲学思考，哲学的内容自然是主体，从史学的视角进行时代背景的分析和阐述，又需要有一定的史学素养与对时代的把握，而其阐述的主要问题又是关乎文化的，文化本身就是一门大的学问，内涵丰富、内容庞杂，可以说本书是文史哲相融相通的论著，要写好是一件不容易的事情。正因如此，书中难免存在一些不尽如人意之处，但瑕不掩瑜，这也为后续进一步研究提升留下了空间。素娟边工边读，用五年的时间完成了博士论文，在此期间，她努力克服工学矛盾，也不断平衡工作、家庭和学业之间的关系，我对她的博士论文是很满意的。说来汗颜，我对冯友兰学术思想研究几乎是一张白纸，但之所以硬着头皮答应作序，主要是作为导师，我希望她能够坚定对自己的信心，在学术的道路上走得更远。可以说，本书的出版不仅是为素娟的博士阶段画上了圆满的句号，更意味着她学术生涯新的开始。我对素娟说过，冯友兰先生的思想本身就是一座宝藏、是一个学术富矿，从多个角度对冯友兰学术思想进行深耕细作，这里有许多的课题可以做，也有着我们享用不尽的思想财富。希望素娟孜孜以求，学术之路越走越宽，不断取得新的更大的成就！

是为序。

吴宏亮

（郑州大学原党委副书记、历史学院教授、博士生导师）

目 录

1

绪　论

　　冯友兰(1895—1990)，河南南阳唐河人，我国著名的哲学家、哲学史家、教育家。他从小接受了良好的私塾教育，并于 1915 年至 1918 年就读北京大学哲学门，主修中国哲学，于 1919 年至 1923 年在美国哥伦比亚大学攻读哲学博士学位，对西方哲学有较高的造诣，他读博期间有意对中西人生哲学进行了比较，这为他日后的中西文化比较打下了良好的基础。冯友兰于 1918 年 9 月至 1919 年 9 月在开封河南第一工业学校任教，1923 年 9 月至 1925 年 8 月在开封中州大学任教，1925 年 9 月至 1925 年 12 月在广东大学任教，1926 年起担任燕京大学兼燕京研究所导师，同时兼北京大学讲师，1928 年 8 月至 1952 年 5 月任清华大学教授，并任文学院院长、校务委员会主席等职。冯友兰的一生没有离开过高校，没有离开哲学研究，不仅在高等教育方面做出突出贡献，学术造诣也颇高，是研究哲学史、思想史“可超而不可越”的代表性人物。在冯友兰的一生成就中，对文化的思考，特别是对中西文化对比的研究和思考，是冯友兰的三大贡献之一（主要为哲学、哲学史、文化），也是冯学研究的重要内容。

　　自 1840 年鸦片战争以来，中国遭遇了“数千年未有之变局”。西方资本主义列强为追求利润最大化打开了中国大门，中国经济、社会及文化受到了西方的强烈冲击。面对这些冲击，中国人努力适应并寻求解答，经历了从以“天朝上国”自居到承认自身不足、发奋图强的过程。中国“救亡图存”的思想历程经历了三个阶段：第一个阶段主要以学习西方器物为主要内容。人们从最初的“尊王攘夷”、“夷夏之辨”、排斥西方文化中惊醒过来，开始尝试向西方学习，魏源的《海国图志》最早提出“师夷长技以制夷”，力图通过学习西方之“长技”达到“制夷”的目的，张之洞提出“中学为体、西学为用”，以西学之技艺为"用",保留中国思想文化的"体",这些都是以学习西方的先进器物和技术为主,终未能解决中国的内忧外患。第二阶段是以学习西方社会政治制度为内容,20世纪末以康有为、梁启超为代表的维新派,在光绪皇帝的支持下,发动维新变法运动,试图通过政治改良,推动社会发展,然而在以慈禧太后为首的封建顽固势力的阻挠下,维新变法以失败而告终。以孙中山为首的革命派领导的辛亥革命最终推翻了清王朝,但是紧接着的袁世凯复辟、军阀混战并没有使中国走向独立和稳定。第三阶段,人们认识到中国之落后不仅仅在器物、制度,根本之处还与中国文化有关,陈独秀的《新青年》杂志开风气之先,胡适、李大钊、鲁迅等为文化革新摇旗呐喊,五四新文化运动将文化救亡运动推向更深更远。

五四运动以来,中西文化的讨论从未停息,从"东西文化论战"到"中国本位文化"问题讨论,从"科玄论战"到"中国现代化道路"论争,从"马克思主义中国化"到"文化大革命",从20世纪80年代的"文化热"到90年代之后的"国学热",文化讨论随着时代发展而此起彼伏。21世纪以来,随着改革开放的深入发展和社会主义建设事业的发展,中西文化的冲突和矛盾又有新的呈现。如何处理对外开放和市场经济带来的负面文化影响? 如何面对全球化背景下的中西文化交融,做到文化自信? 等等。文化讨论热度不减、意义重大。

冯友兰曾说:"我从1915年到北京大学中国哲学门当学生以后,一直到现在,60多年间,写了几部书和不少的文章。所讨论的问题,笼统一点说,就是以哲学史为中心的东西文化问题。"①冯友兰始终参与了中西文化的讨论,对于中西的异同、如何对待中国文化、中国文化向何处去等问题有许多独到见解。民国时期,史学界出现了"信古""疑古""释古"三种趋势和派别,"信古"简单说就是相信历史、相信史料,"疑古"就是要对古代史料进行重新审查,"释古"则是要将史料融会贯通。与之相对应,在对待中国文化方面,"信古"一般持守旧态度,"疑古"一般持批评态度、"释古"则是保守折中。胡适、顾颉刚是"疑古"的一派,柳诒徵等是"信古"的一派,冯友兰则是

---

① 冯友兰:《〈三松堂学术文集〉自序》,《三松堂全集》(第13卷),河南人民出版社,2001年,第409页。

"释古"派。

关于如何看待中西文化关系问题,在 20 世纪一直存在着"东方文化优越""国粹主义"等中国文化派,"西方文化中心论""全盘西化"等主张批判中国文化全面学习西方的西方文化派,主张吸收西方文化之长补中国文化之短、中西文化互补、发展世界文化的折中派。在这三个派别中,冯友兰属于折中派,但他的这种折中既有维护中国传统文化的方面,也有吸收西方文化、发展中国文化的方面,他受新实在论的影响,以共相和殊相为哲学基础,提出文化的类型说,主张一种文化既要有其特殊性,还要借鉴先进文化的一般性,他还提出了"经验材料说""抽象继承法"等为中国文化的传承相续提供理论依据。冯友兰的一生几乎跨越了整个二十世纪,他的文化探索涉及许多中西文化问题,就像冯友兰在《哥伦比亚答词》中所说的那样:"我生活在不同的文化矛盾冲突的时代。我所要回答的问题是如何理解这种矛盾冲突的性质;如何适当地处理这种冲突,解决这种矛盾;又如何在这种矛盾冲突中使自己与之相适应。"①

冯友兰作为哲学家,他关于中西文化的讨论,主要是从哲学的角度、救亡的角度来探讨中国为什么落后及如何奋起直追的问题,冯友兰认为文化是一种"总和体"或"总合体"。他说:"所谓'文化''民族性',都是空的抽象的字眼,不能离具体的东西而独立。中国文化,就是中国之历史,艺术,哲学……之总合体;除此之外,并没有别的东西,可以单叫做中国文化。……民族性也是如此,他就是中国从古及今,一切圣凡贤愚之行为性格之总和体,除此之外,别无中国民族性。"②冯友兰关于文化的定义是把文化作为一个和具体东西相联系的整体概念来理解的。他在对中西文化进行对比探讨中更加侧重从哲学角度进行思考,内容既涉及中西文化的根本不同,又涉及中国文化的传承和发展问题,还涉及一些具体文化问题的探讨。

冯友兰对自己的哲学探索历程进行过三次划分,其一,《哥伦比亚答词》中提到的三阶段划分法。"为了解答这些问题,我的思想发展有三个阶段。

---

① 冯友兰:《三松堂自序》,人民出版社,2008 年,第 314—315 页。
② 冯友兰:《论"比较中西"》,《三松堂全集》(第 14 卷),河南人民出版社,2001 年,第 232 页。

在第一阶段,我用地理区域来解释文化差别,就是说,文化差别是东方、西方的差别。在第二阶段,我用历史时代来解释文化差别。就是说,文化差别是古代、近代的差别。在第三阶段,我用社会发展来解释,就是说,文化差别是社会类型的差别。"①其二,《三松堂自序》中的四阶段划分法:"六十年来,我的哲学活动,可以分为四个时期。第一个时期是从1919年到1926年,其代表作是《人生哲学》。第二时期是从1926年到1935年,其代表作是《中国哲学史》。第三时期是从1936年至1948年,其代表作是《贞元六书》。第四时期是从1949年到现在,其代表作是尚未完成的《中国哲学史新编》。时期虽异,研究的对象也有不同,但都贯穿着上面所说的那个问题,都是想对于那个问题作一种广泛的解答,特别是对中国传统文化作一种广泛的解释和评论。"②其三,《四十年的回顾》中的五个时期划分法。《四十年的回顾》是把20年代又划分成两个阶段:一是探讨"中国为什么没有科学"阶段,一是参加人生观大战的阶段③。他的划分标准主要有两类,一是以代表作发表时间为标准进行划分,一是以思想转变为阶段划分标准。

　　关于冯友兰思想历程发展阶段的划分,在学术界也有所讨论。《冯友兰先生年谱》《三松堂全集》的编纂者蔡仲德先生提出了三阶段论,认为冯友兰的思想经历了"实现自我""失落自我""重返自我"的三个阶段,他说冯友兰1949年之前是建立自己的学问体系、实现自我的阶段;1949至1978年是失落自我、不断进行自我批判的阶段;1978年至1990年是重拾学术自信、重返自我的阶段。④ 方克立则认为冯友兰的思想主要分为两个阶段,即解放前与解放后⑤;张岱年等也从冯友兰解放前后的思想转变、"冯友兰现象"的阐释

①　冯友兰:《三松堂自序》,人民出版社,2008年,第315页。
②　冯友兰:《三松堂自序》,人民出版社,2008年,第174—175页。
③　冯友兰:《四十年的回顾》,《三松堂全集》(第14卷),河南人民出版社,2001年,第1000页。
④　蔡仲德:《论冯友兰的思想历程》,《传统文化与现代化》,1996年第5期,第65—77页。
⑤　方克立:《全面评价冯友兰》,单纯、旷昕主编《解读冯友兰·学者研究卷》,海天出版社,1998年,第67页。

入手,将冯友兰的思想主要分为解放前后进行对比①。王鉴平主要将1949 年之前的冯友兰中西文化观发展划分为三个阶段:以意志、欲望来说明文化之异;以古今变迁来说明文化之异;以社会类型来说明文化之异②。

人物思想发展阶段的划分要与其思想发展的实际逻辑和客观历史相一致,要围绕研究的主题或者说思想的主线进行划分,人物思想是没有办法截然划分的,它是一个发展的过程,发展之中有反复、有交叉、有重叠,阶段的划分只是根据人物思想每个阶段的思考着重点不同进行划分。冯友兰中西文化观的发展与冯友兰关于自身思想发展阶段的划分有部分切合之处,根据他关于中西文化关系对比与理论阐释的变化发展,可将冯友兰中西文化观发展历程分为六个阶段。

第一个阶段,认为中西文化为中西之别,时间为 1919 年到 1923 年,主要代表作为《中国为什么没有科学?》《与印度泰谷尔谈话》等。这个时期,五四新文化运动如火如荼,人们关于"中西文化异同""中国文化向何处去"有着广泛的讨论。冯友兰对中西文化的探索,主要围绕"中国文化为什么会落后、中西文化有什么不同"来进行,冯友兰认为中国落后的原因在于没有科学,中国没有科学的原因在于中国文化向内寻求的历史选择,它走的是"自然"路线,关注的是人的内心需要,注重的是人伦日常。与之相反,西方产生科学的原因在于西方文化向外追求,走的是"人为"路线,注重向大自然寻求力量,追求确实性。

第二个阶段,认为中西文化有共同之处,时间为 1923 年到 1926 年,主要代表作为《人生理想之比较研究》《人生哲学》《中国哲学之贡献》等。这个阶段,冯友兰在美国攻读博士学位,通过深入了解西方哲学,他发现中西文化有许多相同之处,都同时存在着几种人生哲学派别,冯友兰以老子所谓"损益"问题为主线,将中西人生哲学按照"损道""益道""中道"三个大类分为十个派别,提出中西哲学都有"损道",主张人类的幸福在于约束人的欲望;也都有"益道",主张向外探寻幸福;还都有"中道",主张有限度地向外探

---

① 张岱年:《冯友兰哲学思想的转变给我们的启示》,《高校理论战线》,1991 年第 2 期,第 63—54 页。

② 王鉴平:《冯友兰哲学思想研究》,四川人民出版社,1987 年,第 152—153 页。

索。回国后,冯友兰接续人生哲学之同的发现,参与了"科玄论战",提出了一种新的人生观。

第三个阶段,认为中西文化是古今之异,时间为 1926 年到 1935 年,主要代表作为《中国哲学史》《秦汉历史哲学》等。受马克思主义在国内广泛传播的影响,冯友兰逐步接受了唯物史观,认识到社会从低到高的发展规律。欧洲游学的观察和思考促使冯友兰对中西文化的看法从"中西之异"转向了"古今之异",认识到中西文化的不同在于时代差别,中国是古代文化,西方是近代文化。冯友兰文化观从"中西之同"到"古今之异"的辩证发展,让他认识到中西互释的可能。

第四个阶段,在中国社会现代化进程中提出文化类型说,主要代表作是《贞元六书》,冯友兰根据共相殊相理论寻求中国文化的现代化之路。20 世纪 40 年代,面对抗日战争和建国问题,冯友兰认为工业化是中国现代化的必由之路。在中国现代化问题讨论中,冯友兰接续"古今之异",根据共相殊相理论,提出了文化的类型说,认为西方是以社会为本位的工业社会,其文化是工业类文化,中国是以家庭为本位的农业社会,其文化是农业类文化。中国向西方学习,不是"全盘西化",也非"中国本位",而是要学习其工业类文化,保持中国的基本道德不变,保留中国民族文艺。

第五个阶段,在文化冲突中保护中国传统,时间为 1949 年到 1976 年,主要代表作为《中国哲学遗产底继承问题》,着重对中国传统文化的继承与发展问题进行探讨。中华人民共和国成立后,中国共产党实行"团结、教育、改造"的知识分子政策,加强马克思主义的指导地位。冯友兰主动接受改造,努力进行马克思主义理论学习和实践,进一步接受马克思主义。从此,冯友兰的中西文化讨论加入了马克思主义的因素。面对 1950 年代文化改造和马克思主义教条化对中国传统文化的否定和批判,冯友兰勇敢地提出了"抽象继承法",旨在传承中国文化的传统命脉。

第六个阶段,为建立中国新文化体系贡献力量,时间为 1976 年到 1990 年,主要代表作为《中国哲学史新编》,冯友兰运用马克思主义理论重新整理与撰写中国哲学史,为中国文化的发展"增薪添柴"。"文化大革命"结束后,中国共产党确定了"解放思想、实事求是"的思想路线,开始了波澜壮阔的改革开放。冯友兰在这个时期重新获得了学术生命,他认为,中西文化进入了新的历史发展阶段,"向西方学什么"的问题已经基本解决,新阶段在于如何传承中国传统文化,建立新的文化体系。围绕"中国古典哲学有哪些成分可为新的文化体系所吸收",冯友兰完成了《中国哲学史新编》,为中国文化的新发展输送营养。

从这六个阶段的思考来看,冯友兰对中西文化的思考有一个变化的过程。前四个阶段围绕"中国为什么落后"的主题进行,他的思想发展经历了一个正、反、合的过程。第一个阶段是"正",认为中国落后于西方,中西文化根本不同。第二个阶段是"反",认为中西文化还是有相同相通之处的。第三、四个阶段是"合",认为中西在古代发展水平差不多,有很多相同之处,西方只是因为近代工业化发展领先了中国,中西的区别是古今之别、是农业社会和工业社会之别。后两个阶段围绕"中国文化继承发展"问题进行。第五个阶段探讨如何继承中国文化,认为文化可以抽象继承;第六个阶段则是整理中国传统文化,为中国文化的发展奠定良好的基础。

冯友兰曾说:"一个哲学家如果是对于某个问题,得出一个结论,他必然经过一段理论思维的过程。他可能没有把这段过程说出来。研究哲学史的人要尽可能把这段过程替他说出来。""对于一个哲学家,必须真正懂得:他想些什么,见些什么,说些什么;他是怎样想的,怎样说的;他为什么这样想,这样说。重要的是具体,因为历史的东西都是具体的东西。"[1]冯友兰对中西文化的认识和思考近一个世纪,折射出了20世纪的风云变幻,展现了冯友兰的爱国热忱和民族情怀。冯友兰关于中西文化的哲学思考始终离不开对中国传统文化的反思和评价及对中国文化未来的思考,经历了一个从不自信到自信的过程,表现了冯友兰在中西文化冲突面前对中国传统文化的着力和用心。在每个阶段的思想探讨过程中,本书将围绕冯友兰中西文化观点,从产生背景、主要内容及影响评价等方面进行阐述。总体来说,主要包括几个方面的论述:一是阐释时代背景与文化思潮,二是阐述冯友兰中西文化的哲学思考,三是对于冯友兰的文化哲思进行评析。

―――――――――

[1]　冯友兰:《我研究中国哲学史的一点经验》,《三松堂全集》(第13卷),河南人民出版社,2001年版,第426、427页。

第一章

新文化运动与赴美留学：冯友兰对中西文化的初步探索（1919—1923）

在中西文化交流史上，中国与西方国家的文化交流在汉代就已经出现，外来文化之输入中国从未间断，只是每次规模大小不一，但是因为当时的中国文化处于世界领先位置，异域文化总是被同化，最典型的是佛教的中国化，形成了独具中国特色的佛教禅宗。然而到了晚清，中国遭遇了"千年未遇之大变局"。当延续了两千年的中国封建传统文化与经过了文艺复兴与工业革命之后的西方文化再次相遇时，西方文化在许多方面明显已经超越了中方，中国人"天朝上国"的观念被一点点消解，闭关锁国的大门被西方枪炮强势打开，从此之后中华民族开始了长达百年的挣扎、抗争，中西文化也经历了激烈的交流交锋。"中国近代史，是近代化的历史，是中西文化冲合的历史，是新文化运动的历史。"[①]

从洋务运动到戊戌变法，从辛亥革命到五四运动，中国人在开眼看世界的过程中，逐步完成了从"器物"到"制度"再到"文化"的意识转变过程。冯友兰出生于 1895 年，1915 年入北京大学"哲学门"学习，正赶上中国人开始从文化上寻求中西之别，力图从文化上救中华于水火的历史发展阶段。20 多岁的冯友兰在北大感受到中西文化的巨大差别，接受了新文化的教育与熏陶，开始了解释和解决中西文化冲突的长期探索道路。1919 年，冯友兰考取官费，到哥伦比亚大学攻读哲学博士学位，认真思考了中西文化的区别及中国落后的原因，对中西文化有了初步的比较和思考。

---

① 田海林：《中国近代政治思想史》，山东大学出版社，1999 年，第 404 页。

第一节　冯友兰中西文化观的思想渊源

鸦片战争以降，人们关于中西文化问题一直有着不同的争论焦点，比如，学校科举之争、旧学新学之争、文言白话之争、中学西学之争、洋务守旧之争、维新洋务之争、革命立宪之争等。这些争论基本贯穿于中国人探索救亡图存道路的全过程，直到中国学习西方机械枪炮的器物之路、西方民主立宪的政治制度道路都失败之后，人们才把视角集中转向寻求文化上的救赎，新文化运动应运而生，东西文化之争达到高潮。

冯友兰从童年到青年的成长过程正伴随着中国救亡历程的变迁，冯友兰于 1915 年始在新文化运动的启蒙中心北京大学求学，受过良好私塾教育的冯友兰开始重新认识中国文化，接受西方文化，这为他的中西文化探索打下了思想基础。

一、童年时期接受良好的传统文化教育

冯友兰出生于河南南阳唐河县祁仪镇的"耕读世家"冯家大院。冯家祖上于康熙五十五年（1716 年）由山西高平迁移到河南南阳，家里以经商为主，后来购置土地，过着较为富裕的生活，但是这种生活主要以"耕"为主，与南阳当地"耕读"的风气不合，不能得到尊重和重视。冯家五世孙、冯友兰的祖父冯玉文励精图治，培养儿子冯台异成为进士，从此，冯氏弟子一直很注重学问和功名，将"耕读传家"的家风传下去，成为当地很有名气的"书香门第"。中进士的冯台异，也就是冯友兰的父亲，明确表示：不希望子孙代代出翰林，但希望子孙代代有秀才。因为在封建社会，一个人作秀才，就可以算是进入士林，在社会中就有特殊的地位了。实际上，自五世孙起，冯家代代出英才，冯玉文虽然没有考中秀才，但是他作的诗很好，编有《梅村诗稿》。冯台异的哥哥和弟弟都是秀才，出有《知非斋诗集》《复斋诗集》，冯友兰的姑母也能作诗，出有《梅花窗诗草》，冯友兰曾自豪地说："作诗必须有一点天赋

才行。""有些人学问大,可以下笔千言,但写出来的诗并不是诗。"①冯家重视教育的家风、厚重的文化气息滋养和熏陶着冯友兰的心灵。

冯友兰从小在家接受系统的私塾教育,他从读《三字经》开始,接着读《孟子》《中庸》《大学》等,"四书"读完之后,读《诗经》等经书。"一本书必须从头背到尾,才算读完。"②冯友兰跟随父亲到武昌以后,父母商定教育方案,要求其继续读背古典书籍《书经》《易经》《左传》等,母亲在家专门负责监督,冯友兰父亲认为,"在学新知识之前,必须先把中文学好","没有一个相当好的中文底子,学什么都不行"③。同时父亲注重学以致用,让友兰兄弟撰写作文,并给予指导。比如,有一次父亲要求友兰兄弟游洪山之后写篇游记,看过孩子的作文之后,因为不太好,还自己写了一篇,并讲明"写这类文章,要有寄托,要能即景生情,即物见志"。父亲在崇阳县任职期间,冯友兰所学功课主要有古文、算术、写字、作文等四门,又得以在签押房翻阅一些书籍、文案等,不仅在学问上,而且在实践中潜移默化地接受传统文化的熏陶。冯友兰童年所读新书较少,只读过《地球韵言》——一本讲地理知识的书。冯友兰的私塾教育主要是在自己家里完成的,他所受教育系统,知识掌握扎实,这与他父母的精心筹划、身体力行是分不开的,特别是冯友兰的母亲,在其父亲英年早逝之后,独自担起教育子女、支撑家庭的重任,她的言行深刻地影响着子女。冯友兰在母亲《祭文》中认为古今杰人多伤于偏至,很少合乎中行,而母亲则是"集诸德之大成"。冯友兰、冯景兰、冯阮君三兄妹皆成为业界的名人,与其母亲的言传身教息息相关。冯友兰幼年的读书学习经历使他从小打下了坚实的中文底子,冯友兰之后的考学经历也得益于此。考取县里小学时,县官夸奖他"你的文章很好"。后来考取中州公学、中国公学、北京大学乃至考取唯一的留美学生资格,都很顺利而且成绩很好。

冯友兰的童年曾因父亲任崇阳县县官而得以在县衙居住,在县衙的生活使得冯友兰对封建官僚体制有深刻的体悟。从官员的仪仗除了本人外只能太太和老太太使用,他体会到封建的"妻以夫贵、母以子贵",认为这是对

---

① 冯友兰:《三松堂自序》,人民出版社,2008年,第4页。
② 冯友兰:《三松堂自序》,人民出版社,2008年,第4页。
③ 冯友兰:《三松堂自序》,人民出版社,2008年,第7页。

封建妇女"三从"的补偿;从衙门的建筑格局和体制,他体会到"不睹皇居壮、安知天子尊"的封建皇权至上。父亲去世之后,母亲非常操心孩子的教育和前程,当时冯母还是试图让孩子取得类似秀才的资格,以有利于前途。因为"当时人的心中,还是以科举的资格为标准。无论什么资格,他都要把它折合为科举的资格,心里才落实"①。冯友兰在家人的安排下,开始了从县里小学到省里中州公学的学习生涯,这是冯友兰走出家门、走向社会的开始。

二、新文化运动的兴起

1911 年在武昌发生的辛亥革命,是戊戌变法后革命党人不满清政府的腐败统治而发动的以废除帝制为目的的革新运动,辛亥革命结束了在中国存续长达 2000 多年的君主专制制度,在思想、文化领域产生了深远的影响。南京临时政府成立之后,颁布了一系列革除"旧染污俗"的政令,宋教仁、蔡元培等发起成立了社会改良会,发表了改良风俗的宣言和章程,改良的风俗涉及生活的方方面面,特别是各地革命党人动员群众剪辫子行动,由最初的行政命令变为一种新风尚。"辫子比皇帝更直接地使每个普通老百姓感受到革命浪潮的冲击。"②皇帝废除了,人们的辫子剪掉了,蓄发裹脚等封建陋习也陆续得以废除,不管愿意不愿意、自觉不自觉,抵制封建帝制、反对封建陋习、提倡新生活新风尚逐渐成为人们的一致要求,不顺应革命大潮的遗老遗少成为封建余孽的代名词而为人们所不齿。

辛亥革命后的中国,民主政治因为封建势力的阻碍并未真正实现,孙中山带领革命党人不断通过革命和运动与袁世凯和北洋军阀进行斗争,这些斗争让人们一次次、一遍遍看清了封建顽固势力的本质。梁启超在《五十年中国进化概论》中说:"革命成功将近十年,所希望的件件都落空,渐渐有点废然思返,觉得社会文化是整套的,要拿旧心理运用新制度,决计不可能,渐渐要求全人格的觉醒。"③陈独秀在《吾人最后之觉悟》中说:"自西洋文明输

---

① 冯友兰:《三松堂自序》,人民出版社,2008 年,第 23 页。
② 陈旭麓:《近代中国社会的新陈代谢》,中国人民大学出版社,2012 年,第 320 页。
③ 梁启超:《五十年中国进化概论》,《梁启超史学论著四种》,岳麓书社,1998 年,第 8 页。

入吾国,最初促吾人之觉悟者为学术,相形见绌,举国所知矣;其次为政治,年来政象所证明,已有不克守缺抱残之势,继今以往,国人所怀疑莫决者,当为伦理问题。此而不能觉悟,则前之所谓觉悟者,非彻底之觉悟,盖犹在惝恍迷离之境。吾敢断言曰:伦理的觉悟,为吾人最后觉悟之最后觉悟。"①周作人在谈到张勋复辟对他们兄弟俩的影响时说:"因为经历这次事变,深深感觉中国改革之尚未成功,有思想革命之必要。"②钱玄同说,他"目睹洪宪皇帝之反(返)古复始,倒行逆施,卒致败亡也。于是大受刺激,得了一种极明确的教训。知道凡事总是前进,决无倒退之理"③,他也给自己起了一个新的名号——"疑古玄同"。

陈独秀作为新文化运动的发起人,曾考取秀才,但是在乡试落榜之后,放弃了科考的道路,后来受康有为、梁启超维新思想的影响,开始走向革新的道路。他曾参与"挥剪割发"革命行动、拒俄运动、无政府主义暗杀团,还是辛亥革命的积极参加者,在袁世凯复辟之后,陈独秀又参与到讨袁的二次革命中去,二次革命失败后,他不得不流亡上海。正是因为陈独秀亲自参加了革新的一系列运动,对中国政治前途有更深刻的认识,对中国道路变革和未来发展有更真切的感受,经过一段悲观失望情绪的陈独秀重整旗鼓,开始了对变革中国道路的反思,"检讨近代以来政治革命与民族革命目标,重新判定个人与国家和民族的关系"④。陈独秀注意观察中国国民的生活和对待同胞的态度,开始从国民性、国民精神等文化层面思考中国问题。

陈独秀认识到报刊对文化思想的影响和作用,从日本回来之后,他决定创办杂志,并宣言:"让我办十年杂志,全国思想都会有改观。"⑤1915 年 9 月 15 日,《青年杂志》在上海问世,新文化运动兴起。陈独秀在杂志发刊公告中指明:"本志以平易之文,说高尚之理。凡学术事情足以发扬青年志趣者,竭力阐述。冀青年诸君于研习科学之余,得精神上之援助。"⑥刊物的目的主要

①　《独秀文存·论文(上)》,首都经济贸易大学出版社,2018 年,第 32 页。
②　周作人:《知堂回想录(下)》,河北教育出版社,2002 年,第 367 页。
③　《通信》,《新青年》第 3 卷 5 号,1917 年 7 月 1 日,第 13 页。
④　李怡:《日本体验和中国现代文学的发生》,北京大学出版社,2009 年,第 147 页。
⑤　转引自唐宝林:《陈独秀全传》,社会科学文献出版社,2013 年,第 139 页。
⑥　《社告》,《青年杂志》第 1 卷第 1 号,1915 年 9 月 15 日,第 1 页。

在于启发青年,担当青年思想的启蒙。在发刊词《敬告青年》中,他以极其有力鲜明的文字,提出了具有自觉心的国民标准六条:自主而非奴隶的;进步而非保守的;进取而非退隐的;世界而非锁国的;实利而非虚文的;科学而非想象的。① 他认为,广大青年应该照这六条标准自觉努力,能够达到这六条标准的青年将是拯救中国的希望:"所欲涕泣陈词者,惟属望于新鲜活泼之青年,有以自觉而奋斗耳!"②《新青年》刊出后,逐渐得到一批曾经留学的知识分子的青睐,所发表的文章发挥了很好的思想启蒙作用,鲁迅的《狂人日记》、胡适的《文学改良刍议》等一批著名文章相继刊出,引起社会各界广泛关注,《新青年》逐渐声名鹊起。

在蔡元培先生的邀请和荐聘下,陈独秀担任北京大学文科学长,《新青年》杂志随之迁到北京续办。《新青年》杂志办刊地点设在北京大学,为杂志继续扩大影响提供了良好的学术文化环境和人力资源。北京大学的著名学者纷纷参与到杂志的撰稿中,如钱玄同、沈尹默、陶孟和、刘半农、李大钊、胡适、鲁迅、周作人等,形成了以《新青年》编辑部为中心的新文化活动阵营。编辑部同仁们不负众望,骁勇善战,根据自身所长,写出许多扶持新文化、批判旧文化,促进社会变革的战斗檄文。自迁到北京大学后,杂志发行量猛增到每期16000多册。顾名思义,《新青年》杂志主要的受众对象是青年知识分子特别是青年学生,通过一系列优质文章的发表,《新青年》成功地成为许多读者特别是青年人的良师益友,影响深远。

总的说来,《新青年》以反对各种旧的思想和习惯形态、提倡新学为方向。新文化运动要通过唤醒明智、启蒙思想、创造新青年来实现救亡的目的。正如田海林所指出的那样,"近代中国的新文化运动,是反帝反封建的资产阶级民主革命在思想文化领域里的反映,是由新旧学之争、中西学之争构成的救亡与启蒙的双重奏"③。新文化运动正因为其对传统的批判,才形成了与传统文化派的对峙局面。新文化派与传统文化派的对峙引起了东西文化大战,人们围绕中西文化差异优劣及中西文化关系处理、中国文化发展

① 《独秀文存·论文(上)》,首都经济贸易大学出版社,2018年,第2—6页。
② 《独秀文存·论文(上)》,首都经济贸易大学出版社,2018年,第1页。
③ 田海林:《中国近代政治思想史》,山东大学出版社,1999年,第404页。

方向问题进行了激烈的讨论。《五四前后东西文化问题论战文选》的编者陈崧认为："当时论战的内容非常丰富,涉及的问题非常广泛,但比较集中于东方文化和西方文化的关系问题。"①新文化运动时期关于中西文化的论战是对洋务运动、戊戌变法时期中西文化论战的继续,也是对之前讨论的发展,主要讨论深层次的思想基础、性质优劣等问题,还涉及中国文化的出路、中国文化与世界文化的关系问题。"在这种背景下形成的新旧之争已不是明末清初的邪正之争,也不是甲午战争前的夷夏之辨,甚至也不完全是戊戌维新前后的中学与西学、维新与翼教、护圣之争,而是在更高层次上的新旧文化的冲突。"②新文化运动时期的中西文化讨论是后期中西文化讨论之发端,也是后续中西文化讨论的基础。

三、从中国公学到哥伦比亚大学

辛亥革命之后,冯友兰崇尚新的革命势力,因为黎元洪当时威望甚高,冯友兰选择到故地武昌黎元洪任校长的中华学校读书,不久又考取河南官费到上海中国公学读书。冯友兰选择到中国公学,一方面是因为中国公学是中国的留日学生因不满日本政府对中国留学生的待遇而集体创办的,而且创办的时候出了位有名的学生胡适;另一方面,当时中国公学的校长是黄兴,也是革命派的领袖。冯友兰认为中国公学是一所可以学习到新式文化的学校。

1913 年,18 岁的冯友兰考取河南官费,到上海中国公学读书,在上海这座开放的文化大都市,他接触到了中西文化的碰撞。在上海,冯友兰也看到了殖民主义对于十里洋场的影响程度,不会说上海话,就会被人骂作"江北佬",如果能来一两句英文,便立马受到尊敬。当时的上海学校,每门课程所用教材都是英文"原本","无论讲什么课,其实都是讲英文"③。"中国公学

---

① 陈崧:《五四前后东西文化问题论战文选》,中国社会科学出版社,1985 年,第 2 页。
② 陈旭麓:《近代中国社会的新陈代谢》,中国人民大学出版社,2012 年,第 381 页。
③ 冯友兰:《三松堂自序》,人民出版社,2008 年,第 23 页。

是对冯友兰人生产生重要影响的第一所学校。"①在中国公学的两年多时间内,冯友兰开始接触真正意义上的西学,并因为学习逻辑学、学习耶芳斯的《逻辑要义》而对逻辑学产生了浓厚的兴趣,并因此产生了要攻读西方哲学的念头。

冯友兰于 1915 年下半年考入北京大学哲学门,目的在于学习西方哲学。1915 年 9 月至 1918 年 7 月,冯友兰在北京大学读书的三年时光也是第一次世界大战期间,在国内经历了袁世凯和张勋的复辟,这个时期他感受到了国际风云变幻,见识了封建旧势力的最后挣扎。这三年是新文化运动酝酿开始的阶段,也是《新青年》开始创办并传播新文化的三年,冯友兰接受了"一刊一校"的充分教育和熏陶,在思想、学术等方面产生了深刻的变化,北京大学的教育经历奠定了他日后的学术志向和学术基础。

蔡元培于 1917 年 1 月上任北京大学校长。蔡元培从德国学习回来,在任北京大学校长之际给自己立了三个原则:一不做官,二不纳妾,三不打麻将,表明了要与旧势力决裂的决心。这三个原则是很有针对性的,当时的北京大学,教授和学生的声名并不佳,诸多人沾满了封建的恶习。蔡元培三个原则的实施就是对封建陋习的反对、是对社会新风尚的引领,对学生的影响很大,冯友兰在晚年还清晰地记得蔡元培的这三个原则。

在北京大学,蔡元培进行大学改制,实行"学术自由、兼容并包"的办学理念,他认为,大学应保有思想学术自由,各种分歧的理论只要有严格的学术立场,就应该在大学里兼容并收和自由发表。蔡元培不仅为辜鸿铭、刘师培等文化保守派保留一席之地,还引进了陈独秀、胡适、鲁迅、周作人、梁漱溟等一批文化名人任教北大,一时间,全国诸多学术权威聚集北大,北京大学成为全国最高学府。一种类似"工读"的制度在北大也建立起来,教授团还成立了各种研究团体与辅导学生的社团,平等的精神在学生与教授、学生与学生之间建立起来。许德珩认为,蔡元培的所谓兼容并包,"并不是新旧一揽子全包,而主要是罗织具有先进思想的新派人物,对那些腐败守旧人物

---

① 赵金钟:《霞散成绮——冯友兰家族文化史》,长江文艺出版社,2000 年,第113 页。

则尽量排除"①。冯友兰也认为,"他的'兼容并包',固然是为辜鸿铭、刘师培之类的反动人物保留地盘,但更多的是为陈独秀、李大钊等革命人物开辟道路"②。蔡元培聘请的多位新文化倡导者担任北京大学教授,使得北京大学成为新文化运动中心,蔡元培必要时还亲自操刀,为新文化呐喊,他所写的《答林纾信》和为胡适所写的《中国哲学史》序言就是例子。

"蔡元培在国立北京大学由1917年开始推动的各种改革,其在五四运动中发挥的重要作用,不下于陈独秀创办的《新青年》。"③蔡元培时代的北京大学,是北大人的美丽的梦,是"虽不能至,心向往之"的精神境界的象征。④以蔡元培为校长的北京大学所开展的大学教育改革,创造了中国大学教育的新纪元,北京大学开始了新世界观、新思维、新伦理、新方法的教育,开启了新的大学教育。

冯友兰在谈到蔡元培执政的北京大学时说,北京大学从一个官僚养成所变成了一所名副其实的高等学府,北京大学"开始转变为资产阶级思想占统治地位,同时马克思主义也开始传播。这就是五四运动在北大的开始。当时我们身在其中的学生,觉得心胸一天一天开朗,眼界一天一天地开阔"⑤。冯友兰认为他在北京大学主要有两个阶段、两个收获,他说:"在第一阶段,我开始知道,在八股文、试贴诗和策论之外,还有真正的学问,这就像是进入了一个新的天地。在第二阶段,我开始知道,于那个新天地之外,还有一个更新的天地。""这两个天地是有矛盾的,这是两种文化的矛盾。"⑥冯友兰作为青年学生,受到新文化运动的影响,并受胡适、蔡元培、李大钊等北京大学新文化运动三巨头直接或间接的教诲,得到北京大学"学术自由、兼容并包"氛围的熏陶和感染。最重要的是,那个时候的冯友兰开始以哲学的

① 转引自陈万雄:《五四新文化的源流》,生活·读书·新知三联书店,1997年,第29页。
② 冯友兰:《三松堂自序》,人民出版社,2008年,第282页。
③ [美]周策纵著,周子平等译:《五四运动史》,世界图书出版公司,2016年,第48页。
④ 钱理群:《漫说北京大学与五四新文化运动》,出自《论北大》,广西师范大学出版社,2008年,第23页。
⑤ 冯友兰:《三松堂自序》,人民出版社,2008年,第174页。
⑥ 冯友兰:《三松堂自序》,人民出版社,2008年,第174页。

视角思考中西文化矛盾问题。

冯友兰有幸与蔡元培有过两次面对面的接触,冯友兰有着深刻的印象。一次是因为弟弟冯景兰出国留学需要北大的证明书,时间紧迫,冯友兰决定直接去找蔡先生,蔡先生起笔批了几个字,让冯友兰到文书科直接办理。当时有同学告诉冯友兰,文书科的人说这是越级,冯友兰则说:"蔡先生到北大是来办教育,不是来做官。我是他的学生,不是他的下级,有什么越级不越级的。"①可见当时"不做官"的原则对于普通同学的影响。冯友兰形容当时见到蔡元培的情景:"他一个人坐在校长室里,仍然是一介寒儒,书生本色,办事从容不迫,虽在事务之中,而有超乎事务,萧然物外的气象。"②在美国留学期间,蔡元培到访美国,冯友兰作为接待委员会委员在美国纽约的码头迎接蔡先生,蔡元培给同学们讲到"金手指"的比喻,冯友兰印象深刻,誓言要学得点石成金之术,回国效力。冯友兰在纪念文章中多次提到蔡元培的气象,并认为蔡元培在北大期间的贡献除了思想包容,还有一个就是春风化雨。"他所以得到学生们的爱戴,完全是人格的感召。道学家们讲究'气象',譬如说周敦颐的气象如'光风霁月'"③冯友兰认为:"春风化雨是从教育者本人的精神境界发出来的作用。没有那种精神境界,就不能发生那种作用,有了那种精神境界,就不能不发生那种作用。"④

由于胡适、陈独秀等一批新文化运动倡导者及学术大家在北京大学哲学系任教,"哲学系在当时成了北大最重要的一个学系,哲学课的听众总是很多,先生们的惊世骇语,总能开风气之先"⑤。陈独秀曾在哲学系讲授"唯物史观",传播马克思主义。胡适为一年级新生开设"中国哲学史",一改以往从上古三代说起的方式,而是从周公讲起,以可靠的史料为依据,用西方

---

① 冯友兰:《我所认识的蔡孑民先生》,《三松堂全集》(第 14 卷),河南人民出版社,2001 年,第 214 页。

② 冯友兰:《我所认识的蔡孑民先生》,《三松堂全集》(第 14 卷),河南人民出版社,2001 年,第 214 页。

③ 冯友兰:《三松堂自序》,人民出版社,2008 年,第 277 页。

④ 冯友兰:《我所认识的蔡孑民先生》,《三松堂全集》(第 14 卷),河南人民出版社,2001 年,第 218 页。

⑤ 李四龙:《有哲学门以来——北京大学哲学系 1912—2012》,生活·读书·新知三联书店,2012 年,第 7 页。

哲学史的方法解释中国哲学,受到同学们的欢迎。冯友兰虽然没有上过他的哲学史的课,但是看到胡适的中国哲学史讲义,很是赞赏,他说胡适"截断众流",从西周之后的哲学讲起。冯友兰日后回忆:"当时我们正陷入毫无边际的经典注疏的大海之中,爬了半年才能望见周公。见到这个手段,觉得面目一新,精神为之一爽。"①让他印象深刻的是胡适的讲义,"把自己的话作为正文,用大字顶格写下来,而把引用古人的话,用小字低一格写下来"②,因为"在中国封建社会中,哲学家们的哲学思想,无论有没有新的东西,基本上都是用注释古代经典的形式表达出来,所以都把经典的原文作为正文用大字顶格写下来"。在冯友兰看来,胡适的做法是"五四时代的革命精神在无意中的流露"③。冯友兰还在哲学研究所选胡适为导师,深受胡适的影响,并根据胡适"学新哲学"的意见选择赴哥伦比亚大学读博士。

当时的冯友兰作为班长,积极参加社会活动,比如:1917 年 11 月 15 日,北京大学在天安门举办庆祝协约国胜利演讲会,蔡元培讲《劳工神圣》,李大钊讲《庶民的胜利》,冯友兰与北京大学师生一同前往;冯友兰还与陈钟凡等发起组织中国哲学会,"以商榷东西诸家哲学,启新知为宗旨";参加北京大学全体学生集会,抗议北洋军阀政府国务总理段祺瑞与日本缔结《中日陆军共同防敌军事协定》;应张广舆之邀,加入清华天人学会;等等。④冯友兰在学期间,不仅学问上有长进,还是一个参加政治活动的积极分子,这也使得冯友兰能将学术研究与中国现实问题紧紧结合起来。

冯友兰作为 1915 级北京大学学生,"虽然未及'五四运动'发生,但已经参与 1917 与 1918 两年的'新文化'建设。他们同样是'新文化运动'所召唤与塑造出来的一代,也是一种'新青年'"⑤。他在北大求学期间经历过的新文化熏陶,为他在离校以后参与并延续"新文化"事业准备了条件。"《新青年》同人将新思潮新文化带入北京大学,北大学生中的激进青年,接纳新思

---

①　冯友兰:《三松堂自序》,人民出版社,2008 年,第 184 页。
②　冯友兰:《三松堂自序》,人民出版社,2008 年,第 184 页。
③　冯友兰:《三松堂自序》,人民出版社,2008 年,第 184—185 页。
④　蔡仲德:《冯友兰先生年谱长编》,中华书局,2014 年,第 29 页。
⑤　李浴洋:《缺席与在场——"新文化运动"时期冯友兰的教育经历与文化实践》,《文艺理论与批评》,2017 年第 3 期,第 16 页。

潮新文化后,再以各种组织形式向外辐射传播,这些思潮和文化在'学生社会'中传递和扩散,使全国的边缘知识青年在失去了以科举方式进入政治事务的管道后,又看到了另外一条参与社会和政治运动的可行道路。"①1918年7月,冯友兰毕业后回河南开封的第一工业学校担任国文与修身教员,很快着手与同行一起,商量出版《心声》杂志,在河南宣传新文化。《心声》杂志针对当时河南文化教育落后的情况,提出办刊宗旨是"输入外界之思潮,发表良心上之主张,以期打破社会上、教育上之老套,惊醒其迷梦,指示以前途之大路而促其进步"②。编辑《心声》是冯友兰早期文化实践的重要部分,这是当时河南"惟一宣传新文化的刊物"。"冯友兰主编的《心声》杂志则从创刊之日起就加入了新文化运动的战斗行列,将进步的资产阶级民主教育迅速扩大及封建旧势力根深蒂固的河南并逐步引向深入。"③北京大学的《新潮》杂志是1919年1月1日出版,《心声》杂志也是1919年1月出版,两者几乎同时面世,可见,《心声》并非学习《新潮》杂志,而是作为受过新文化熏陶的新青年的一种文化自觉和文化实践,这本身具有相当的历史价值。冯友兰虽然没有赶上北京5月4日那一天,但就其思想发展程度来说,他早已与五四运动的脉搏一起跳动了。

冯友兰听从胡适的建议,于1919年年底到美国哥伦比亚大学攻读博士学位,目的在于攻读最新的西方哲学,他师从实用主义大师杜威教授。当时的美国正处于"第一次世界大战胜利后的繁荣时期,西方的富强和中国的贫弱,更成了鲜明对比"④。冯友兰继续思考中西文化问题,"当时我经常考虑的问题是:自从中国与西方接触以来,中国节节失败,其原因究竟在哪里?西方为什么富强?中国为什么贫弱?西方同中国比较起来,究竟在哪些根

---

① 杨早:《清末民初北京舆论环境与新文化的登场》,北京大学出版社,2008年,第175页。

② 冯友兰:《〈心声〉发刊词》,《三松堂全集》(第14卷),河南人民出版社,2001年,第356页。

③ 刘卫东:《智山慧海传真火 愿随前薪作后薪——青年冯友兰与河南大学》,《追忆冯友兰》,社会科学文献出版社,2002年,第307页。

④ 冯友兰:《三松堂自序》,人民出版社,2008年,第175页。

本之点上比较优越?"①与到达欧洲的梁启超等人不同,冯友兰看到的是西方的繁荣而不是落魄,思考的是中国失败的原因,而不是运用中国文化拯救西方文化,冯友兰带着在北京大学发现的这个问题、带着中国的实际,在美国学习过程中,开始着重从哲学上解释这个问题。北京大学的教育经历为冯友兰到美国之后的中西文化初步探索奠定了基础,使得冯友兰很快在中西文化对比中小试牛刀,写出了《为什么中国没有科学》等文章。

第二节　冯友兰对中西文化之异的比较

冯友兰对中西"两个天地"的思考,也和新文化运动的导师们一样,既包含对中西日常文化之比较和思考,也包含对深层次文化的思考。冯友兰说:"我自从到美国以来,看见一个外国事物,总好拿它同中国的比较一下。起头不过是拿具体的、个体的事物比较,后来渐及于抽象的、普通的事物;最后这些比较结晶为一大问题,就是东西洋文明的比较。"②冯友兰对于中西文化差异的认识经历了一个由浅入深的过程,他的文化比较涉及文化体验的内容,也投射着哲学的思考。

一、中西文化差异的具体表现

中西文化在具体样式或者现实表现方面有很大的差异,在很多方面都是正好相反的,比如吃饭的素与荤、刀叉对碗筷、行车的左右方向、时差方面的白天与黑夜、环境方面的海洋与大陆、礼仪礼貌、皮肤毛发等,当与西方文化面对面时,中西文化差异感很强烈。冯友兰对中西文化差异具体表现的感受因为其留学的国家是美国而具体表现为中国与美国的差异。

---

① 冯友兰:《三松堂自序》,人民出版社,2008 年,第 174 页。
② 冯友兰:《与印度泰谷尔谈话》,《三松堂全集》(第 11 卷),河南人民出版社,2001 年,第 3 页。

（一）中国的官气与美国的商气

冯友兰到美国之后，经过一段时间的生活，比较强烈地感受到美国与中国之间很明显的文化差异：美国人的商气和中国人的官气。"中国的无论什么东西，都是带官气的。"①不仅政界混的人，上自大总统，下至班长衙役，讲起话来"尔等……干究，切切特示"，走起路来，实行"肃静""回避"四个大字，官气冲天。教育界有专门的"校长示"文体，还有处处要听差、提书包、打帘子的，官气十足，就是在商界也能感受到中国的官气文化，"一个铺子，要略为大一点，不说他那老板，就是伙计的架子，可也就不小。你要进去买一点东西，他连正眼也不瞧你一瞧"，实行的是"爱来不来主义"。在中国，"各色人等，只有穷下力人是不带官气的"②。这种官气是顶害中国的。

而"美国无论什么事，都是带点商业性质。他总生法叫对手的人，觉得非常便利而且舒服"③。冯友兰认为美国商界做生意揽主顾的法子，是精极了，不大的铺子都会派经理人到各乡下跑，还免费邮寄宣传彩页，这与中国的商铺形成鲜明对比。不但商铺，就是美国的学堂招学生，也跟商家招主顾一样，每学期即将开学的前几个月，学堂就发出通告。通告往往是几百页厚的大本子，宣传学校的好处。美国政府征兵也是用广告的形式，冯友兰就曾看到"快入海军，去看世界的景致"这种诱人的宣传标语。④ 冯友兰还曾描述过他在美国期间到不同地方旅行，美国的航空公司为了招揽客户，实行来往返程票务优惠的促销政策，对于冯友兰有很大的触动。

（二）美国人的品性和意见

在感悟中国人与美国人行事方式不同之外，冯友兰还比较了中国人与美国人之性格不同。他对于两种人性格不同的比较，集中表现在《书评〈美

---

① 冯友兰：《中国的官气与美国的商气》，《三松堂全集》（第14卷），河南人民出版社，2001年，第229页。

② 冯友兰：《中国的官气与美国的商气》，《三松堂全集》（第14卷），河南人民出版社，2001年，第229页。

③ 冯友兰：《中国的官气与美国的商气》，《三松堂全集》（第14卷），河南人民出版社，2001年，第229页。

④ 冯友兰：《中国的官气与美国的商气》，《三松堂全集》（第14卷），河南人民出版社，2001年，第229—231页。

国人的品性和意见〉》一文中,他认为,以一个外国人的角度来评论其他国家人的性格文化,是比较客观的,桑戴延纳所著的《美国人的品性和意见》就是其中一例,桑戴延纳是西班牙人,"他一生的事业,都在美国","他不是美国人,没有成见;而又在美最久,深知美国国情"①,所以桑氏是最配谈美国的。

冯友兰赞同桑氏对于美国人性格的概括:"桑氏有很多话是我想说的。"②根据桑戴延纳的叙述和自己的理解,冯友兰总结了美国人性格的十种特点,这十种特点是和中国人对照着来的:第一,美国人是乐观的,富于冒险的,"他们不知道什么是过去,只知道有将来,而且相信将来一定好于现在"③。第二,待人是有"好意"的,用乐观的眼光看人,"他们自信力强,相信他们自己全对,而希望大家都来相从"④。第三,美国人是独立的,个人主义的。"他们愿意人人都用自己的脚去站,而轮流互相帮助"⑤。不愿意全帮人,只在帮助人的时候,给人一个机会就算完事,但会觉得给人机会是绝对的义务。第四,美国人是有自信力的,"他们以为自己的东西全是好的"⑥。第五,美国人是实用的,他们的顶重要的事情,是用新经验去处置那些新材料,觉得美术之类的是一种奢侈品,只可供太太小姐们娱乐的。"他们的态度是实验的,精神是活泼的,办事是直截了当,不重虚文的。"⑦第六,美国人是富于想象的。不过他们所想的是数量、方法,所图的是经济、省事、快捷。第七,美国人不是革命家,总相信自己所走的路是对的,不用改正什么。"他

①　冯友兰:《书评〈美国人的品性和意见〉》,《三松堂全集》(第11卷),河南人民出版社,2001年,第27页。

②　冯友兰:《书评〈美国人的品性和意见〉》,《三松堂全集》(第11卷),河南人民出版社,2001年,第27页。

③　冯友兰:《书评〈美国人的品性和意见〉》,《三松堂全集》(第11卷),河南人民出版社,2001年,第28页。

④　冯友兰:《书评〈美国人的品性和意见〉》,《三松堂全集》(第11卷),河南人民出版社,2001年,第28页。

⑤　冯友兰:《书评〈美国人的品性和意见〉》,《三松堂全集》(第11卷),河南人民出版社,2001年,第28页。

⑥　冯友兰:《书评〈美国人的品性和意见〉》,《三松堂全集》(第11卷),河南人民出版社,2001年,第28页。

⑦　冯友兰:《书评〈美国人的品性和意见〉》,《三松堂全集》(第11卷),河南人民出版社,2001年,第29页。

们以为他们走的原来就是正路,只要马上加鞭的赶就得了。"①第八,美国人是同青年人一样的。"人人都像有一身用不完的劲,好动,好跳,好说笑话。"②第九,美国人都是喜欢"数量"大的。无论什么东西,都是多多益善。"表面上看起来,美国所重的完全是物质,美国人所好的只是大洋钱;其实也不然的。美国人喜欢钱者,因为钱是成功,智能,权力的记号。……他们所爱的是'数量'大。"③第十,美国人有合作精神。"不论什么事情,都要开会,开会的时候,人人都真是来商量的,都预备着劝人,也预备着被人劝的。到表决的时候,少数人喜喜欢欢的服从多数,一点不愿意的心都没有,这是真正的'德谟克拉西'的精神。"④冯友兰认同桑氏关于美国人性格的概述,且他的评价是客观而略带赞赏的,美国人爱冒险,乐观、独立、自信、个人主义,相对于中国人保守、含蓄、悲观、宗族主义;美国人的实用主义、团队精神相对于中国人的注重艺术、相对分散。

但是冯友兰最后将美国人的特点归结为"办事速而不精,心思阔而不深"⑤。这个考语是对前面十种人性优点的转折,冯友兰并未详细阐述他下这个结语的依据是什么,何以前面那么多的优点,到后来归结为一句优劣兼有的总结语,唯一能解释的就是冯友兰内心的那种中国文化情结。关于中国人的性格,冯友兰觉得"唯哲学家为能觇国","从来到中国的外国人,不知有多少,唯杜威、罗素,说过中肯的话;其余都是'隔靴搔痒'之谈,如杜威说中国处世的方法是互相忍耐;罗素说中国人是合理的快乐派(Rational Hedenistic),我以为都有独见"⑥。冯友兰关于中国人与美国人性格的比较

---

① 冯友兰:《书评〈美国人的品性和意见〉》,《三松堂全集》(第11卷),河南人民出版社,2001年,第29页。

② 冯友兰:《书评〈美国人的品性和意见〉》,《三松堂全集》(第11卷),河南人民出版社,2001年,第29页。

③ 冯友兰:《书评〈美国人的品性和意见〉》,《三松堂全集》(第11卷),河南人民出版社,2001年,第29页。

④ 冯友兰:《书评〈美国人的品性和意见〉》,《三松堂全集》(第11卷),河南人民出版社,2001年,第28—29页。

⑤ 冯友兰:《书评〈美国人的品性和意见〉》,《三松堂全集》(第11卷),河南人民出版社,2001年,第30页。

⑥ 冯友兰:《书评〈美国人的品性和意见〉》,《三松堂全集》(第11卷),河南人民出版社,2001年,第27—28页。

既包含对美国人性格中优点的赞赏,也饱含着对中国人性格缺陷的包容,他认为中西文化各有优点和缺点。

冯友兰对于美国的商气、美国人性格的观察和总结,既和生活经历密切相关,也抓到了中国人与美国人之间的根本不同。美国作为资本主义国家,在民主政治、资本运营、市场经济等方面都走在世界的前列,当时的美国一片生机、充满活力,表现在人们身上的是积极向上的精神状态。而当时的中国刚刚推翻封建君主专制政权,国内还没有实现完全统一,经济衰败,旧思想残留仍然发挥着作用。美国的商业繁荣和中国官本位,美国的富强和中国的破败形成鲜明对比。

但是,在思考中西根本不同时,冯友兰并没有探究中国的官气和美国的商气背后的深层原因,也没有挖掘中西存在的这种根本不同,延续的仍是国内东西文化之争中关于文化"动静"的看法。中国的官本位文化也是中国文化的重要表现,它是和封建的中央集权、皇权至上相一致的,而且官本位文化直到今天仍然存在,它比封建伦理纲常具有更强的顽固性,这种官本位文化背后的深层原因和价值追求是值得深入探讨的。美国的商气是追求经济利益,中国的官气是追求人之为人的精神气,如果这样理解,中西文化的根本不同还在于一个在于外在的物,一个在于内在的人。

二、与泰戈尔关于中西文化的对话

在比较中西文化具体表现的同时,冯友兰也从哲学角度思考中西之根本不同。1921 年 11 月,冯友兰正在美留学,恰逢泰戈尔到美国为筹建中的东方大学募捐,冯友兰认为泰戈尔是"东方的第一个一流人物",对于东西文化问题,总有一个可以代表大部分东方人的意见,冯友兰便去信泰戈尔并成功去拜访他。在面谈之后,冯友兰将两人的对话内容在《新潮》杂志进行发表。此次对话对于冯友兰关于中西文化的思考具有重要触媒作用。"泰戈尔认为对于东西文明,尤其是东方文明而言,最为亟需的是加以'研究'。他格外强调东方学者必须自己'研究'自己的文明,'不可听西人模糊影响的话。'从冯友兰在文后所作的补充来看,这是泰戈尔的答问中最能引起他共鸣,也让他最有心得的地方。"①与泰戈尔的对话让冯友兰对中国文化增加了客观和理性的认识,也增强了文化信心,此时的冯友兰将中西文化作为不同种类的文化看待。

在与泰戈尔的对话中,虽然大部分呈现的是泰戈尔的意见和观点,但是所问问题也是冯友兰的思考,冯友兰在一问一答中展现了自己的想法和观点。冯友兰问的第一个问题是"近来心中常有一个问题,就是东西洋文明的差异,是等级的差异(Difference of degree),是种类的差异(Difference of kind)?"泰戈尔认为是"种类的差异",认为"西方的人生目的是'活动'(Activity),东方的人生目的是'实现'(Realization)"②。"西方讲活动进步,而其前无一定目标,所以活动渐渐失其均衡",各国自私自利,互相冲突。东方人认为"人人都已自己有真理了,不过现有所蔽;去其蔽而真自实现"③。泰戈尔认为,西方人盲目地求进步,却不能对人生真理有宏观的把握和总体的设计,没有目的地过于追求和活动,过度活动容易导致失衡和不和谐;东方人则是掌握人生至理或者对绝对真理有所理解,只将现实中与至理有差异之处进行修正或者避免,通过去掉弊端和不足实现真理,实质上也就是说西方是积极追求的文化,中方则是消极去欲的文化。冯友兰引用老子的概念来阐释自己的理解,认为东西的差别在于西方文明"日益",东方文明"日损"。东方人追求幸福在于减少个人的欲望,是先"日损",损之又损,将人欲净尽,然后使得爱的真的方面展现,就如宋儒的"去人欲、复天理",西方人则认为人的幸福在于不断追求,增加知识,获取物质和力量,"日益"就是日日追求增益,不断追求和获取。

泰戈尔认为,中西文化对比,中方失于太"静",西方偏于太"动"。动(Active)和静(Passive)都是真理(Truth),是真理的两个方面:譬如声音是静,歌唱是动;足力是静,走路是动。东方文明譬如声音,西方文明譬如唱

---

① 李浴洋:《"东西文化论争"的"方法转向"——冯友兰文化比较观念的形成与泰戈尔的触媒作用》,《文艺理论与批评》,2020年第4期,第42—71页。

② 冯友兰:《与印度泰谷尔谈话》,《三松堂全集》(第11卷),河南人民出版社,2001年,第4页。

③ 冯友兰:《与印度泰谷尔谈话》,《三松堂全集》(第11卷),河南人民出版社,2001年,第4页。

歌,"两样都不能偏废","东方人生,失于太静(Passive)",吃"日损"的亏。冯友兰解释说,静就是中国所谓"体"(Capacity),动就是中国所谓"用"(Action),泰戈尔认同。实质上,在文化的理解沟通上,泰戈尔和冯友兰所表达的真实意思是有偏差的,泰戈尔主要想表达的是西方文明偏积极主动,中方文明偏消极,东西文化是文化真理的不同表达,而冯友兰则用"体用""动静"的概念来解释,认为东方文化是"体",西方文化是"用",西方文化是东方文化之"体"的"用"和体现,这显然受"中体西用"论的影响和当时关于"中国文化是静的、西方文化是动的"这种说法的影响。在后面,冯友兰认识到了泰戈尔和中国传统"体用观"的差异,他认为泰戈尔的观点和中国的"中体西用"观不同。"中国旧说,是把中学当个桌子,西学当个椅子;要想以桌子为体,椅子为用。"泰戈尔的意思是"真理只有一个,不过他有两个方面,东方讲静的方面多一点,西方讲动的方面多一点","泰谷尔讲的是一元论,中国旧说是二元论"。①

　　冯友兰问"现在世界是好是坏?"也就是问现在以西方为主导的追求物质的世界是好是坏? 泰戈尔说"也好也坏",在这里,泰戈尔关于中西文化又提出了"心"与"物"的区别,"我说他好者,因为他能助心创造(Creation);我说他坏者,因为他能为心之阻碍(Obstruction)。如一块顽石,是为人之阻碍;若裂成器具,则是为人用"。泰戈尔认为"心物二者,缺一不能创造"。文化发展,"物"与"心"各有所用。冯友兰理解为"物为心创造之材料",就是要用西方"活动"的物质文化来促进中方"静"的精神文化的发挥和创造。

　　在翻译和理解泰戈尔观点的时候,冯友兰分别用了当时中国文化学界在东西文化之争时所用的词汇,用"动静"来解释积极(active)和消极(passive),用心物(实质就是物质和精神)来解释西方文化的"creation"和"obstruction"。泰戈尔所表达的意思和这两种说法在本质上是具有一致性的。冯友兰的特别之处是,他还用"日益""日损"来解释泰戈尔的"activity"和"realization"。东西文化之"心物""动静""损益"的表述都表达了同样的意思:东方文化是消极的、注重内心的、不求外向索求的,西方文化是积极

---

　　① 冯友兰:《与印度泰谷尔谈话》,《三松堂全集》(第11卷),河南人民出版社,2001年,第5页。

的,注重外在追求的。

在随后的文章中,冯友兰接续了与泰戈尔谈话时所认识的中西文化不同。在《为什么中国没有科学》一文中,冯友兰认为,若把中国的历史和若干年前欧洲的历史加以比较,那么,中西两者不同类,但是水平相当,只是到近代,中国仍然是旧的,西方已经是新的了。冯友兰侧重于从两者不同类的角度来论述中国为什么没有科学的原因,最后总结说:“西方是外向的,东方是内向的;西方强调我们有什么,东方强调我们是什么。”①在《书评〈心力〉》中,冯友兰阐述中西文化“心物”不同于科学精神的关系。“研究物质,非精密不可,所以西洋人得了一个精密之习惯。从‘心’下手研究的人民,一定不知道什么是精密确定,不知道或然,不能,与确然,必然,之分别。我觉得这话很有研究之价值,东方学问,与西方学问之区别,恐怕就在这里。”②

冯友兰认为他在关于中西文化的探索中,发展的第一阶段是以“地理区域来解释文化差别,就是说,文化差别是东方、西方的差别”。这里所谓的地理区域主要指东方、西方,把东方和西方作为两个不同地域和种类的文化来看待。有学者因为冯友兰在《为什么中国没有科学》一文中认为中西的不同在于哲学、文化及价值观念不同,就认为冯友兰第一阶段对于中西文化观的探索,是“以意志、欲望来说明文化之异”③,是从进一步阐释的意义来说的,意志、欲望只是地域说的进一步解释。“他的思想发展的第一个阶段,用地域解释文化,乃是一种泛论。”④主要指东与西这个地域概念。陈来认为,“冯友兰这个时期的看法虽然偏于东西差异说,不过,其具体解释并不是答辞中所说的‘用地理区域解释文化差别’,而是用五四时期的流行看法‘东西文化的不同因为其根本思想不同’”⑤。这里把冯友兰这一时期的看法分

①　冯友兰:《为什么中国没有科学》,《三松堂全集》(第11卷),河南人民出版社,2001年,第53页。

②　冯友兰:《书评〈心力〉》,《三松堂全集》(第11卷),河南人民出版社,2001年,第24页。

③　王鉴平:《冯友兰哲学思想研究》,四川人民出版社,1988年,第152页。

④　李中华:《冯友兰与五四思潮——略论冯友兰文化观的演进》,《中国文化研究》,1999年冬之卷(总第26期),第39页。

⑤　陈来:《冯友兰文化观述评》,单纯、旷昕主编《解读冯友兰·学者研究卷》,海天出版社,1998年,第126页。

为两个层次：一是从地域概念来解释，将东西文化分为东方的、西方的；二是从根本的价值观念解释东西不同的深层原因，这是比较准确的。"冯先生的地域说中西文化观严格来说也是一种类型说"①，因为他把中西文化分为"日损""日益"，"向外""向内"，"心"的、"物"的。冯友兰虽然看到了"东西文化价值取向不同，自文明时代开始即已存在，只是这种不同在很长历史时期内保持为纯粹种类的差异，而近代以来才日益发展为程度、水平的差别"②，但他讨论的重点还在于历史上中国文化传统与西方文化传统有什么不同、中西文化之根本精神有什么不同而导致近代的差别，实质是对中西文化性质、种类和根本思想的比较和探索，认为中西的不同在于种类的不同。关于中西近代以来文化新旧、古今不同的讨论则主要在以后的讨论阶段进行。

三、中西文化之"心物""动静""损益"

冯友兰在这个阶段对于中西文化之异的思考，认同和接受了新文化运动中人们对中西文化根本不同的看法，认为中西文化不同在于动与静、心与物，但同时冯友兰也从传统哲学的角度提出了"日损""日益"的区别。冯友兰既想在西方文化的优越性中找寻中国落后的原因，又认可中国文化的价值，他是将中西文化平等看待的，既想找到西方文化的特性，又想保存中国文化的价值，他既不是新文化派，也不是国粹派，而是力求理性和客观。

东西文化论争中关于中国文化与西方文化异同优劣的争论，求新派和守旧派都有涉猎。"东方文化派"杜亚泉在《静的文明与动的文明》(1916)一文中总结中西的差异是"西洋社会为动的社会，我国社会为静的社会"，"皆为竞争存在与自然存在两观念差异之结果"③，具体表现为西洋人是向外的，注重于人为，注重竞争；中国人则向内求生活，一切皆注重于自然，注重

---

① 张绍伟、陆卫明：《冯友兰中西文化观述评》，《船山学刊》，2005年第2期，188页。
② 陈来：《冯友兰文化观述评》，单纯、旷昕主编《解读冯友兰·学者研究卷》，海天出版社，1998年，第126、127页。
③ 《中国近代思想家文库(杜亚泉卷)》，中国人民大学出版社，2014年，第317页。

和平。李大钊在《东西文明根本之异点》(1918)一文中同样认为"东西文明有根本不同之点,即东洋文明主静,西洋文明主动是也"①。然而二人对待中西文化的态度却有所不同。杜亚泉认为:"身心忙碌者,以生活之丰裕酬之;而生活贫啬者,以身心之安闲偿之。以个人幸福论,丰裕与安闲孰优孰劣,殊未易定,惟二者不可得兼,而其中常具一平衡调剂之理。"②中西文化是两种文化平衡模式,不分优劣。杜亚泉在《战后东西文明之调和》中认为,经济落后的中国,文化有不足之处,发动战争的西方,文化同样有不足,"东西洋之现代生活,皆不能认为圆满的生活,即东西洋之现代文明,皆不能许为模范的文明"③。李大钊则认为,东西文明互有短长,互争雄长,"东洋文明与西洋文明,实为世界进步之二大机轴,正如车之两轮、鸟之双翼,缺一不可"④。动的文明、静的文明,进步的文明与保守的文明实在就是两种世界观,"宇宙大化之进行,全赖有二种之世界观,鼓驭而前"⑤。环顾当今世界文明现状,东洋文明既衰颓于静止之中,西洋文明又疲命于物质之下,世界危机的救助,必将依赖于世界第三种文明的出现,"俄罗斯之文明,诚足以当媒介东西之任"⑥。

杜亚泉和李大钊相比,杜亚泉看到东西文化各有所短,中国之短并不比西方之短更短,所以中国没有必要学西方;李大钊看到东西文化各有所长,所以可以互相学习,东方文化作为暂时落后的文化,要进步和发展就要学习西方文化"动"的特长,推动中国"静"的文化的发展,从而创造更新的适应世界的文化。杜、李二人虽然在表述东西文化的特点时有所相同,但是因

---

① 中国李大钊研究会编注:《李大钊全集》(第二卷),人民出版社,2006 年,第211 页。

② 《中国近代思想家文库 杜亚泉卷》,中国人民大学出版社,2014 年,第 316 页。

③ 陈崧:《五四前后东西文化问题论战文选》,中国社会科学出版社,1985 年,第26 页。

④ 中国李大钊研究会编注:《李大钊全集》(第二卷),人民出版社,2006 年,第214 页。

⑤ 中国李大钊研究会编注:《李大钊全集》(第二卷),人民出版社,2006 年,第214 页。

⑥ 中国李大钊研究会编注:《李大钊全集》(第二卷),人民出版社,2006 年,第214 页。

为视角不同,得出了东方文化将来如何的不同结论。

陈独秀在《东西民族根本思想之差异》(1915)一文中认为,东西文明因为"风土不同"而形成根本不同的思想体系,东西文明"若南北之不相并,水火之不相容也"①。西洋民族注重个人、注重斗争、注重法治,中国人则注重家庭、注重安息、注重感情,"西洋民族性,恶侮辱,宁斗死;东洋民族性,恶斗死,宁忍辱。民族而具如斯卑劣无耻之根性,尚有何等颜面,高谈礼教文明而不羞愧!"②陈独秀认为,"以虚文感情重者,为风俗淳厚之征,其实施之者多外饰厚情,内恒愤忌,以君子始,以小人终"③。陈独秀与杜亚泉、李大钊的不同在于,其分析透露着很明显的厌烦东洋文化、崇尚西洋文化的倾向。陈独秀作为新文化运动的鼓手,在阐述东西文明之根本异点时,其目的性很明显,不仅分析中西文化的异同,还阐明中西文化的优劣,他认为中国文化劣、西方文化优,中国要积极向西方学习新文化。

冯友兰在北京大学期间是受到陈独秀、李大钊的文化熏陶的,也了解到了东西文化的主要论争,冯友兰到美国上学初期对中西文化的思考和对比,既受国内东西文化之争的影响,又有自己所见。冯友兰与陈独秀、李大钊、杜亚泉不同,他所到的异国是美国而不是欧洲,他对中西文化的探索,明显带有美国的痕迹,实质就是中美文化的比较。此时的美国较少受到第一次世界大战的影响,或者说是第一次世界大战的受益者,展现在冯友兰面前的是富强繁荣的美国,而不是战后破败的欧洲,这就使得冯友兰在思考中西文化不同的时候,较少受到欧战的影响,仍然看到的是西方的发达,感受到的是中国的落后。然而冯友兰在中西文化的比较中,并没有倒向新文化一派,而是倾向以科学的、客观的态度对待中西文化之异。

在与泰戈尔的谈话中,冯友兰尝试用"动静""心物""损益"来对比中西文化,作为一位学生,他是始终抱着一种探索的、试一试的想法进行的,但这些概念的运用也表明了冯友兰的思考维度。同样地,在如何对待中西文化方面,冯友兰试探着给出答案,他认为应以科学态度对待中西文化,中国文

---

① 《独秀文存·论文》(上),首都经济贸易大学出版社,2018年,第21页。
② 《独秀文存·论文》(上),首都经济贸易大学出版社,2018年,第21页。
③ 《独秀文存·论文》(上),首都经济贸易大学出版社,2018年,第22页。

化是世界文化的一部分,是一种客观事实,应该进行研究,对待西方文化,在学习的过程中,也要以科学的态度进行,不能八股策论式地只喊不做。他的这种中西文化态度既和杜亚泉一样保守,对中国文化不离不弃,但又超越了杜亚泉,看到了西方文化的长处,将中国文化作为世界文化的一部分看待,这一点和李大钊有相似之处,但是他没有陈独秀那样激进,他主张学习西方文化,却认为中国文化仍然有价值。

冯友兰从哲学的视角来思考中西文化问题,在“动静”区别之外,冯友兰还提出了“心物”“损益”的说法。这个时期国内关于中西文化的区别主要以“动静”的说法为主,关于精神和物质之分还要到20世纪20年代之后才讨论得更加充分,比如林语堂和胡适,也是在20年代后期参与到了东西物质文化和精神文化之争中去,分别在《机器与精神》及《我们对于西洋近代文明的态度》中进行集中讨论。在这里,冯友兰没有深入思考中国的官气与中国文化的根本联系,遗漏了中国的官气这样的问题线索,但是他关于“心物”“损益”的说法也是对东西文化之争的有益补充。

冯友兰所说的“心物”之别是与中国传统对精神世界的追求相连的,他所说西方的“物”是指外在的物质世界世俗世界,所说的“心”是内在的精神追求,冯友兰和泰戈尔同作为东方人,都注重人的精神境界和追求,他们一致认为,西方追求物质世界的文化特征,如果用好的话,可以促进人的精神发展,如果追求物质过于泛滥,则阻碍精神世界的发展。冯友兰注重精神,也就是传统的“道”,他对西方物质文化的评价是以中国的精神文化为标准的。

“物”和“心”与老子所说的“为学”和“为道”是相对应的。《道德经》四十八章曰:“为学日益,为道日损。损之又损,以至于无为,无为而无不为。”“为学”是指探求外物的求知活动,往往与物相连;“为道”是指通过玄思或体验去领悟和把握的精神参悟之道,往往与心有关。“益”是增加、积累,“损”是减少、排除。老子认为,“为学”所追求的是形而下的具体知识,它贵在增益,日积月累,积少成多,所以说“日益”。“为道”所追求的是形而上的精神境界,它的最终境界是“复归自然”,人类有许多不适当的行为破坏人本应有的自然状态,这种过多的不适当的行为会增加私欲、偏见和机巧,导致人民离"道"越来越远,人们要接近道、接近自然,就必须排除这些私欲、偏见和机巧,排除得越彻底越好,这就要"日损""损之又损,以至于无为",即损到无可再损的地步,"无为而无不为"。从表面看来,老子既主张学习经验知识,又主张参悟道理,并且两者达到目的的方法不一样,但为学与为道并不矛盾,为学的目的是为道,最终达到"绝圣弃智",通过增益知识,提高思想,再去掉这些欲望和非自然的东西,到达"道",最终的目的在"道"。冯友兰认为,西方文化主要在于"益",在于追求更多的欲望和物质,中国的文化主要在于"损",在于减少欲望和追求。就老子本身的思想来说,是"损"和"益"兼有,"益"为了"损","损"是终极目的,但是中国文化传统虽然包括老子思想,却是以孔子儒家思想为主导的,儒家思想注重个人道德修养,注重对个人的向内要求,反对投机取巧,反对欲望膨胀,冯友兰借用"损益"来对比中西文化是恰当的。

第三节　冯友兰对中西文化之异的哲学史阐释

在新文化运动前期,人们关于中西文化之异的讨论着眼于两种不同种类的文化,两种文化都是近代历史上存在着的文化,但是中西文化之异的讨论又透露着现实关怀,那就是中国落后于西方。冯友兰认为:"我们若把中国的历史和若干世纪前欧洲的历史加以比较,比方说,和文艺复兴以前比较,就看出,它们虽然不同类,然而是在一个水平上。"[1]而中国近代为什么会落后于西方呢?冯友兰经过思考的结果是"中国落后,在于她没有科学"。而为什么中国没有科学,没有自然科学?冯友兰早于李约瑟,提出了这个困

---

[1]　冯友兰:《为什么中国没有科学》,《三松堂全集》(第11卷),河南人民出版社,2001年,第32页。

扰无数仁人志士的"李约瑟之问"①。在《为什么中国没有科学——对中国哲学的历史及其后果的一种解释》(1922)一文中,冯友兰通过中西哲学历史的考察,回答了中国近代为什么没有科学和落后的原因,这个回答也是冯友兰关于中西文化近代差异的历史阐释。

一、为什么中国没有科学

冯友兰认为,中国没有产生科学的原因在于中国人的历史选择不同,中国人选择了一个与西方完全不同的人生价值观,而中西的人生价值观选择为什么不同,冯友兰将之归于求生的意志和求幸福的欲望不同。冯友兰认为,产生差异的地理、气候、经济条件,"都是使历史成为可能的条件,不是使历史成为实际的条件"②。真正使得中西产生不同的还是文化传统中人的价值观念不同,哲学体系不同。"使历史成为实际的原因是求生的意志和求幸福的欲望。"③中西求生、求幸福之人生路径不同,导致了近代的发展分歧,西方选择了"人为"路线,中国选择了"自然路线"。冯友兰从中西哲学之历史选择回答了这个"李约瑟之问":"中国没有科学,是因为按照她自己的价值标准,她毫不需要。"④

冯友兰通过梳理中国哲学发展历史来阐述自己的观点。他认为,周朝晚期是诸侯混战、政治混乱的年代,也是思想创新的年代,正是在那个年代,产生了诸子百家,当时最有影响的是墨家、道家和儒家,三家势均力敌,他们代表着中国哲学的一般趋势:"自然""人为",还有"中道"。道家是"自然"一派的代表,万物复归自然,在自然中万物得到自己的满足。庄子告诉人们,大鹏和小鸟都完全满足,各自逍遥。人要尊重自然,自然各得其

---

① 人们公认的,对于"李约瑟之问"的概括最接近本意的是刘大椿、吴向阳在《新学苦旅》中所采用的表述:"从公元前1世纪到公元15世纪漫长的岁月中,中国人应用自然知识于人的需要方面,曾经胜过欧洲人,为什么近代科学革命没有在中国发生呢?"

② 冯友兰:《为什么中国没有科学》,《三松堂全集》(第11卷),河南人民出版社,2001年,第32页。

③ 冯友兰:《为什么中国没有科学》,《三松堂全集》(第11卷),河南人民出版社,2001年,第32页。

④ 冯友兰:《为什么中国没有科学》,《三松堂全集》(第11卷),河南人民出版社,2001年,第32页。

所,"凫胫虽短,续之则忧;鹤胫虽长,断之则悲"①。凫和鹤都要遵从它自然所有的胫,不能人为干扰或改变,对于人类来说,要少智寡欲,减少人为的智力干涉,人为的干涉将违背自然,不利于自然的发展。"绝圣弃智,民利百倍;绝仁弃义,民复孝慈;绝巧弃利,盗贼无有。此三者以为文不足,故令有所属。见素抱朴,少私寡欲。"②越是少私寡欲,减少人为的干涉和投机,社会就越是安定,有利于人民。道家崇尚自然,特别是在求道的过程中,要排除其他知识的干扰,把人为地加在道上的东西去掉。他说:"为学日益,为道日损。损之又损,以至于无为。无为而无不为。取天下常以无事,及其有事,不足以取天下。"③在追求经验知识的时候要逐渐增加,逐渐丰富,在追求道的境界过程中,要减少干扰,以至于无为。如果中国的历史能够按照道家的思路去走,主张追求外在的经验知识,将有可能会有利于科学的产生。

墨家主张兼爱,是实用主义、功利主义的代表,认为判定某事物是否道德,不在于它是否自然,而在于它是否有用。"义,利也。利,所得而喜也。"④这个利不是私利,而是公利。所以墨子主张兼爱,反对战争,认为"仁者之事者,必务求兴天下之利,除天下之害。然当今之时,天下之害孰为大?曰:若大国之攻小国也,大家之乱小家也,强之劫弱,众之暴寡……此天下之害也。"大国之攻小国、强国之攻弱国,其根本原因在于有别,"非人者必有以易之。……是故子墨子曰:兼以易别"⑤。如果能够以兼爱看别国,就少战争战乱,多和平和安详。然而人性是不完善的,要减少战争,要实施兼爱,就要由统治者来执行。墨子是主张有国家的、人为干预的,墨子还强调教育的重要,"子墨子见染丝者而叹曰:染于苍则苍,染于黄则黄。所入者变,其色亦变;五入必而已则为五色矣。故染不可不慎也!"⑥墨子是一个教导人在外界寻求幸福的哲人,他认为人应该摆脱自然,而不是复归自然。墨子的哲学有很强的进步感和未来感,他的文章中还涉及逻辑问题,具有科学的意思。

① 王琪译注:《庄子译注》(精编本),商务印书馆,2015年,第275页。
② 陈鼓应:《老子注译及评介》,中华书局,2009年,第134页。
③ 陈鼓应:《老子注译及评介》,中华书局,2009年,第243页。
④ 苏凤捷、程梅花注说:《墨子》,河南大学出版社,2008年,第265、270页。
⑤ 苏凤捷、程梅花注说:《墨子》,河南大学出版社,2008年,第155—156页。
⑥ 李小龙译注:《墨子》,中华书局,2016年,第16页。

儒家是自然与人为这两种极端观点的中道。孔子之后是孟子和荀子，孟子主张自然，荀子主张人为，但孔子是比较注重自然主义的，所以人们往往将孔孟作为儒家的代表。"君子之于物也，爱之而弗仁；于民也，仁之而弗亲。亲亲而仁民，仁民而爱物。"①儒家主张爱有差等，因为这是人的自然，即人性。人性是善的，但是人并不是生来就善，只有充分发展内心的理性，消除低级的欲望，才能成为圣人。"养心莫善于寡欲。"②"万物皆备于我矣，反身而诚，乐莫大焉。"③荀子一派主张征服自然，代替复归自然，"大天而思之，孰与物畜而制之；从天而颂之，孰与制天命而用之！"④如果沿着荀子的路线走，中国有可能走向"人为"路线，也有可能在自然科学方面有所发展。"但不幸的是，他的后学没有沿着这条路线发展他的思想。他们只实行了老师的政治哲学，而且走得太远了。""荀子的学说，和秦王朝一起，很快地而且永远地消亡了。"⑤而另一支，则逐渐发达。儒家的教义，当时集中地体现在《大学》中，"大学之道，在明明德，在亲民，在止于至善。……古之欲明明德于天下者，先治其国，欲治其国者，先齐其家；欲齐其家者，先修其身；欲修其身者，先正其心；欲正其心者，先诚其意；欲诚其意者，先致其知，致知在格物"⑥。治国、齐家最根本的在于正心，正心就需要"格物"。有两个分支，一支是要从外在的事物格起，另一支是从内心格起，两支之间常有辩论，外在的事物格之无穷，内心则可以不断修炼，最后格心者战胜了格物者。秦朝之后，儒家中"人为"的路线逐渐消减，"自然"的路线发达，后来在宋朝时期产生了新的儒家学派"宋学"。宋学的代表人物起初大都信仰佛、老，后来才回归儒家，宋学注意并吸收了《大学》和《中庸》中的内容，他们不仅吸收了治国要从修身做起的理念，还提出了"天理"，以反对"人欲"。孔孟认为人性本

---

① 万丽华、蓝旭译注：《孟子》，中华书局，2006年，第315页。

② 万丽华、蓝旭译注：《孟子》，中华书局，2006年，第338页。

③ 万丽华、蓝旭译注：《孟子》，中华书局，2006年，第289页。

④ 潘嘉卓译注：《荀子》，广州出版社，2001年，第108页。

⑤ 冯友兰：《为什么中国没有科学》，《三松堂全集》（第11卷），河南人民出版社，2001年，第48页。

⑥ 汪受宽、金良年译注：《孝经·大学·中庸译注》，上海古籍出版社，2012年，第90页。

善,这个"善"是一个发端,需要去培养、发展它,而宋学则认为人的所有生活要符合"天理",存天理,灭人欲,"天理早已是、永远是完全的,虽为人欲所蔽,只要清除了这些人欲,真正的心灵就会如钻石一般自放光芒"①。宋学(新儒学)和儒学都主张从人的心灵出发,去寻找幸福,只是宋学走得更极端,对人的要求更严格。在中国,"自从她的民族思想中'人为'路线消亡之后,就以全部精神力量致力于另一条路线,这就是,直接地在人心之内寻求善和幸福"②。

当时的冯友兰受到伯格森哲学的影响,认为一个从"心"出发的民族,是不可能去寻求确切性和精确性的,中国哲学从心出发,从各人自己的心出发,所以往往发现不了外界的问题。他说:"研究物质,非精密不可,所以西洋人得了一个精密之习惯。从'心'下手研究的人民,一定不知道什么是精密确定,不知道或然,不能,与确然,必然,之分别。我觉得这话很有研究之价值,东方学问,与西方学问之区别,恐怕就在这里。"③正因为中国人是从内心出发,不求确切性,西方则是从外探求,要求确切性,所以中西路向不同,路向不同使得中西的哲学方法也不同。西方哲学有直觉和智识的概念,在许多问题上,不只是讲求直觉,而是要用概念分析它,比如"糖是甜的",西方分析哲学要分析如何把糖与甜联系起来,而中国儒家则采用的是直觉的方法,糖不用说出怎样甜,只要你尝它即可。在道德修养上也是一样,朱熹说,圣人并不说出道德是什么样子,只要求你实践它。在这个意义上,"中国哲学家爱的是知觉的确实,不是概念的确实,因为他们不想也没有把他们具体的所见翻成科学的形式。总之一句话,中国没有科学,是因为在一切哲学中,中国哲学是最讲人伦日用的"④。

---

① 冯友兰:《为什么中国没有科学》,《三松堂全集》(第11卷),河南人民出版社,2001年,第49页。

② 冯友兰:《为什么中国没有科学》,《三松堂全集》(第11卷),河南人民出版社,2001年,第50页。

③ 冯友兰:《书评〈心力〉》,《三松堂全集》(第11卷),河南人民出版社,2001年,第24页。

④ 冯友兰:《为什么中国没有科学》,《三松堂全集》(第11卷),河南人民出版社,2001年,第51页。

　　冯友兰认为,中国科学史上的宋朝时期与欧洲现代科学技术发展时期相比,区别在于,"欧洲技术发展是认识和控制物质,而中国技术发展是认识和控制心灵"。[1] 中西文化发展带来了两者"心"和"物"的区别。在西方的历史上,中世纪欧洲在基督教统治下,圣·奥古斯丁希望实现他的"上帝城",弗朗西斯·培根希望实现他的"人国"。不管是奥古斯丁还是培根,不管是"上帝城"还是"人国",都是一种向外寻求力量的路向。"在基督教创立之前,斯多葛主义依我看就是欧洲思想的'自然'路线,它教人事奉他内心的神。但是后来基督教,却教人事奉外在的上帝。""现代欧洲继承了这种认识外界和正视外界的精神,不过把上帝换成'自然',把创世换成机械。"[2]西方在向外界寻求智慧的过程中,力求确实性和力量,这就是科学之所以在西方产生的原因。因为对于外界,"他们首先力求认识它,对它熟悉了以后,就力求征服它。所以他们注定了要有科学,既为了确实性,又为了力量"[3]。

　　在《为什么中国没有科学》中,冯友兰将意志和欲望作为历史选择的依据,因为中西的意志和欲望不同所以产生了不同的历史选择,那么进一步追问,为什么中西的意志和欲望不同呢? 显然通过文中的叙述来看,是历史的选择。是历史选择不同产生不同的意志和欲望,还是意志和欲望不同而产生不同的历史选择? 在中国历史上,分明存在着儒、墨、道三家不同的意志和欲望,只是历史发展到宋朝,儒家思想开始稳定地处于主导地位,所以本书认为冯友兰持有的是一种哲学史阐释法,只不过他阐释的内容是人的意志和欲望、人的价值观念历史,经过历史的发展,中西人的意志和欲望产生了差异。

---

　　① 冯友兰:《为什么中国没有科学》,《三松堂全集》(第 11 卷),河南人民出版社,2001 年,第 50 页。

　　② 冯友兰:《为什么中国没有科学》,《三松堂全集》(第 11 卷),河南人民出版社,2001 年,第 52 页。

　　③ 冯友兰:《为什么中国没有科学》,《三松堂全集》(第 11 卷),河南人民出版社,2001 年,第 53 页。

二、中西文化之异的阐释

在新文化运动初期,人们将中西文化之异的原因多归于自然地理说。比如李大钊认为,东洋(南道)文明"得太阳之恩惠多,受自然之赐予厚,故其文明为与自然和解与同类和解之文明",西洋(北道)文明"得太阳之恩惠少,受自然之赐予啬,故其文明为与自然奋斗与同类奋斗之文明"。[①]因此,东洋文明和西洋文明对待自然的态度不同,东洋文明顺从自然,乐于和自然共生,西洋文明则要积极征服自然、改造自然。

杜亚泉认为,文化是社会的产物,社会又和土地的性质相关联,"社会之发生文明,犹土地之发生草木,其草木之种类,常随土地之性质而别"[②]。西洋与东洋社会的区别,就因为历史发展不同而来,这里有自然地理的因素,也有社会文化的因素。首先,西洋社会由"多数异民族混合而成"。各民族对抗纷争较多,吾国民族则虽然各族言语风俗不同,但是发肤状貌大都相类,不无对抗纷争之迹。其次,"西洋社会,发达于地中海岸之河口及半岛间,交通便利,宜于商业,贸迁远服,操奇计赢,竞争自烈。吾国社会,发达于大陆内地之黄河沿岸,土地沃衍,宜于农业,人各自给,安于里井,竞争较少"[③]。杜亚泉关于东西文明差异的原因既考虑了社会民族因素,也考虑了自然地理因素,但是他所说的民族因素似乎不太成立,中国也是多民族共存的国家,并不是简单的民族相类。

杜亚泉及李大钊等人是从笼统的中西文化不同进行的原因探析,李大钊主要侧重自然因素,杜亚泉既考虑了自然因素也考虑了社会因素,还有从其他因素进行考虑的。冯友兰则主要从"中国为什么没有科学"的单一问题进行解释,但也折射出他对中西文化之异的整体见解。他注重历史文化因素,本质上是注重人的因素,是人或民族在文化的历史发展过程中选择了不

---

① 中国李大钊研究会编注:《李大钊全集》(第二卷),人民出版社,2006年,第211页。

② 中国李大钊研究会编注:《李大钊全集》(第二卷),人民出版社,2006年,第210页。

③ 《中国近代思想家文库　杜亚泉卷》,中国人民大学出版社,2014年,第315页。

同的路向。

关于"为什么中国没有科学"这个难题,不同的学者有着广泛的讨论。陈立认为,中国的社会组织,也就是宗法社会及宗法社会思想是阻碍力量。钱宝琮认为,是由地理、社会、文化环境使然,也就是大陆文化和农业自足自给经济使然。李约瑟认为,是地理上、气候上、经济上和社会上的四种阻力综合因素所导致的。德籍犹太人维特福格尔认为自然科学的停滞是和工业的停滞互相平行的。张荫麟认为,中西文化的一个根本差异,是中国人对实际活动的兴趣远在其对于纯粹活动兴趣之上。竺可桢认为,中国农村社会组织和封建思想使中国古代不能产生自然科学。[①] 由此可见,人们从自然因素、社会因素、经济因素、文化哲学因素都有所分析,各有专长,各有所见。

三、自然地理与人为选择

新文化运动时期,新文化派竭力批判封建文化糟粕,全力引进西方文化,东方派努力为中国文化寻求一席之地,甚至认为西方文化已走下坡路,冯友兰则从一个比较实际的话题着手,分析中国落后的原因,并给予哲学的解释,他跳出西化与保守的争论,从一个更加实际的角度,探讨中国问题。冯友兰深受科学精神的影响,主张运用科学精神来研究实际问题,研究中国文化,他认为空谈民主、科学的多,而对于怎样变成那两样东西,谈的人很少——"这和八股策论,有何区别?"[②]所以他要运用一种理性实践的思维,探讨中国落后的原因,通过原因的探究给今后中国发展科学以思路和启发。

新文化运动时期,陈独秀高举民主和科学的大旗,对广大青年产生了很深远的影响,何以冯友兰选择的是探讨中国为什么没有科学而不是中国为什么没有民主? 一方面,冯友兰受科学精神影响较深,比如在北京大学哲学研究所,就曾听蔡元培讲授科学与哲学,在与泰戈尔对话中,泰戈尔也呼吁中国"赶快学科学"。另一方面,这也和当时流行的西方是"物质文明"、东方

---

① 竺可桢:《为什么中国古代没有自然科学》,《科学》,2015 年 67 卷第 3 期。
② 冯友兰:《与印度泰谷尔谈话》,《三松堂全集》(第 11 卷),河南人民出版社,2001 年,第 8 页。

是"精神文明"的论调有关。① 冯友兰也认识到西方的物质文明比较发达,中国落后于西方主要还是物质方面欠发达,他并不承认中国精神文明的落后,反而认为中国文化是人类精神文明的一部分。

冯友兰在追寻中国为什么没有科学的原因时,侧重于"人"的因素,对于自然地理和环境,则认为"地理、气候、经济条件都是形成历史的重要因素,这是不成问题的,但是我们心里要记住,它们都是使历史成为可能的条件,而不是使历史成为实际的条件。它们都是一场戏里不可缺少的布景,而不是它的原因"②。他认为使历史成为实际的原因在于文化的自然淘汰和人的历史选择,就像是一场戏中,演唱的人是主角,地理、气候等自然因素只是戏剧的背景和摆设,是一种死的静的东西。在这个阶段,他把自然地理因素作为了"一场戏里的布景",重点考虑的是造成中西文化不同的哲学文化因素。到了20世纪40年代,冯友兰在撰写《中国哲学简史》时,在讲中国哲学的产生背景时,则开始考虑地理环境因素,特别是物质因素、经济因素的作用,他认为,地理环境和经济因素对文化具有决定作用。从唯物史观来看,物质决定精神,中国长期的农业社会、农业经济对于中国的封建伦理思想、向内寻求和平的思想有着决定作用。

而在20世纪初期,冯友兰讨论的逻辑是"中国为什么落后—因为没有科学—为什么没有科学—因为文化历史选择了自然路线"。关于中西文化差异,延续冯友兰的逻辑应该是"中西文化差异是什么—中国日损与西方日益—原因是什么—因为中国哲学历史选择了自然路线"。如果进一步追问下去,为什么中国的哲学最终选择了"自然路线",恐怕就要考虑它的民族特性或者自然环境影响了。再往下追问,为什么中国民族特性或自然环境导致自然路线,那只能说,中国正好或"碰巧"是这种自然环境或特性,这似乎是问题的终结。从生物进化论和生物多样性理论来看,东方人和西方人本身就是两种不同人种,要问东西文化为何不同,先问东西为何会有两个人种。

---

① 冯友兰:《三松堂自序》,人民出版社,2008年,第176页。
② 冯友兰:《为什么中国没有科学》,《三松堂全集》(第11卷),河南人民出版社,2001年,第32页。

王鉴平认为："冯友兰把文化差异归之于人的意志和欲望,认为中西两种相背的意欲之流形成了各不相同的文化类型,这难以解释中西文化的许多相似之处。"①按照胡适的"有限可能说",作为客观存在的人类精神认知就那么几种,西方也可能有,东方也可能有。东西精神文化是有许多相同之处,关于中西文化之同,冯友兰在随后的美国学习过程中也有所发现,然而在第一阶段追寻中国落后的原因,还是要从不同入手,特别是从大不同入手。不可否认,同样一种精神现象或理论主张可能在东西社会都同样闪现,然而最后成为主导社会力量的精神却不同,这就是冯友兰所说的,中西在文化上的不同选择导致了近代中西的巨大差异。

第四节　如何对待中西文化

新文化派与守旧派在比较中西方面,都主张中西有别,中西各有优点缺点,但是比较的倾向性不同,结论也不同,新文化派竭力宣扬西方文化,学习新文化。守旧派则竭力揭发西方文化的缺点,阐述中国文化之可爱之处,提倡固本求存,保守中国固有文化。调和派则提出折中的不同主张,有的认为要在中国文化的基础上学习西方技术,走的是"中体西用"的老路,有的主张要发展新的世界文化,甚或主张中国文化还要补偿和拯救西方文化。冯友兰应该属于第三派,他将中西文化平等对待,他关于中西文化关系的处理是偏于保守的进步主张。

一、学习西方科学

冯友兰认为,新文化运动、东西文化论战使得中西文化开始有了主力上的接触,之前的兵战商战,只是"先锋队斥候队之小冲突而已"②。他把中国

---

① 王鉴平:《冯友兰哲学思想研究》,四川人民出版社,1988 年,第 156 页。
② 冯友兰:《论"比较中西"》,《三松堂全集》(第 14 卷),河南人民出版社,2001 年,第 232 页。

文化比作先锋队,把西方文化比作斥候队,也就是前来侦查的队伍。通过接触,西方看到了中国的衰败和落后,直攻了过来,中国文化节节失败。因此,在中国的战场上,中西比较成了一个"真"的问题,所谓"真"就是实际问题,与中国之存亡息息相关,而不是八股策论。"中国人现在有兴趣于比较文化之原因,不在理论方面,而在行为方面;其目的不在追究既往,而在预期将来。"①人们希望通过中西文化优劣的对比,为下一步的行动提供指导。

新文化派主张向西方学习。陈独秀作为新文化运动的勇士,历来立场坚定,动作彻底,不留半点折中。他在《今日中国之政治问题》(1918年)中说:"西洋的法子和中国的法子,绝对是两样,断断不可调和牵就的。"②陈独秀认为中西不相容,不管中西到底哪个好哪个坏,只能选择一个,不能调和。而实质上,他的选择是要西方文化而不要东方文化。胡适在《我们对于西洋近代文明的态度》一文中,认为欧洲大战对于西洋人有部分的影响,有些西洋人开始厌倦西洋文明,崇拜东方的文化。"这种议论,本来只是一时的病态的心理,却正投合东方民族的夸大狂。"③"人们享不着物质上的快乐,只好说物质上的享受是不足羡慕的。"这是一种酸葡萄的心理。④ 西方根本的精神是科学,是求真理,"东方文明的最大特色是知足。西洋的近代文明的最大特色是不知足"⑤。倡导学习西方文明。蒋梦麟在《新旧与调和》一文中讲明了新思想的本质问题:"新思想是一个态度,这一个态度是向那进化一方面走。"⑥要抱着新态度,就是要"重新估定一切价值",秉着一切向进化的先进文化走的态度和精神,学习新文化,排斥旧文化。⑦

---

① 冯友兰:《论"比较中西"》,《三松堂全集》(第14卷),河南人民出版社,2001年,第233页。

② 《独秀文存·论文》(上),首都经济贸易大学出版社,2018年,第127页。

③ 《胡适文存》(第三集),首都经济贸易大学出版社,2013年,第5页。

④ 《胡适文存》(第三集),首都经济贸易大学出版社,2013年,第6页。

⑤ 陈崧:《五四前后东西文化问题论战文选》,中国社会科学出版社,1985年,第657页。

⑥ 陈崧:《五四前后东西文化问题论战文选》,中国社会科学出版社,1985年,第188页。

⑦ 陈崧:《五四前后东西文化问题论战文选》,中国社会科学出版社,1985年,第233—238页。

守旧派主张固守旧文化。杜亚泉认为静的社会善于积累、修身养性，人口众多，这些与西方相比优于西洋，所以西洋反过来应该学习东方文明。他认为，"自欧战发生以来，西洋诸国日以其科学所发明之利器戕杀其同类，悲惨剧烈之状态，不但为吾国历史之所无，亦且为世界从来所未有"①。西方文明本身尚需要重新审视，就更无引进的价值，反而中国文化还要去拯救西方文明："吾国固有之文明，正足以救西洋文明之弊，济西洋文明之穷者。西洋文明浓郁如酒，吾国文明淡泊如水，西洋文明腴美如肉，吾国文明粗粝如蔬，而中酒与肉之毒者则当以水及蔬疗之也。"②《国故》杂志编辑张煊认为东西文明是平等的，国故是东洋文明的代表，欧化为西洋文明的代表，两者都为未来文化发展之基础，他以造纸为比喻，将来之新文明为新纸，需要国故和欧化文明作为材料进行加工。"国故犹败布，欧化犹破纸，为造新纸故，破纸固不可弃，败布亦所当宝，败布与破纸其能改造为新纸则一也。"③

中西文化调和的主张。经过几年时间的论争，守旧派逐渐认识到西方新文化的势不可挡，接受了要学习西方文化的观点，但是他们仍然不赞同抛弃中国旧的文化，而是勉强提出了中西文化调和的主张。杜亚泉的《何谓新思想》一文认为，学新文化可以，但是不能把旧文化全部推翻。不用专门提倡反对旧习惯，"旧习惯之破坏，乃新思想成立后自然之结果。新屋既筑，旧屋自废"。不要反对中国旧的传统文化，要待可以接纳的新文化慢慢建成之后，让旧文化自动消失。针对调和派，新文化派进行有力反驳，认为调和的基础是要学习西方文化。李大钊对于中国文化，认为"疾病已达炎热最高之度，中国民族之运命已臻奄奄垂死之期"④，所以中国人要努力学习西洋文明之长，"竭力以受西洋文明之特长，以济吾静止文明之穷，而立东西文明调和

---

① 《中国近代思想家文库　杜亚泉卷》，中国人民大学出版社，2014 年，第 315 页。
② 陈崧：《五四前后东西文化问题论战文选》，中国社会科学出版社，1985 年，第 17 页。
③ 陈崧：《五四前后东西文化问题论战文选》，中国社会科学出版社，1985 年，第 133 页。
④ 陈崧：《五四前后东西文化问题论战文选》，中国社会科学出版社，1985 年，第 61 页。

之基础"①。毛子水同样主张吸收西方文化,"'买'了过来,'吃'了下去,经过'消化作用',长了许多'筋力',这个'筋力'亦就可以叫得我们的'国新'"②。主张吸收西方文化的长处,发展中国新文化。

冯友兰认为调和论为时尚早,他说:"东西文明,将来固可调和;但现在两相冲突之际,我们东方,应该怎样改变,以求适应?"③他认为,在中国明显落后的时代背景下,中国文化只能做改变,以适应世界文化。在与泰戈尔的对话中,冯友兰透露出关于中西文化关系处理的想法,他认为中西文化是平等的,是人类文化两个不同种类的表现,在近代中国处于落后地位的情况下,应该将西方文化运用于中国,通过发挥西方文化的优势,将中国文化的能量释放出来。吸收西方文化积极向外追求、注重物质的精神,把中国文化内在的智慧充分发挥出来。冯友兰虽然不承认中国文化是劣的文化,认为中国文化有自身的价值,但是这个时候对于他来说,崇新的思想还是高于保守的思想的。

关于学习西方的什么内容,陈独秀认为,近代文明的代表是法兰西人,他们所倡导的几大思想理论是近世文明的特征。"一曰人权说,一曰生物进化论,一曰社会主义是也。"④西方文化的主要优越性在于人权与科学。他指出:"近代欧洲之所以优越他族者,科学之兴,其功不在人权说下,若舟车之有两轮焉。"⑤在 1919 年发表的《本志罪案之答辩书》一文中,陈独秀抨击旧文化卫道者的同时,进一步将科学与民主称为"德先生""赛先生"。从此,民主和科学作为西方文化之精华逐渐为人们所接受和认同。

冯友兰作为新文化运动中成长起来的青年,接受民主与科学的主张,但是面对国内政局动荡的现实,大力提倡民主的时机尚未成熟,面对中国经济

---

① 中国李大钊研究会编注:《李大钊全集》(第二卷),人民出版社,2006 年,第215—216 页。

② 陈崧:《五四前后东西文化问题论战文选》,中国社会科学出版社,1985 年,第120 页。

③ 冯友兰:《与印度泰谷尔对话》,《三松堂全集》(第 11 卷),河南人民出版社,2001 年,第 6 页。

④ 《独秀文存·论文》(上),首都经济贸易大学出版社,2018 年,第 7 页。

⑤ 《独秀文存》(卷一),民国丛书第一编 092,亚东图书馆,1922 年,第 9 页。

破败、落后挨打的局面和西方发达的物质文明,中国最迫切的就是要发展物质文明。冯友兰也受泰戈尔的影响,泰戈尔曾在与冯友兰的谈话中说:"有静无动,则成为'惰性';有动无静,则如建楼阁于沙上。"东方所能给予西方的是"智慧",西方所能给予东方的是"活动"。中国现在应该怎么做? 泰戈尔认为:"现在西方对我们是取攻势(Agressive),我们也该取攻势。我只有一句话劝中国,就是:'快学科学!'东方所缺而急需的,就是科学。"①与泰戈尔对话后,冯友兰更加明确了要向西方学习科学的主张。

冯友兰在学习西方哲学著作时,也很注意中西哲学的差别,他受柏格森哲学影响,认为中国没有科学就在于不注重确实性、准确性,而西方科学的产生来源于他们对概念的分析,追求真理和确实性,崇尚智识。他说:"近来中国有一班人说:西洋近来渐渐不信科学了;实是大错。"②柏格森之注重直觉也是建立在尊重分析的基础上的,一项科学发明在经历了大量的分析和收集材料后,才会有"灵感闪现"的可能。他认为:"科学在实用上的价值,非常之大","即以研究哲学说,也非以科学为根本不可。"③科学的概念深入冯友兰的内心,这是他后来追问中国没有科学的原因,也是他坚持以科学的态度对待中国文化的原因。

冯友兰主张向西方学习的是"自然科学",他不认为中国没有科学或者说科学的精神,他甚至认为清末的考据学在某种意义上说是科学的方法,只是存在于社会科学领域。冯友兰追问为什么中国没有科学中的"科学",是指自然科学,冯友兰注释中说:"'科学'一词,我是指关于自然现象及其关系的系统知识。因此它是'自然科学'的简称。"④冯友兰和新文化运动中前辈们的观点是一致的,认为中国落后在于物质文明,具体表现在缺乏自然科

---

① 冯友兰:《与印度泰谷尔对话》,《三松堂全集》(第 11 卷),河南人民出版社,2001 年,第 6 页。
② 冯友兰:《柏格森的哲学方法》,《三松堂全集》(第 11 卷),河南人民出版社,2001 年,第 17 页。
③ 冯友兰:《柏格森的哲学方法》,《三松堂全集》(第 11 卷),河南人民出版社,2001 年,第 17 页。
④ 冯友兰:《为什么中国没有科学》,《三松堂全集》(第 11 卷),河南人民出版社,2001 年,第 31 页。

学,所以中国要向西方学习自然科学。

二、评梁漱溟的《东西方文化及其哲学》

在中西文化争论的最后阶段,出现了两个广泛影响也备受争论的文化论说,一是梁启超在《欧游心影录》中认为西方科学文化万能的论调已经破产,中国文化正当其时,在挽救西方文化和发展未来文化方面大有可为;一是梁漱溟《东西文化及其哲学》的讲演和发表,他提出了文化的"三路向"说,对中、西、印文化哲学进行阐释,并提出了中国文化"补课"的文化发展观。

梁漱溟认为中西文化相比较,西方文化目前还是先进的代表世界文化的,当前的西方文化之"民主和科学","是无论世界上哪一个地方人皆不能自外的"[1]。但是梁漱溟并没有因此而放弃中国文化,他以自己的理论阐释给中国文化发展指明出路。他认为两种文化是不能调和或者同时存在的,是一个前后替换的过程。梁漱溟的《东西文化及其哲学》阐释了世界上三种路向的哲学,梁漱溟认为,文化"不过是那一民族生活的样法罢了","生活就是没尽的意欲(will)……和那不断的满足与不满足罢了"。[2] 梁漱溟认为中西因为意欲不同,产生了各自不同的文化,"西方化是以意欲向前要求为其根本精神的"[3],"中国文化是以意欲自为调和、持中为其根本精神的。印度文化是以意欲反身向后要求为其根本精神的"[4]。中、西、印三种文化代表着三个路向。照梁漱溟的意思,"人类文化有三步骤,人类两眼视线所集而致其研究者也有三层次:先着眼研究者在外界物质,其所用的是理智;次则着眼研究者在内界生命,其所用的是直觉;再其次则着眼研究者将在无生本体,其所用的是现量;初指古代的西洋及在近世之复兴,次指古代的中国及其将在最近未来之复兴,再次指古代的印度及其将在较远未来之复兴"。对于西方来说,因为"理智的活动太强太盛",科学的发展让人们社会生活节

---

①　梁漱溟:《东西文化及其哲学》,商务印书馆,2010年,第19页。
②　梁漱溟:《东西文化及其哲学》,商务印书馆,2010年,第35页。
③　梁漱溟:《东西文化及其哲学》,商务印书馆,2010年,第36页。
④　梁漱溟:《东西文化及其哲学》,商务印书馆,2010年,第59页。

奏加快,所以要有一个文化的转向,西方文化未来发展就是要养育情感,注重人的情感意志,而这是孔子的路向,所以西方未来的路是"孔子的路"。对于中国文化来说,已经走到了第二个路向,可是在理智和科学物质方面还欠发达,就需要回过头去发展物质文明。他认为文化是一元发展的,中、西、印三种文化是不可以互相调和的,而是各自按照自己的路径发展。世界文化的未来发展是中国孔子的路,多么奇妙的中国文化生存理由。

"二十年代时期的冯友兰,其文化观念也不是像通常了解的那么简单,他的文化思想的照应面还是相当广泛的。"①冯友兰身在美国,无时无刻不关心中国的思想动态,梁漱溟发表了"东西文化及其哲学"的演讲之后,冯友兰及时关注,并提出了自己的看法和意见。冯友兰认为:"梁先生的书是第一个自觉的、严肃的尝试,试图抓住中心观念,在与欧洲文化、印度文化的比较中说明中国旧文化的优点和缺点。"②新文化运动时期,围绕中西文化,引起了广泛的兴趣和讨论,当时百家争鸣,多是矛盾的体现,对于矛盾的广泛解释和评论,还是比较少的。冯友兰对梁先生的书给予了肯定,认为是对当时新文化派与东方派论争的回应,是对中西文化问题的系统阐释,非常严谨、具有独创性。大哲学家的哲学体系各有所见,梁漱溟的书也"确有所见"③。但是冯友兰也对梁漱溟的学说提出了质疑,他认为梁先生对儒家和佛家的解释很有趣味,但是却不一定是两家学说的原意,而且梁先生"由于经常研究佛家,对一元化的偏爱太强,这引导他假定,这三种现存的文化类型,已经穷尽了一切可能的人生道路;还假定,人类必然照这三种现在的样子取舍这一种或那一种"④。

冯友兰持多元文化观念,他认为,梁漱溟的三路向说是"一条线"的发展

---

①　陈来:《冯友兰文化观述评》,单纯、旷昕主编《解读冯友兰·学者研究卷》,海天出版社,1998 年,第 128 页。

②　冯友兰:《评梁漱溟著〈东西文化及其哲学〉》,《三松堂全集》(第 11 卷),河南人民出版社,2001 年,第 54 页。

③　冯友兰:《评梁漱溟著〈东西文化及其哲学〉》,《三松堂全集》(第 11 卷),河南人民出版社,2001 年,第 57 页。

④　冯友兰:《评梁漱溟著〈东西文化及其哲学〉》,《三松堂全集》(第 11 卷),河南人民出版社,2001 年,第 57 页。

方向。"在事实上,照梁先生所说,这三种文化,代表人类发展中三个连续的阶段。"但是冯友兰不认为这三种路向、三种文化是一条线的发展路数。"我仍然不大懂,为什么西方人应该彻底改信孔子,为什么将来全人类应当都是佛陀信徒。"①冯友兰认为,梁先生对一元论的偏爱太强,从而导致他假定的三种现存文化类型穷尽了一切可能的人生道路,而且认为人类必然会照这三种现在的样子来选择其中的一种。

冯友兰还认为中国要吸收西方文化,并批判接受孔家文化。他认为梁漱溟的论据不充分,如果按照梁先生的解释,科学是"属于西方个人主义、功利主义的生活样法有机组成部分,它如何能够与梁先生讲的孔家思想有机结合?"②冯友兰给出了自己的理由,他认为,西方科学发达的原因不在于功利主义,而是向外寻求力量和智识确定性的意志和欲望。孔家思想是提倡人们不坚持任何固定不变的教义,而是要遵从自然,听从自己的感觉,这种中道的思想才是中国文化能够接纳西方文化的可能所在。

冯友兰认为自己的文化观也是实用主义的,在给梁漱溟的信中,冯友兰阐释了自己和梁在某些看法上的区别。梁漱溟认为西洋之弊在于"以理智抑制本能冲动",冯友兰则认为,"西洋放纵本能冲动者也,中国裁制之,印度则取消之。西洋现在之弊谓为冲能(动)发达失其均衡则可,谓之压抑冲动则不可"③。"先生以佛家之说为根本,友兰所依据者则不如此玄学的,故先生之议论多 idealistic,而友兰之议论则偏于 realistic。"④他认为自己对文化的兴趣在于行动,所以他既不排斥西方文化,也珍惜中国文化。

三、中国传统文化的存在价值

冯友兰在中西对比中,承认中国之落后,寻求了中国落后的原因,认为

---

① 冯友兰:《评梁漱溟著〈东西文化及其哲学〉》,《三松堂全集》(第11卷),河南人民出版社,2001年,第57页。
② 冯友兰:《评梁漱溟著〈东西文化及其哲学〉》,《三松堂全集》(第11卷),河南人民出版社,2001年,第56页。
③ 冯友兰:《致梁漱溟》,《三松堂全集》(第14卷),河南人民出版社,2001年,第589页。
④ 冯友兰:《致梁漱溟》,《三松堂全集》(第14卷),河南人民出版社,2001年,第589页。

应该学习西方文化先进之处,摆脱中国文化落后的局面。但是面对中国文化,冯友兰没有那么容易割舍,他要为中国文化存在的价值寻找理论依据。他采取的是"既不妄自尊大又不妄自菲薄的态度"①。在处理中西文化关系方面,冯友兰所持的观点,和李大钊有些许相似,既要学习西方,又要尊重中国文化价值。但是他有自己的一套理论和说法。

(一)对待传统文化的"科学态度"

冯友兰深受科学思想的影响,面对中国落后的局面,冯友兰认为应该学习西方的科学。同时,冯友兰也尝试用科学的态度对待中国的传统文化。他认为:"我们把事实研究之后,用系统的方法记述他,用道理去解说他,这记述和解说,就是科学。"②"我们要研究事实,而发明道理去控制他,这正是西洋的近代精神!""东方文明,无论怎样,总该研究。""因为他是事实。无论什么科学,只能根据事实,不能变更事实。"③东方文明作为一种事实,是科学的研究对象,不能变更。

中国作为文明古国,文化绵延几千年,积累了大量的思想资料。"我们四千年的历史,——哲学,文学,美术,制度……都在内——无论怎样,总可作社会科学,社会哲学的研究资料。"中国历史文化不仅是中国的财富,也是世界的财富,是世界文明的一部分,他认为"东方文明,不但东方人要研究,西方人也要研究;因为他是宇宙间的事实的一部分"④。就像中国的一块石头假若不受地球引力的作用,牛顿的引力定律就会打破,作为宇宙事实的一种,中国文化可以作为世界文化思想的支撑或补充。在这里,冯友兰将中国文化与西方文化同等对待,都作为世界文化的一部分看待,都是世界文化的研究内容之一。

---

① 陈晓平:《冯友兰与李约瑟问题》,《重庆理工大学学报(社会科学版)》,2014 年第 5 期,第 10 页。

② 冯友兰:《与印度泰谷尔对话》,《三松堂全集》(第 11 卷),河南人民出版社,2001 年,第 7 页。

③ 冯友兰:《与印度泰谷尔对话》,《三松堂全集》(第 11 卷),河南人民出版社,2001 年,第 7—8 页。

④ 冯友兰:《与印度泰谷尔对话》,《三松堂全集》(第 11 卷),河南人民出版社,2001 年,第 7—8 页。

冯友兰想给中国文化一个与西方文化平等的地位,但他对中国文化仍有一些不自信。"中国的人生观也许错了,但是中国的经验不会是一种失败。"中国的经验应该能够为未来文化的发展提供借鉴。如果未来人类需要内心的和平和幸福,就会转过来注意中国的智慧,而如果不需要的话,"这种失败的本身会警告我们的子孙不要在人心的荒原上再寻求什么了"①。不管是对是错,这种借鉴本身就是价值,"也是中国对人类的贡献之一"②。

当时代的中国人急于知道自己到底是优是劣,而"切实研究,一时不能有效,所以具体的事实,都没有清理出来,而发表意见的人,都是从他们各人的主观的直觉,去下判断"。用科学的态度对待中国文化,中国人需要下一番研究的功夫。"要谈中国文化,及中国民族性,非先把中国的一切东西,及外国的一切东西,都极深研究不可。换一句话说,就是非把现在人类所有的知识,都极深研究不可。"③冯友兰认为文化错综复杂而又内容丰富,不是一下子能研究透彻的,所以不能轻易给文化下结论,也就是不承认中国文化一定劣于西方文化,这为中国文化挽回了面子。冯友兰的这种论点是一种科学论下的文化缓和主义。

(二)对中国文化的"意志信仰"

冯友兰在《论"比较中西"》一文中,对文化给出了定义:"所谓'文化'、'民族性',都是空的抽象的字眼,不能离具体的东西而独立。中国文化,就是中国之历史,艺术,哲学……之总合体;除此之外,并没有别的东西,可以单叫做文化。"④文化作为一个总体,有好的方面,也有不好的方面。持好的观点的人可以举出例子来,持坏的观点的人可以举出另外的例子。"公说公有理,婆说婆有理。"比如,说中国民族性好的人,说中国人酷爱和平是莫大

---

① 冯友兰:《为什么中国没有科学》,《三松堂全集》(第11卷),河南人民出版社,2001年,第53页。

② 冯友兰:《为什么中国没有科学》,《三松堂全集》(第11卷),河南人民出版社,2001年,第53页。

③ 冯友兰:《论"比较中西"》,《三松堂全集》(第14卷),河南人民出版社,2001年,第232—233页。

④ 冯友兰:《论"比较中西"》,《三松堂全集》(第14卷),河南人民出版社,2001年,第232页。

的道德,而不赞同中国民族性的人则说那是怯懦的表现;说中国民族性好的人认为,中国人主张"爱有差等"最合中庸之道,而不赞同中国民族性的人则说那是缺少同情心的表现。发表意见的人都是凭各人的主观的直觉。

这个现象是一个真问题,我们对于这个问题有兴趣的原因在于行为方面,那么我们现在也可在行为方面给予解决。如何解决呢?"那就正用詹姆斯所说的'意志信仰'了。'意志信仰',就是于两个辩论之中,挑一个与我的意志所希望相合的而信仰之。"詹姆斯认为,可以适用"意志信仰"的问题,须要具备下列条件:"(一)此问题所论及之事,须与人为有关。(二)此问题须与目前刻不容缓之行为,有直接关系。(三)此问题之答案之为正为负,于此行为之结果,有莫大影响。(四)此答案正负两方面之理论上的根据,均极充足;理论上不能证明孰是孰非。"①而中国目前的文化问题就是这样,中国文化西方文化孰优孰劣,各说各有理,而这个问题又是一个迫切需要解决的问题,若我们自信中国文化,那么就胆大气壮,那是我们得胜之重要条件,若我们不信中国文化,那么就妄自菲薄,不敢相信自己的成绩,我们为什么不用意志信仰呢? 从前中国的司法官想把人定重罪的时候,就说此人"虽属情有可原,究竟咎有应得";若想定轻罪的时候,就说此人"虽属咎有应得,究竟情有可原"。我们也可以把那说中国不好的命题,"中国除……外皆坏"改作"中国除……外皆好"。只此一转语气,便能给我们安慰、勇气及光明的前途。

冯友兰运用詹姆斯的意志信仰理论为中国文化打气,是一种既不妄自尊大也不妄自菲薄的气节,在气节和气势上给人鼓舞,但是冯友兰这种用单纯的意志解决问题的方法,也有自欺欺人的味道,他为东方文化派增添了一份立足的理由,却不可能得到西方文化派的认可。

(三)传统文化的发展更新

冯友兰认为,中国文化不是一个死的已故的东西,而是一个活的正在发展变化的东西。"中国人一日不死尽,则中国文化及中国民族性即一日在制

---

① 冯友兰:《论"比较中西"》,《三松堂全集》(第14卷),河南人民出版社,2001年,第235页。

造之中。它们并不是已造的东西, Something made, 乃是正在制造的东西 Something in the making。我们就是制造它们的工程师和工人, 它们的好坏, 就是我们的责任。"①中国文化及民族还没有到盖棺论定的时候。我们看中国文化, 就像一个人在描绘宇宙, 要把自己也看成宇宙的一部分, 描绘其中。如果说中国文化有劣根性, 那么至少还有一个积极为文化建设努力奋斗的一个我, 有这么一个我, 就否认了中国文化的怯懦和不上进。所以, "我们空口谈论文化及民族性之优劣, 是没有用的"②。我们要靠信仰的支撑, 从个人做起, 从此时此地做起, 为发展中国文化而贡献绵薄之力。

冯友兰的文化观已经区分了传统文化与文化传统, 点明了传统在时间性一维的开放性。他"通过对中国文化精神在未来社会意义的设想使中国文化的价值在功利主义判断之外得到一种肯定"③。中国的传统文化不一定全部是好的, 但是中国的文化传统却是无法割舍的。他以发展的角度看待中国文化, 认为中国文化只是暂时落后, 中西文化孰优孰劣还没有到最终决断的时候, 冯友兰的文化发展论对于增强文化信心无疑具有很高的价值。

---

① 冯友兰:《论"比较中西"》,《三松堂全集》(第 14 卷),河南人民出版社,2001 年,第 236 页。

② 冯友兰:《论"比较中西"》,《三松堂全集》(第 14 卷),河南人民出版社,2001 年,第 237 页。

③ 陈来:《冯友兰文化观述评》,单纯、旷昕主编《解读冯友兰·学者研究卷》,海天出版社,1998 年,第 127 页。

第二章

直击文化核心：冯友兰对中西人生哲学之比较（1923—1926）

许多学者采取一种和冯友兰本人相同的看法，认为冯友兰关于中西文化观探索的第二个阶段是阐明中西不同是古今不同，往往把冯友兰关于中西文化之同的发展阶段一笔带过，或者作第一阶段的后续发展，或者作前两个阶段之间的过渡。这可能因为冯友兰关于中西文化之同的探索是在哥伦比亚大学读博士阶段，且他所写的《天人损益论》与《为什么中国没有科学》（以下简称《为什么》）之间仅隔不到两年的时间，时间间隔太短不能构成一个阶段。然而，根据冯友兰先生关于人物研究要力求弄明白人物思想的发展脉络及"所以迹"的精神，人物研究要力争把握和展现人物思想发展的内在轨迹，把人物某一方面思想的发展及其转换弄清楚、说明白。就像冯友兰在《中国哲学史》中对中国哲学进行经学、子学的时代划分是根据时代本质不同来划分的一样，冯友兰中西文化观的阶段划分也应该根据冯友兰实际的思想变化历史进行客观划分。不拘泥于冯先生自己的看法，不拘泥于时间的长短。

冯友兰在《为什么》一文中认为，在文艺复兴之前，中西文化处于相同的水平。在之后的西方哲学文献研修过程中，冯友兰不断有所发现，证实了中西先哲们在哲学思想方面有很多相同之处，而冯友兰所发现的这许多相同之处，主要是从"天、人、损、益"这一老子哲学思考角度，从"自然"与"人为"两分的人生趋向进行考察的。冯友兰所发现的这一中西相同点实质上主要是人生哲学层面，集中体现在其博士论文《人生理想之比较研究》中，作为博士期间学习成果的总结，我们不能不重视冯友兰这一思想历程和重要的中

.

西文化比较成果。① 冯友兰博士毕业恰逢"科玄论战"发生，接续已有的中西人生哲学思考，冯友兰参与到了科玄论战之中，围绕哲学与科学的关系问题进行了更加深入的中西文化对比。

第一节　新文化运动后期的中西文化之争

新文化运动后期，第一次世界大战引发了人们对西方文化的反思，关于中西文化问题的讨论更加深入，中西物质文明与精神文明的讨论发展为关于人生观的深刻争辩。东方文化派多了一层维护中国文化传统的理由，西方文化派则站在时代的浪头毫不示弱，终于掀起了一场以科学与人生观为主题的文化论战。

一、动荡不安的政局与社会

中华民国成立之后，命途多舛，首先面临的就是袁世凯复辟称帝。在全国人民声讨中，袁世凯政权很快覆灭，袁世凯自己也一命呜呼。之后由副总统黎元洪代行中华民国大总统职权，尽管黎元洪任总统、段祺瑞主持政府已经成为事实，也得到北洋系及列强的认可，但是非北洋派认为法统与法理问题不可不明，于是又出现了"新旧约法之争"，历时近一个月，在南方护国军和以孙中山、黄兴为代表的国民党人的坚持下取得胜利。后来在军团参政形势下，面对对德是否参战问题，黎元洪与段祺瑞矛盾升级，黎元洪免去段祺瑞国务总理的职务，段祺瑞离京赴津，部分督军代表策划解散国会、驱逐黎元洪，恰逢此时，张勋利用时机，假借到北京调停之由，拥戴清帝复辟。张勋的倒行逆施当然遭到全国上下的强烈反对，各派势力分别成立讨逆军，对其进行讨伐。讨逆胜利，段祺瑞重返北京，组织新政府，黎元洪因邀张勋入京导致变乱而引咎辞职，副总统冯国璋代理大总统。后段祺瑞曲解违背《临

---

① 冯友兰在《三松堂自序》中把《人生哲学》作为他第一阶段哲学活动的成果标志。

时约法》,拒绝恢复国会,孙中山随后任中华民国军政府大元帅,发起护法运动,段祺瑞决定以武力统一南方并遭失败,主和派势力上升,和谈失败,南北双方处于对峙状态。军阀奉系、皖系、直系等各方势力相互争夺,后黎元洪在直系敦促下,入京复大总统职位。而第一次直奉战争后,曹锟急于上台,指使军警向黎元洪索饷,逼黎元洪出走。那一年,正是"科玄论战"发生之年,然而,知识阶层对科玄争论的关注比黎元洪被迫出走要大得多。在这个军阀混战的时期,孙中山护法战争身影孤单,国家统一大势一时难以形成。在这样的政治背景下,知识分子们对于政局已经失望转而默然,对新的民主政治制度失去信心,将力量集中于文化层面的讨论。

整个民国初期,政治管理松散,社会动荡不安,这让人们更加认识到中国救亡问题的解决通过器物和民主政治的改革没有办法实现,更加注重文化思想的变革。就像梁启超和张东荪所讨论的那样:"着实将从前迷梦的政治活动忏悔一番,相约以后决然舍弃,要从思想界尽些微力。"①这个时期,无政府主义、空想社会主义、实用主义、文化保守主义、民族主义、国家主义等各种政治主张和社会思潮并存,争论不休,然而不管何种主义、何种主张,其根本的文化问题还在于中西文化纷争方面。这一时期关于中西文化的问题一旦有新的导火索,就会引来新的更大的论争。

二、梁启超欧游与"科学的破产"

新文化运动以来,在民主与科学的大旗指引下,科学的概念更加深入人心。"这三十年来,有一个名词在国内几乎做到了无上尊严的地位;无论懂与不懂的人,无论守旧和维新的人,都不敢公然对他表示轻视或戏侮的态度。那个名词就是'科学'。"②即使是保守派,在竭力拥护中国文化传统的同时,也不能公开反对科学,反对革新,只能在"学习西方"的文化大旗之下,为中国文化寻找安身立命之地。

1914 年,以德、奥为一方,以英法和依附于他们的俄国为另一方,发起了第一次世界大战,美国、日本和其他一些国家为了各自利益先后参战。这次

① 梁启超:《欧游心影录》,商务印书馆,2014 年,第 56 页。
② 《胡适文存》(第二集),首都经济贸易大学出版社,2013 年,第 125 页。

大战是帝国主义为了争夺资源、发展资本而进行的,战争削弱了欧洲各帝国主义的力量,无产阶级革命风起云涌,并首先在帝国主义阵线最薄弱的阵线俄国取得了胜利。这场空前但不绝后的战争,不仅给人类造成了严重的经济损失,还使得人们的精神和思想受到了很大的刺激,西方政治社会生活的阴暗面显现出来,西方文明世界所暗藏的无比残酷和极端无情暴露无遗;"中国虽因距离主战场较远,受的经济损失相对较小,但受的思想刺激则非常重大"①。中国人特别是对中国传统文化心存留念的知识分子重新拾得信心,开始对西方文化进行新一轮的征战。

梁启超于 1918 年率团游历欧洲,同行的有蒋百里、刘子楷、丁文江、张君劢、徐振飞、杨鼎甫。他们出行的目的一方面是看战后欧洲如何收场,深入对比中西,求一点学问;另一方面是外交,通过私人资格意图影响巴黎和会,产生有利于中国的结果。结果到欧洲之后,私人外交失败,欧洲战场的观察也带来了对科学的失望、对欧洲文明的失望。在观察欧洲战地时,张君劢因在伦敦参加国际联盟研究会而未同行,丁文江则去调查矿业,正因为张、丁不同的职业及在欧洲的不同调查,形成了两人后来关于科学的不同认识。

欧游后梁启超撰写的《欧游心影录》对当时的文化讨论产生了很大的影响。梁启超认为欧洲人之所以发生战争就是因为过于相信"科学万能",丧失了"安心立命"之所。近代科学发达对宗教和哲学带来了致命伤,科学让人们过度相信物质和"必然法则",命运、心理、精神也由科学法则(指心理学)完全支配,人类没有什么自由意志,似乎不用负什么道德责任,"哲学家简直是投降到科学家的旗下了"②。科学带来的"物质、机械的人生观"导致军阀、财阀的产生,导致社会的无序和战争的发生,在这样分析的基础上,《欧游心影录》在文字上正式宣告科学的"破产":"一百年物质的进步,比从前三千年所得还加几倍。我们人类不惟没有得着幸福,倒反带来许多灾难。好像沙漠中失路的旅人,远远望见个大黑影拼命往前赶,以为可以靠他向

① 伍光良、吕乃基等:《"科玄论战"的出场语境分析》,《自然辩证法研究》,2011 年第 3 期。
② 梁启超:《欧游心影录》,商务印书馆,2014 年,第 16 页。

导,那知赶上几程,影子却不见了。因此无限凄惶失望。……因做了一场科学万能的大梦,到如今却叫起科学破产起来。"①虽然梁启超在自注里申明:"我绝不承认科学破产,不过也不承认科学万能罢了。"②然而,"谣言这件东西,就同野火一样,是易放不易收的。自从《欧游心影录》发表之后,科学在中国的尊严就远不如前了。一般不曾出国门的老先生很高兴地喊着,'欧洲科学破产了!梁任公这样说的'"③。梁任公的名望使得文化保守派抓住了这一个强有力的论据支撑和力量靠山,梁任公感情饱满的文字使文化保守派得到了情感上的共鸣,不管梁任公主观上对科学的排斥有多少,在欧游所见所闻基础上得出的"科学有限"之结论势必成为反对科学、质疑科学、拥护中国精神文化的无可争辩的理由。梁任公从欧洲回来,还先后到中学等机构进行演讲,宣传他所见到的欧洲的破败景象,讲述自己对西方文化的失望,认为未来的世界需要中国文化的补救,国内的保守派也因欧洲第一次世界大战而更加自信中国文化。

和梁启超一起游欧的张君劢,同样认为,欧洲国家因为思想变化、社会组织动摇、欧战等原因,欧洲人"在思想上,在现实之社会上、政治上,人人不满于现状,而求所以改革之,则其总心理也"④。欧洲人自家的困难确实不少,但是也大可不必作亡国之忧,但是吾国也不能就此高枕无忧,"盖人生在世,当然有各人之责任,居今之世之最大责任,厥在对于今后世界新文化之贡献"⑤。和梁启超的论点如出一辙。

三、张君劢的人生观讲演

1923 年 2 月,张君劢在清华大学面对即将赴美留学的青年学生做了题为《人生观》的讲演,内容关乎科学与人生观关系问题。他指出科学与人生

---

① 梁启超:《欧游心影录》,商务印书馆,2014 年,第 16 页。

② 梁启超:《欧游心影录》,商务印书馆,2014 年,第 16 页。

③ 《胡适文存》(第二集),首都经济贸易大学出版社,2013 年,第 127 页。

④ 陈崧:《五四前后东西文化问题论战文选》,中国社会科学出版社,1985 年,第 439 页。

⑤ 陈崧:《五四前后东西文化问题论战文选》,中国社会科学出版社,1985 年,第 445 页。

观不同,并且科学不能指导人生观。他提醒即将留美的学生不要轻信科学,要明辨是非、善于思考,言外之意就是要坚守中国精神与文化,这成为科玄论战爆发的导火线。

张君劢在讲演中指出,天下事并不是皆有公例,特别是在人生日用之中的人生观问题,更没有什么公例,也不受科学的因果律支配。没有公例的原因在于人生观是最不可能统一的,不可能有一个模式。"同为人生,因彼此观察点不同,而意见各异,故天下古今之最不统一者,莫若人生观。"①张君劢列举了九个"我"与"非我"之间的问题,说明了人生观之多样性。比如:在我与家族关系上的大家族主义、小家族主义;我与异性关系上有男尊女卑、男女平等及自由婚姻、专制婚姻之别;我与财产关系上私有财产、公有财产;我与社会制度关系上的守旧主义、维新主义;我与在内之心灵与在外之物质关系的物质文明、精神文明;我与他人总体之关系的为我主义、利他主义等;我与世界背后有无造物主之有神论、无神论、一神论、多神论;等等。

他认为科学与人生观是根本不同的。第一,科学是客观的,人生观是主观的;数学、物理化学等自然科学是客观的、有统一的规律,不分中国之科学、西方之科学。而精神科学则各有所见,是非各执。第二,科学为论理的方法支配,人生观则源于直觉。第三,科学的方法为分析的,人生观则为综合的。第四,科学受因果律所支配,人生观则为体现自由意志的。第五,科学起于对象之相同现象,人生观则起于人格的单一性。正因为科学与人生观的特点不同,"故科学无论如何发达,而人生观问题之解决,决非科学所能为力,惟赖诸人类之自身而已"②。张君劢所指出的科学与人生观的五个不同皆成为后来"科玄论战"人们争论的焦点。

张君劢指出科学与人生观不同的言外之意就是说,虽然西方的科学发达,但人生观却不一定高于中国,中国向西方学习的是科学,但是同时要防止盲目学习西方不良的人生观,第一次世界大战已经证明了西方科学指导下的人生观的破产。张君劢根据自己理解的对西方人生观不赞同之处给予留美学生四点忠告:第一,在物质与精神方面,科学之为用,专注于向外,其

---

① 黄克剑、吴小龙:《张君劢集》,群言出版社,1993年,第110页。
② 黄克剑、吴小龙:《张君劢集》,群言出版社,1993年,第111—114页。

结果工厂遍国中也，但是"精神上之慰安所在，则不可得而知也"①。欧战后，"有结算二三百年之总账者，对于物质文明，不胜务外逐物之感，厌恶之论，已屡见不一见矣。此精神与物质之轻重，不可不注意者"②。张君劢关于物质与精神关系问题无疑是在告诉留美学生，不要贪图西方的物质文明，要注重精神文明。第二，关于男女之爱方面，今之西洋文学，十书中无一书能出男女恋爱之外者，与我国戏剧中，十有七八不以男女恋爱为内容者，正相反对者也。"男女恋爱，应否作为人生第一大事，抑更有大于男女恋爱者。"③不可不注意。张君劢虽然表面上同意男女平等，男女社交，但是他的言语之中是劝留美诸君要寻求比恋爱更重要的事业，切勿习得西方过度重视恋爱自由。第三，在社会与个人的关系问题上，重社会则轻个人之发展，重个人则害社会之公益。他说，"智识发展，应重个人；财产分配，应均诸社会"这也是需要留美学生注意的④。张君劢言外之意就是不赞同西方文化之重个人轻社会的大工业社会。第四，关于国家主义与世界主义，我国人民一向注重和平，向往大同，张君劢希望留美诸君心存世界，不走狭隘的民族主义路线。张君劢所指出的这四点忠告皆源于他本人对于西方文化不赞同的地方，他延续中西文化是物质与精神之别的说法，鉴于欧战所显现出来的物质文明的缺点，希望留学生注重精神文化，不要学习西方的物质文化。希望留美学生注重社会和世界，不要仅仅看重个人，这也是对西方注重个人文化的不认同。在学习西方精神文化方面，张君劢认为人生观是最根本的文化枢纽："吾有吾之文化，西洋有西洋之文化。西洋之有益者如何采之，有害者如何革除之。……此则人生观之关系于文化者所以若是其大也。"⑤张君劢突出了中西文化中的人生观问题，使得中西文化的对比范围缩小，将自然科学排除在外。"诸君学于中国，不久即至美洲，将来沟通文化之责即在诸君之双肩上。"⑥殷切希望溢于言表，正是张君劢这为师至尊的殷殷话语，更显其将

---

① 黄克剑、吴小龙：《张君劢集》，群言出版社，1993年，第115页。
② 黄克剑、吴小龙：《张君劢集》，群言出版社，1993年，第115页。
③ 黄克剑、吴小龙：《张君劢集》，群言出版社，1993年，第115页。
④ 黄克剑、吴小龙：《张君劢集》，群言出版社，1993年，第116页。
⑤ 黄克剑、吴小龙：《张君劢集》，群言出版社，1993年，第116页。
⑥ 黄克剑、吴小龙：《张君劢集》，群言出版社，1993年，第116页。

科学与人生观对立的鲜明立场。

张君劢和梁启超在欧游归来之后都对科学产生了质疑,并认为科学带来的对于人生观的冲击是欧洲社会混乱的原因。但是因为张君劢所做的讲演的核心更加突出科学与人生观的矛盾,更加突出西方文化的不足之处,又因张君劢作为北京大学教授,其聆听对象是青年学生,所以一经发出,引起了更大的反响,地质学家丁文江首先进行批驳。丁文江曾经和张君劢一起参加梁启超的欧洲游学团,两人交情甚笃,但是私下里常常进行辩论,互相反驳。这一次,他把反驳的语言形成了文字。丁文江发表了题为《玄学与科学——评张君劢的〈人生观〉》的正面反驳文章,他认为张君劢所总结的欧战教训,否定科学与物质文明从而否定西方文化,以东方"精神文明"为救世之方,是错误的认知,容易毒害青年,所以要公开出面对张君劢宣战。他围绕人生观能否同科学分家、欧洲文化破产的责任等八个问题详细地有针对性地对张君劢进行了反驳。之后张、丁二人又反复发表文章阐释自己的观点,争论了几个回合。随后一批有影响的中国文化名人如胡适、梁启超、张东荪、范寿康、林宰平、王星拱、唐钺、吴稚晖等纷纷发表文章参与论战,形成了声势浩大的文化大战。

"这次论战在总体上并无阵线分明的两造。……其实自是各人说各人的话而已。"①有的文章围绕张君劢的立论进行辩论,但观点或有赞同或有不赞同,有的文章围绕丁文江的立论进行讨论,论点却又分散,有的干脆对争论的本身进行争论,实际上是对论战的反思。但争论的焦点大体可以归结为科学究竟能否解决人生观问题,或者说科学的人生观是否可能。这次讨论的本质还在于中国文化与西方文化的对峙,是新文化运动"东西文化论战"的延续,具体地说,是五四前期关于中西文化是物质与精神之分的继续,是认为西方之擅长在科学、中国之擅长在精神的认识的继续。就像学者指出的那样,科学派与玄学派的对峙,在时代性、民族性和人类学本体论等不同维度上,表现为新学与旧学、西学与中学、理性与价值之间的冲突。②

---

① 张东荪:《科学与哲学》,商务印书馆,2004 年,第 41 页。
② 何中华:《"科玄论战"与 20 世纪中国哲学走向》,《文史哲》,1998 年第 2 期,第 5—14 页。

第二节　中西人生哲学之"天人损益"

新文化运动后期,因为欧战的影响和国内政治改革的不顺利,人们更加深入地去讨论文化问题,接续中西物质文化与精神文化之分的看法,人们集中到了科学与人生哲学、科学与精神的关系层面上来。冯友兰在美国攻读博士期间,遍读西方哲学,对中西哲学有了更深的认识,在博士毕业论文题目选择上,冯友兰结合自己中国文化的专长,确定以中西人生哲学的比较为题。这个选择与国内科玄论战不谋而合,这个看似巧合的偶遇,实质上是中西文化比较的必然趋向。文化比较最深层次在于哲学,而中国哲学主要在人生和伦理方面,中西文化的深入讨论必然导向人生哲学的对比。

一、中西之同的发现

1919 年底,冯友兰,一个 20 多岁、踌躇满志的青年,抵达美国纽约,开始了近 4 年的留学生涯。他别妻儿、别老母,到异国,满怀着对祖国的挂念,满怀着立志成才的梦想,他在给《心声》杂志社的同事所作的诗《留别同社诸君》中写道:"我便要泛舟太平洋/适彼岸,共和邦/也是想贩些食物,救这饥荒。"①在美国,冯友兰奋发图强,严于律己,每每为自己的一点懈怠而深深自责。他把所有的精力都用在学习哲学、学习西方文化上,他努力阅读相关书籍,吸取西方文化的精华。冯友兰着重将中国文化与西方作对比,他通过阅读、观察、思考,发现"向内和向外两派的对立,并不是东方与西方的对立。人的思想,都是一样的,不分东方和西方"②。他认为自己得来的这个想法是很有突破性的,特点是打破文化所谓东、西的界限。

在美国读书期间,冯友兰发现中西文化有许多相似之处,他每有发现,就做下笔记。在日记中,他不断记录着这些发现。他曾记录:"看俄国小

---

① 蔡仲德:《冯友兰先生年谱长编》(上),中华书局,2014 年,第 46 页。
② 冯友兰:《三松堂自序》,人民出版社,2008 年,第 176 页。

说 Lazure，觉其中所说与佛教变相观空之说相合。看英文哲学史中关于柏拉图之学说，又觉其 idea 与 matter 颇似真如无明。因谓'人之思想，绝对相类。'"①

看英文版哲学史，他将西方哲学史与中国哲学史相比较，发现其发展阶段有相似之处。日记列有一表：

经院哲学	第一期以宗教、哲学为一事 ·················· 三国六朝
	第二期渐攻宗教而倡哲学独立 ················ 唐五代宋初
现代哲学	培根 ·· 程朱派
	笛卡尔 ·· 陆王派
近代哲学 ··	清儒考据

从表中可清晰地看出，西方哲学与中国哲学发展阶段相对应之处，西方的经院哲学第一期以宗教和哲学为一件事情，相当于中国的三国六朝；西方的经院哲学第二期宗教和哲学逐渐分离，倡导哲学独立，与中国的唐五代、宋初发展阶段相对应；西方哲学的近代时期相当于中国的宋明理学时期，其中培根和程朱派相似，笛卡尔和陆王派相似；西方现代的科学哲学相当于中国的清儒考据。冯友兰记录云："清儒考据之方法，实与科学相符。不过所研究之对象不同耳，然其精神不可磨也。"②这与丁文江关于经学方法和科学方法相似的看法一样。事实上，清儒考据是在被压抑的政治社会背景下，知识分子被迫在故纸堆中寻乐趣，作为一种社会科学方法也许有求真的科学精神，但是它与西方的科学精神相差太远，不过在一个对中国文化有内在信仰的学者眼里，它们之间有相同之处。

冯友兰进一步发现中西宗教发展历史存有相同之处："耶教未入欧洲以前，欧洲无确定之宗教。佛、道未兴以前，中国无确定之宗教。自希腊怀疑派推翻哲学以后，人心以为理性不足恃，归于信仰，而耶教乘机以起；西汉训诂琐碎，亦足以碍人之理性而归信仰，于是佛、道乘机以兴。此中颇有相同之点。"③他进一步将中西宗教、哲学发展阶段进行对应，认为希腊哲学最盛

---

① 蔡仲德：《冯友兰先生年谱长编》（上），中华书局，2014 年，第 44 页。
② 蔡仲德：《冯友兰先生年谱长编》（上），中华书局，2014 年，第 49 页。
③ 蔡仲德：《冯友兰先生年谱长编》（上），中华书局，2014 年，第 49 页。

时代对应战国哲学最盛时代;怀疑派推翻哲学相当于秦皇焚书使世无哲学、汉儒咬文嚼字使世厌哲学;基督教的兴盛类似于佛、道二教的兴盛。

冯友兰常将中国古典文化与西方古典哲学相对比,日记曾记录刘易士在《传记体哲学史》中对希腊哲学的评价,刘易士认为,希腊哲学虽然失败了,但是他的探索过程却有很大的成就,失败的探索为成功方法的出现做出了伟大的准备。冯友兰批注"吾于清儒亦云"①,把中国清儒与希腊哲学相类比,事实上,冯友兰吸收了这些思想,在《为什么》中,就表达了中国文化也许失败了,可是它本身作为一种曾经存在的精神材料,为未来的哲学发展提供了经验。在看具体著作时,冯友兰发现中西某个哲学家之间的思想有共同之处,他在日记中记录:"看笛卡尔《方法论》,觉其中'有数言与阳明知行合一之旨相合'。"②

冯友兰在业余时间考察美国社会时,也发现中西在社会发展方面有相似之处,曾作英文一篇,认为"西洋村庄与中国村庄大同,唯城市异耳,犹之乎小孩初生之哭声同,而长大后言语不同"③。这些相同之处的发现是客观现实的,中西同作为人类社会,其发展肯定有共同的规律可循。联想冯友兰在上海时关于"城市与乡村"的对比,在上海和在美国关于社会发展的认知和感悟,为他日后关于东西文化古今观及社会类型观埋下了思想的种子。

二、中西人生哲学比较

我们生在这个欧亚交通的时代,有过许多前人所未有之经验,见过许多前人所未见之事物。我们常常对于原有者及西洋新来者作比较,人生理想之比较,就是对于他们的比较和估量。④ 冯友兰根据自己的发现,从中西人生哲学之同的角度,将博士论文撰写为《人生理想之比较研究》(又名《天人损益论》),系统地阐述了自己的观点。在英文版序言中,冯友兰讲明了自己写作论文的主要目的在于讲明一个事实:"人性的相似性(the similarity of

---

① 蔡仲德:《冯友兰先生年谱长编》(上),中华书局,2014年,第49页。
② 蔡仲德:《冯友兰先生年谱长编》(上),中华书局,2014年,第50页。
③ 蔡仲德:《冯友兰先生年谱长编》(上),中华书局,2014年,第54页。
④ 冯友兰:《人生哲学》,中华书局,2014年,第548页。

human nature)、人类经验的统一性(the uniformity of human experience)、人类面临问题的共同性及解决方法相同性(the common problems that have faced all humanity,and the common methods of solving these problems)。"①

　　什么是人生理想？冯友兰认为，人生而有欲，能够满足欲望者，即是好，但是人之欲望常常得不到满足，如人欲少年，而有老冉冉而至，彼此之间的欲望还常相冲突，如资本家期在收取益余，劳动者及消费者必不以为好，此世界总不能令人满意，"于是人乃于诸好之中，求唯一的好（即最大最后的好）；于实际的人生之外，求理想人生；以为吾人批评人生及行为之标准"②。这种好的人生、理想的人生既是最好至善之人生，也是人生的理想。"人生理想就是哲学。"③这种好、这种理想，具体表现为一种衡量的标准。"哲学，就一方面说，乃吾人批评人生之标准，就又一方面说，亦乃吾人行为之标准。"④每个人的人生理想不同，行为各异。普通人虽皆有其理想人生，有其哲学，但是多是从成见或者直觉得来的，哲学家所持哲学则是通过系统的论证得来的，有什么样的哲学，就有什么样的人生。

　　人生哲学与哲学有什么关系？普通所谓哲学，在于研究宇宙之全体，希腊哲学家分哲学为三大部分：物理学、伦理学、论理学，也对应为宇宙论、人生论、知识论，而知识论、宇宙论最后都是为了服务于人生论。人们对于宇宙间一切事物以及人生一切问题进行深入的研究，目的就在于确定理想人生。"哲学以其知识论之墙垣，宇宙论之树木，生其人生论之果实，讲人生哲学者即直取其果实。"⑤冯友兰所选择的人生理想比较研究，就是对于哲学之最终、最根本的问题进行比较。冯友兰试图通过对最根本的人生哲学问题进行比较，证明中西哲学的相通之处。

　　冯友兰认为，哲学家的哲学思想是和哲学家本人的主观意识相联系的。威廉·詹姆斯谓哲学家各有其"见"(vision)，彼皆以"见"为根本意思，以此

---

① 冯友兰：《人生哲学》，中华书局，2014年，第235页。
② 冯友兰：《人生哲学》，中华书局，2014年，第12页。
③ 冯友兰：《人生哲学》，中华书局，2014年，第14页。
④ 冯友兰：《人生哲学》，中华书局，2014年，第14页。
⑤ 冯友兰：《人生哲学》，中华书局，2014年，第18页。

意思适用于各方面,适用越广,系统越大。这与荀子的观点相似,荀子以为哲学家皆有所见,"慎子有见于后,无见于先。老子有见于诎,无见于信。墨子有见于齐,无见于畸。宋子有见于少,无见于多。"①他又以为哲学家各有所蔽,他说:"墨子蔽于用而不知文;宋子蔽于欲而不知得;慎子蔽于法而不知贤;申子蔽于势而不知智;惠子蔽于辞而不知实;庄子蔽于天而不知人。"②哲学家哲学体系的价值就在于他的所见。荀子这个观点多次被冯友兰引用,冯友兰认为:"大哲学家之思想,不但皆为整个的,而且各有其特别精神,特殊面目。""世界之上,并无'哲学',只有'许多哲学'。"③

　　宇宙有许多方面,某一方面引起哲学家注意,即形成一种哲学,宇宙有很多方面,也存在很多种哲学,冯友兰将其进行概括和分类,"吾人所经验之事物,不外天然和人为两类"④。根据天然、人为的标准,借用老子关于"损"与"益"的概念,发现中西都存在"损"和"益"的哲学及哲学家,冯友兰对中西人生哲学思想进行了分类,分门别类进行叙述。冯友兰认为,有一类哲学家有"见"于天然之好,即以天然境界为好,以人为境界为不好之源,认为现在之好为固有,现在之不好起于人为。这一类哲学家在中国的表现就是性善论者,认为人性本善,其恶乃由于习染。在希腊表现就是天然论者,认为道德根于天然,一而不变。另一类哲学家有"见"于人为境界之好,即以人为境界为好,而以天然境界为不好者。这在中国以性恶论者为例,谓人性本恶,其善乃由于人为,在希腊则以人定论者,认为道德纯系人意而定,故多而常变。两类的哲学家在中、西都有代表。这两类哲学家在道路的选择上分别表现为"损道"和"益道",即一个认为人为致不好,所以要返归自然和原始,一个认为现在世界,虽为不好,但比之过去,已为远胜,吾人仍有的苦恼,需要通过努力创造,以待未来。此外还有一派认为天然与人为并不相冲突,人为可以帮助天然,天然也有助于人为,现在的世界即最好,现在的活动就是快乐,这一派是中道。

---

① 潘嘉卓译注:《荀子》,广州出版社,2001年,第110页。
② 潘嘉卓译注:《荀子》,广州出版社,2001年,第192页。
③ 冯友兰:《人生哲学》,中华书局,2014年,第19页。
④ 冯友兰:《人生哲学》,中华书局,2014年,第21页。

《人生理想之比较研究》根据"天、人、损、益"的线索,将中西古今的哲学家分为十个派别。十个派别分属三类,但稍有不同。"损道"方面的三派分别是:浪漫派——以为现在的世界之天然境界即好,所去掉者在于人为,以中国道家、老庄为例。理想派——在现在的世界之上,尚有一完美的理想世界,现在世界之事物是相对的,理想世界之概念是绝对的,以柏拉图为例。虚无派——现在世界之上,尚有一美满的世界,但这个世界既不可见也不可思,以佛教和叔本华哲学为例。"益道"方面的三派分别是:快乐派——以目前的最大快乐为最好境界,以杨朱为例;功利派——吾人宜牺牲目前快乐而求较远最大多数人之安全富足繁荣,以墨子为例;进步派——吾人如果有充足的知识、权利与进步,即可得一最好的境界,以培根、笛卡尔为例。"中道"方面的代表,中方古代以儒家为代表,说天及性与道家同,但认为仁义礼智也为人性之然;西方古代以亚里士多德为代表,亦说概念,但是此世界诸物之生长变化,也是实现概念;中方近代以宋明理学家为代表,不但于寂灭中求静定,而谓静定即在日常酬酢中,西方近代以海格尔为代表,"我"与"非我",是一非异,绝对的精神,虽常在创造,而实一无所得。

三、中西之同与中西之异

在《人生理想之比较研究》论文的答辩中,杜威提出一个问题:这些派别是否有个发展的问题。冯友兰没有回答,因为他这部书没有打算讲某一个哲学家或某一个派别思想的发展过程,只是"把它们的思想的某一方面突出起来。好像一个百花展览会所展出的花,不是某一种花或某一棵树的全面,而只是把某一朵花剪下来,作为标本,正是像一把扇子那样,排列在那里"[1]。冯友兰只是想让自己的所"见"得以呈现,那就是他所认为的中西文化有相同之处,并按照天人损益的标准进行分类和排列。冯友兰只是突出了中西文化存在"同"的一面,在他所排列的十个派别里面,每一个派别都存在着区别和差异,同样是"损"或者"益"的派别之间也不相同,在某些概念的理解方面也存在人人之差别,冯友兰淡化了"异",突出了"同",冯友兰在突

---

①   冯友兰:《三松堂自序》,人民出版社,2008 年,第 179 页。

出"同"的时候，并没有否认中西之间是存在差异的，只是通过"同"展现中西文化的一个方面，为中国文化塑造自信，在叙述的十个派别中，既有古代的也有近代的，在这些派别里面，冯友兰确有一个明显的倾向，那就是"中道"的人生观。他说自己"当时只是要证明，哲学的派别，无分于东西；但没有说明，为什么在实际历史中，东方盛行'天'和'损道'，而在西方则盛行'人'和'益道'"①。这说明，冯友兰虽然突出了中西之"同"，但中西之"异"仍然是他心中的疑惑，在他列举的十个派别中，中国的哲学家都是古代的，西方的哲学家则有古有今，中国古代的哲学家主张"损""益"的皆有，只是发展到近代，变为以"损"为主，西方的哲学家则在古代近代都有"损"或者"益"，而在近代则逐渐以"益"为主，所以冯友兰的中西之同的对比，消化了时代，混淆了古今，这与《为什么中国没有科学》一文中突出时代差异是完全不同的。

　　冯友兰是将他的博士论文作为哲学著作来看待的，其写作的理想在于"有所见"，只要能将自己之所见表现出来，就有价值。冯友兰在晚年给予自己这部著作很高的评价。他认为，《天人损益论》不失为一部哲学著作，有中心思想，成为一个体系。"真正的哲学总是对于宇宙人生的道理有一点了解，有一点体会，尽管他的了解和体会或偏而不全，但他所说的是他自家所真正见到的东西，并不是抄别人的，那就有一定的价值。"②

　　冯友兰的《人生理想之比较研究》是冯友兰青年时期的主要著作，作为博士论文，不仅是对其留学生涯很好的总结，也为其之后的哲学探索奠定了良好的基础。他所探讨的中西有相同或相似之处的学派，从天、人来分，确有相同，但是从具体的观点和理论体系来看，也确有不同。冯友兰关于中西之同的发现，是对客观事实的一种见证，是看待西方文化的另一角度，也是冯友兰中国文化信仰之心理的驱使。

---

① 冯友兰：《三松堂自序》，人民出版社，2008 年，第 179 页。
② 冯友兰：《三松堂自序》，人民出版社，2008 年，第 184 页。

第三节　一种新人生观——对科玄论战的回应

冯友兰 1923 年回到国内时,"科玄论战"正酣,科玄论战确切地说,是关乎哲学与科学的话题,是人们对中西文化冲突的反映,这两个问题都是冯友兰所特别关心的,冯友兰当然要参与其中。冯友兰对于科玄论战的参与,主要体现在曹州中学及中州大学的讲演及后续撰写的论文《一种人生观》中,后来又作为《人生哲学》的第十二、十三章编纂出版,对之前的人生观问题进行了补充完善,"根本意思也更趋向于新实在论之倾向"①。

一、"科玄论战"的争论焦点

"科玄论战"中人们争论的焦点是科学与人生观的关系问题,就是说科学能否指导人生观,或者说人生观是否需要科学,也就是人生观与科学统一问题的讨论,这关乎中国的人生哲学是否需要西方科学滋养的问题。

张君劢认为人生观问题是无法统一的,他以欧洲约翰·穆勒《论理学》中对于人生问题的探讨为例,认为,穆勒曾努力寻找使人生问题成为统一的方法,但是"方法虽良,而公例之不立如故,则有方法等于无方法"②。所以,科学可以根据公例推测事物的发展演变,却不能推测人类社会的发展变化。人们可以根据自己的见解解释何以大家族、何以小家族,可以解释一些社会现象,但是这些说法不能统一,各自不同,而且人们也不能推测未来社会发展。"公有财产后之制度如何,谁知之乎？ 一九一七年前有何公例可据而知俄之革命乎？ 一九一八年前有何公例可据而知德之革命乎？ ……无公例可据以推算如此,乃欲以科学名之,是直可谓不知科学为何物而已！"

丁文江认为,人生观对于我以外的物与人范围很广,凡有科学的材料都可以包括在人生观里面,精神和物质两者很难分清,他说,"我们之所谓物

---

①　冯友兰:《人生哲学》,中华书局,2014 年,第 10 页。

②　黄克剑、吴小龙:《张君劢集》,群言出版社,1993 年,第 64 页。

质,大多数是许多记存的觉官感触,加了一点直接觉官感触。"①丁文江将科学、物质与人的心理相联系,凡是和人的心理发生关系的科学的、物质的事物都可以证明,人生观问题与科学有关系。丁文江认为,人生观是受论理学公理支配的、是有统一标准的,但是他又没有明确的证据,于是就依托于将来,提出了"存疑论",他说,"人生观现在没有统一是一件事,永久不能统一又是一件事,除非你能提出事实理由来证明他永远不能统一,我们总有求它统一的义务。"②丁文江以科学家的信仰,认为这种统一的真伪标准只要运用科学的方法去求得,总会有的。丁文江还说,科学的万能不在材料而在方法,人生观是可以以科学的方法为指导的。凡是简单讲求人内心生活之修养的人,都是一种惰性心理在作怪。我们今日所做的应该是"把科学方法应用到人生问题上去"③,而不是简单向内寻求。

张君劢则认为,根据某某科学,叫人知道某某事,意在以科学之力,造成一种新人生观。但是根据某某科学,仅得到人们对于事物的"态度"④,反对方并没有拿出"人生问题之科学"。丁文江所要证明的是人生观可以用科学得来的知识来支撑和发展,张君劢反驳的是,人生观自身并不是一个科学。针对丁文江的"存疑论",张君劢对之曰:"窃以为事之比较,当以今日为限,不得诿诸将来;若诿诸将来,则无一事之能决。"⑤自谓存疑的人其实是先入为主。

陈独秀主张科学关乎人生观。陈独秀认为,"自然科学已经说明了自然界许多现象,这是我们不能否认的;社会科学已经说明了人类社会许多现象,这也是我们不能否认的。"⑥就是科学与人生观讨论本身,也说明了人生观和科学的关系之深。和陈独秀一样,胡适认为科学的人生观是可能的。胡适在《孙行者与张君劢》一文中将张君劢比喻为孙行者,认为就像孙行者

①　《丁文江文集》(第一卷),湖南教育出版社,2008年,第37页。

②　《丁文江文集》(第一卷),湖南教育出版社,2008年,第49页。

③　《丁文江文集》(第一卷),湖南教育出版社,2008年,第46页。

④　黄克剑、吴小龙:《张君劢集》,群言出版社,1993年,第68页。

⑤　张君劢:《再论人生观与科学并答丁在君》,见张君劢、丁文江等著《科学与人生观》,岳麓书社,2012年,第38页。

⑥　张君劢、丁文江等:《科学与人生观》,岳麓书社,2012年,序第2页。

要逃出如来佛的掌心一样，张君劢虽然竭力想让人生观逃出论理的范畴，"他仍旧不曾跳出赛先生和逻辑先生的手心里！"①"人类的人生观总应该有一个最低限度的一致的可能性。"②这个一致的人生观，就是"科学的人生观"。胡适认为通过"宣传与教育的效果可以使人类的人生观得着一个最低限度的一致"③。要通过光明磊落的、诚恳的言论，继续不断地宣传这种"新信仰"，使得这种科学的人生观由少数人的信仰逐渐变成将来大多数人的信仰。胡适作为新文化运动的干将，始终认为宣传教育对于文化树立有着重要作用，这也是他和陈独秀发生分歧的地方，陈独秀已经找到了唯物史观的武器，看到了经济力量的决定作用。

大多数人赞同丁文江关于"科学对人生观有作用"的观点。较少数的不同意者，也只是在一些具体论述或部分观点方面持有不同论见。林宰平在《读丁在君先生的〈玄学与科学〉》中认为，张君劢明明讲的是人生观，而丁文江批驳的则是玄学，丁文江一方面自认为不荒废光阴批判本体论，却又将张君劢的人生观等同于玄学进行批判。玄学是本体论的问题，是和人生观不一样的。孙伏园在《玄学科学论战杂话》中认为"因为两方似乎并不攻守一个要塞"，还没有弄清楚三个问题：玄学、科学及人生观的各自定义是什么；各自所讲的是不是对方所讲的定义；哲学的定义是什么。

有人在评论中处于中立和调和地位。梁启超站在骑墙角度，对于张君劢和丁文江的观点分别进行了分析。在《人生观与科学》一文中，他认为要讨论问题需要首先将人生观、科学进行定义。梁启超做了定义之后，认为"人生问题，有大部分是可以——而且必要用科学方法来解决的。却有一小部分——或者还是最重要的部分是超科学的"④。他对丁文江和张君劢各打一大板，他认为，人类生活离不开理智，但是人类还有一极重要的部分，就是"情感"，理智不能包括人类生活的全部内容。关于科学与人生观，梁启超进

---

①　《胡适文存》（第二集），首都经济贸易大学出版社，2013年，第146页。

②　张君劢、丁文江等：《科学与人生观》，岳麓书社，2012年，序第20页。

③　张君劢、丁文江等：《科学与人生观》，岳麓书社，2012年，序第21页。

④　梁启超：《人生观与科学——对于张、丁论战的批评》，刘东编《梁启超文存》，江苏人民出版社，2012年，第401页。

行了折中："人生关涉理智方面的事项,绝对要用科学方法来解决。关于情感方面的事项,绝对的超科学。"①

二、关于科学与人生观的探讨

(一)科学与哲学的关系

在"科玄论战"中,有部分学者将科学与人生观的问题进一步深化,认为两者的关系实质是科学与哲学的关系。王平陵在《"科哲之战"的尾声》一文中,把科学与人生观的论战归为科学与哲学战争。认为科学与哲学可以并立。科学与哲学,其为学则同,其对象则完全不同,但是科学与哲学可以互相补充。"科学与哲学的关系,为全体与部分之关系,哲学由科学而得材料,以充实其内容,可免踏于空虚的流弊;科学则由哲学而巩固其目的与基础,以获得论理的确实性。"②

冯友兰认为,近来中国思想界的"科玄之争","实亦即科学与宗教的哲学之争也"③。这种争论在西洋近代哲学史中,表现为调和宗教与科学的关系问题。近代科学发展,以纯理智的态度,精密的方法,对待宇宙诸方面,但是科学的发展远没有达到可以解释一切的程度,科学所解释的也未必是最后的真理,只是大家普遍认为科学较真。"人所以有不愿承受科学所说诸道理者,以科学所说之宇宙,是唯物论的,机械论的,而吾人所愿有者,乃与吾人理想相合之宇宙也。"④哲学与科学两者互相有别,但是也有着不可隔断的联系,冯友兰认为他在《人生哲学》中,所谓"益道"诸哲学的观点大约与科学相近,有利于科学的产生,所谓"损道"哲学的观点与宗教相近,则不利于科学思想的产生。

冯友兰对于科学与哲学的关系讨论得更加深入和详细,他不仅思考了

---

① 梁启超:《人生观与科学——对于张、丁论战的批评》,刘东编《梁启超文存》,江苏人民出版社,2012 年,第 403 页。
② 王平陵:《"科哲之战"的尾声》,见张君劢、丁文江等著《科学与人生观》,岳麓书社,2012 年,第 254 页。
③ 冯友兰:《人生哲学》,中华书局,2014 年,第 183 页
④ 冯友兰:《人生哲学》,中华书局,2014 年,第 182 页。

科学与哲学的区别所在,还认识到两者之间的深刻联系。他认为:"哲学与科学之区别,即在科学之目的在求真,而哲学之目的在求好。"①科学研究的目的是对宇宙人生有一个真切的认识,哲学则在于满足人关于欲望的需求,在诸种欲望中求一个好的解决方式。

冯友兰对当时流行的哲学与科学区分方法进行了分析。有人认为哲学与科学之不同,在于研究对象不同。哲学研究在于宇宙之全体,科学研究在于宇宙的一部分,故哲学之所以综合各科学所得不相连之结论,而成为有系统的报告。冯友兰不同意这种看法,他说:"如此则所谓哲学者,不过一有系统之'科学概论','科学大纲'而已。"②若哲学不过是排比或诸科学之结论,则其成就不过是一科学大纲。科学大纲,并不足称为哲学,亦不足成为科学。

又有人认为哲学与科学的区别在于方法的不同:哲学的方法是直觉的、反理智的,科学的方法是逻辑的、理智的。冯友兰则认为哲学所用的方法也是理智的。"我个人以为凡所谓直觉,领悟、神秘经验等,虽有甚高的价值,但不必以之混入求知识之方法之内。无论科学、哲学,皆系写出或说出之道理,皆必以'严刻的理智态度'表出之。"③比如说,佛家的最高境界,虽然是"不可说,不可说",但是其因明论理与唯识心理,仍是严刻的理智态度。"谓以直觉为方法,吾人可得到一种神秘的经验则可,谓以直觉为方法,吾人可得到一种哲学则不可。"④科学方法并不遥远、并不神秘,常常隐藏于日常的生活与思考之中,"近人不明此故,于科学方法,大有争论;其实所谓科学方法,实即吾人普通思想之方法之较认真,较精确者,非有何妙也"⑤。

在后来谈论科学与哲学的区别时,冯友兰有了更进一步的阐释,他不同意有人认为的"各种科学是从古人所谓哲学中分出来者、哲学是未成熟底科学"的说法。冯友兰认为,在人们的科学探索中,总会留有不能给予解释的

①　冯友兰:《人生哲学》,中华书局,2014 年,第 550 页。
②　冯友兰:《人生哲学》,中华书局,2014 年,第 550 页。
③　冯友兰:《人生哲学》,中华书局,2014 年,第 550 页。
④　冯友兰:《人生哲学》,中华书局,2014 年,第 551 页。
⑤　冯友兰:《对于哲学及哲学史之一见》,《三松堂全集》(第 11 卷),河南人民出版社,2001 年,第 67 页。

部分,这就需要哲学,不能说哲学永远未成熟,只能认为"古人所谓哲学,可以是一切学问之总名,各种科学自古人所谓哲学中分出,即是哲学一名的外延之缩小"①。最早的时候,科学与哲学是混而为一的,科学是从哲学中分离出来的。他也不同意有人所谓"哲学之工作,在于批评科学所用之方法及其所依之根本假定"②。冯友兰认为,哲学在部分上有着科学的影响,并对科学进行综合判断其至批评,但那不是哲学的主要部分,也非其最哲学的部分,哲学是有建设性思维的。哲学之最主要的在于人之思与辨。"哲学乃自纯思之观点,对于经验作理智底分析、总括和解释。"③通过思辨思维上的贡献,助力人们的美好生活。

(二)理智在人生观中的作用

科学与人生观的争论诱因是欧洲战争后人们对中西文化看法的转向。一部分人认为欧战的原因在于人们对科学的追求、对物质的追求,根本上是理智太过的原因,一部分人则认为欧战的发生不是因为理智,而是因为不理智。"若以之而制造大炮争夺市场,战争残杀以暴易暴,则非理智太过之病,实理智之不及所致。"④由此在科玄论战中,人们还将科学与人生观的讨论引申到理智与直觉的讨论上去,关于人生观是理智的还是直觉的有一番争论。

梁漱溟认为,理智与直觉是不能同时发挥作用的。"'仁'就是本能、情感、直觉,是已竟说过的了。在直觉、情感作用盛的时候,理智就退伏;理智起了的时候,总是直觉、情感平下去;所以二者很有相违的倾向。"⑤中国的儒家文化注重直觉和感觉,不注重理智,所以不计较利害。孔子的文化是直觉的文化,西方的文化是理智的文化,所以西方所走的路就是计较利害的向前追求的路子。

唐钺认为,如果说情感是超科学的,那是痴人说梦。情感离不开科

---

① 冯友兰:《贞元六书》(上),中华书局,2014 年,第 12 页。
② 冯友兰:《贞元六书》(上),中华书局,2014 年,第 13 页。
③ 冯友兰:《贞元六书》(上),中华书局,2014 年,第 13 页。
④ 杨明斋:《评中西文化观》,黄山书社,2008 年,第 25 页。
⑤ 梁漱溟:《东西文化及其哲学》,商务印书馆,2010 年,第 145 页。

学,离不开理智和知识的作用。"关于情感的事项,要就我们的知识所及,尽量用科学方法来解决的。"①以心理学为例,唐钺认为"一切心理现象是受因果律所支配的"。心理学相比于自然科学,一样受因果律的支配。"一切心理现象都是有因的,这句话可信的程度,同'一切物质现象都是有因的'那句话的可信的程度相等。"②唐钺的观点是,无论是感情还是心理现象,都要受到科学公理的支配。

　　冯友兰认可理智的作用,不赞成梁漱溟的直觉论。他认为这是"近来国内浪漫派的空气太盛了"的表现,人们把人性看得太善了。③ 冯友兰认为,梁漱溟主张直觉能认定中和者,在于其根本假定是,宇宙大化是不断往前流,调和与不调和不分开,无处无时不调和。我们人的生活也是无时不调和,自然要走那"最对、最妥帖、最适当"之路,也就是儒家所说"天命之谓性,率性之谓道"。冯友兰认为,人是要走那"最对、最妥帖、最适当"之路,得有待于理智与方法。"中和是'理智的判断'之结果",而不是梁先生所说的直觉之方法。④ "'仁人之所忧,任士之所劳',都是因为要走那条路。但是必待于他们去忧去劳,即足见人不能'自然'走那条路。"梁先生认为人之所以不自然走那条路,是在"打量着走",不凭直觉。冯友兰认为,假设"打量着"走的路不对,为什么人们有生以来多打量着走呢。这证明,人不可能"自然"走那条对的路。梁先生"其所以选出直觉者,仍是理智研究之结果"⑤,选择理智还是直觉都是理智的作用。反对逻辑及科学之方法者,其言论仍跳不出科学与逻辑。所以,直觉虽然在人生顿悟等方面有一定的价值,但是它却不是哲学的方法。

　　冯友兰认为,梁漱溟之所以不承认科学、不承认理智在人生哲学中的作用,原因在于,他认为科学是完完全全纯粹理智的产物,是属于西方个人主

---

　　① 唐钺:《一个痴人的说梦》,见张君劢、丁文江等著《科学与人生观》,岳麓书社,2012 年,第 227 页。

　　② 唐钺:《心理现象与因果律》,见张君劢、丁文江等著《科学与人生观》,岳麓书社,2012 年,第 170、177 页。

　　③ 冯友兰:《人生哲学》,中华书局,2014 年,第 546 页。

　　④ 冯友兰:《人生哲学》,中华书局,2014 年,第 533 页。

　　⑤ 冯友兰:《人生哲学》,中华书局,2014 年,第 534 页。

义、功利主义的生活样法有机组成部分,它无法与孔家"不计较利害"的直觉思想有机结合。冯友兰却是"十分清楚地看出孔家思想可以与科学相容,但是这不是照梁先生解释的孔家思想。梁先生讲的孔家思想,对于人类情感预先存在的调和,对于人性本善,都假定得太多了"①。冯友兰认为,人是不可能自然地走向从善从良之路的,他需要发挥理智的作用,通过实践和理论教育的作用,形成一定的人生观,然后才能自然地走上对的人生道路。

(三)批评唯物史观

科玄论战之所以被人批评过于追求枝叶,乃是因为人生观的问题作为一个哲学问题,其与各类学科都有紧密联系,在每个学科都能找到与之的联系点,涉及面较庞杂。不同专业的学者都可以从自己的专业领域给予解答,还可以引荐别的专业知识。陈独秀、胡适在序言中的辩论也是如此,他们围绕唯物史观来争辩科学与人生观问题,最终将科玄论战引向了对于唯物史观的辩论。

陈独秀指出,唯有唯物史观才能科学地解决人生观问题。他认为,当时的中国正是大力弘扬科学、需要科学来滋养的时候。讨论科学与人生观的问题是人类文化发展的必然,西方早就已经讨论过,就是落后的俄国也在之前对于这个问题有过剧烈的讨论。中国总算开始讨论这个问题,这种讨论本身说明中国"总算是有了进步"②。现在的科玄论战本身说明了社会正由迷信时代进步到科学时代。

胡适和陈独秀在论战中开始打起唯物史观的仗来,两人分歧的根本表现在对于唯物史观的理解和接纳上面。陈独秀首先抬出唯物史观,他说科学派在辩论中不仅没有把科学的问题真正论证清楚,还忘记了一种武器。"有一种可以攻破敌人大本营的武器,他们素来不相信,因此不肯用"③,这个武器就是唯物史观。"只有客观的物质原因可以变动社会,可以解释历

---

①　冯友兰:《评梁漱溟〈东西文化及其哲学〉》,《三松堂全集》(第11卷),河南人民出版社,2001年,第56—57页。

②　张君劢、丁文江等:《科学与人生观》,岳麓书社,2012年,序第1页。

③　张君劢、丁文江等:《科学与人生观》,岳麓书社,2012年,序第1页。

史,可以支配人生观,这便是'唯物的历史观'。"①陈独秀还正面提出要用唯物史观作为人生观的理论基础,认为这个讨论将更加证明唯物史观的正确性。

胡适认为陈独秀说的唯物观是一种历史观,却不是所讨论的人生观。"人生观是一个人对于宇宙万物和人类的见解;历史观是'解释历史'的一种见解。是一个人对于历史的见解。历史观只是人生观的一部分。"②胡适认为,陈独秀的唯物史观是狭义的,他只用经济来解释历史,他只认为欧洲战争的原因是经济的,然而知识思想也都可以是客观的原因。唯物史观至多只能解释大部分的问题。自己没有办法像陈独秀企望的那样"百尺竿头更进一步"了。唯物史观是一元论者,而非多元论者,唯物史观强调经济的决定性作用,文化宗教道德都是经济的派生物。而胡适却认为经济与文化是并驾齐驱的。

梁漱溟认为人生观问题是"人"与"缘"的结果。"他们都当人类只是被动的,人类的文化只被动于环境的反射,全不认创造的活动,意志的趋往。其实文化这样东西点点俱是天才的创作,偶然的奇想,只有前前后后的'缘',并没有'因'的。"③杨明斋则在《评中西文化观》中认为,文化之产生"其中之最要者以地理经济为主,教育次之,民族的遇合又次之"④。他特别注重物质的因素,是早期的马克思主义传播者。他认为,"离开物质的养育去高谈心境,人类的生活问题永远不能解决"⑤。

冯友兰在《对于唯物史观之批评》一节中,对唯物史观进行了批评,他认为,"我们以为一时代的经济情形,对于其时代之文化等,甚有影响。此诚无人否认。然吾人试想,于天空地阔之天然界内,依何因缘,忽有所谓经济情形?"⑥沙漠和森林,同为自然界之物,何以一无经济的价值?"一切事物,必

①　张君劢、丁文江等:《科学与人生观》,岳麓书社,2012年,序第7页。
②　张君劢、丁文江等:《科学与人生观》,岳麓书社,2012年,序第27页。
③　梁漱溟:《东西文化及其哲学》,商务印书馆,2010年,第57页。
④　杨明斋:《评中西文化观》,黄山书社,2008年,第10页。
⑤　杨明斋:《评中西文化观》,黄山书社,2008年,第188页。
⑥　冯友兰:《人生哲学》,中华书局,2014年,第548—549页。

依其对于人之物质的需要及欲望之关系,始可归之于经济范围内。"①所以,人的历史发展,最终还在于人,"经济及知识思想言论教育等皆人之欲而已。""至于地理气候等,于历史自有相当影响;但此等环境,皆所以使历史可能,而非所以使历史实现。他们如戏台,虽为唱戏所必需之情形,而非唱戏之原因。"②

　　和之前一样,冯友兰将人之欲望作为人生哲学之起点,否定了经济史观,否定了"自然地理"说。这跟梁漱溟的"'大意欲'之假定"相似,都是注重人的欲望,而冯友兰更注重个人的意欲,而不是集体的意欲。为什么某一哲学家或哲学派别主张"天"和"损",而另一派哲学家或哲学派别主张"人"和"益"?冯友兰也将原因"归之于哲学家的'气质'和他的在某一方面的'真知灼见'"③。他引用荀子的话,认为哲学家们各有所见,各有所蔽,也是侧重于人为的原因,在这个阶段,冯友兰还没有走向唯物论。

三、"一种新人生观"的阐释

　　在"科玄论战"中,人们围绕人生观是不是可以由科学律令来解决进行了方方面面的讨论,却没有说出一种具体的人生观。在参与讨论的众人之中,只有吴稚晖宣传一种物质论的人生观,这是胡适在论战最后的总结时提出的一个问题。冯友兰与胡适的评判相呼应,决定要说出一种具体的人生观。"我现在所说的,便是具体的人生观。"④

　　吴稚晖在《一个新信仰的宇宙观及人生观》中丢弃那种存心摆着学者的臭架子的学究式讨论,用了七万多字的篇幅,"拿着乡下老头儿靠在'柴积'上,晒'日黄',说闲空的态度"解释自己的观点,讨论一个柴积上日黄中乡下老头儿信仰中的宇宙观人生观,也就是一个普通人的人生观。他先介绍了自己的宇宙观——纯粹自然的物质的宇宙观,"合若干某某子,成为电子。合若干电子,成为原子。合若干原子,成为星辰日月,山川草木,鸟兽昆虫鱼

---

① 　冯友兰:《人生哲学》,中华书局,2014 年,第 549 页。
② 　冯友兰:《人生哲学》,中华书局,2014 年,第 549 页。
③ 　冯友兰:《三松堂自序》,人民出版社,2008 年,第 179 页。
④ 　冯友兰:《对于人生问题的一个讨论》,《三松堂全集》(第 11 卷),河南人民出版社,2001 年,第 58 页。

鳌。……他是至今没有变好,并且似乎还没有一样东西,值得他惬意,留了永久不变"①。认为宇宙就是由若干某某子组成的,而且是一直在发展变化的。他对人生的看法是和宇宙观相适应的,他说:"所谓人生,便是用手用脑的一种动物,轮到'宇宙大剧场'的第亿垓八京六兆五万七千幕,正在那里出台演唱。"②人生用三句俗话说就是"吃饭、生小孩、招呼朋友"。吴稚晖用最质朴、通俗的语言,讲述最朴素的物质主义的宇宙观和人生观。"吴通过这种从肉体欲望和他的物质宇宙观对人生、爱情和道德所作的分析得出,整个宇宙和人生可以用科学来解释,文学、艺术、宗教、玄学和哲学均属于科学的领域。"③

冯友兰的人生观也是建立在他的宇宙观基础上的。冯友兰认为,宇宙是一切事物的总名,人亦物也。唯心论者认为一切存在者,其本体是心理学所研究之心,唯物论者认为一切存在者,其本体皆是物理学所研究之物。罗素所谓"中立的一元论",认为"宇宙中最后的原料,不能谓为物,亦不能谓为心,而只是世界之事情。相似的事情连合为复杂的组织,即成吾人平常所谓物"④。冯友兰调和了罗素的看法,"一方面承认罗素之中立的一元论,一方面仍依常识,谓有所谓物者之存在"⑤。也就是说认为世界是一种客观事物的存在,冯友兰同时认为诸物常在变化之中,宇宙无始也无终。在这里,冯友兰是唯物辩证的。

关于人生,冯友兰认为,凡一事物必是对于局外人方要知真相,当局的人就不必打听这个真相了。"譬如,演剧,剧是人生,而演剧者一举一动都是人生,亦就是人生的真相,就没有其他的问题了。"人就是人生这一剧目的剧内人,自己的一举一动就是人生本身。与宇宙论一致,冯友兰持自然主义

① 吴稚晖:《一个新信仰的宇宙观及人生观》,见张君劢、丁文江等著《科学与人生观》,岳麓书社,2012 年,第 302 页。

② 吴稚晖:《一个新信仰的宇宙观及人生观》,见张君劢、丁文江等著《科学与人生观》,岳麓书社,2012 年,第 308 页。

③ 周策纵:《五四运动:现代中国的思想革命》,周子平等译,江苏人民出版社,2005 年,第 339 页。

④ 冯友兰:《人生哲学》,中华书局,2014 年,第 184—185 页。

⑤ 冯友兰:《人生哲学》,中华书局,2014 年,第 186 页。

的人生观,"所谓人生,也就是天然界里一件事情"①。人生之真相就是具体的人生:吃饭是人生,生孩子也是人生,搞艺术也是人生。冯友兰所持人生观有似于吴稚晖,是一种自然主义的人生观。

冯友兰认为人生的真相是什么并不关键,关键的是人生的真相是为何。"哲学上之大问题,并不是人生之真相'如何'——是什么;而乃是人生之真相'为何'——为什么。"②"为"有两种意思,"因为"和"所为",也就是人生的原因和目的。冯友兰认为,人是天然界中之一物,若要说明所以,非先把天然界之全体说明不可,但是现在我们的知识,还达不到这个程度,所以这个问题,就"只可存而不论"。"人生之全体,既是天然界之一件事物,我们即不能说他有什么目的,犹之乎我们不能说山有什么目的,雨有什么目的一样。"③人生是一种存在,并没有什么特别的目的。冯友兰的"存而不论"是受到了美国实用主义的影响,他的"自然存在论"受新实在论的影响。

关于人生"所为"是什么,冯友兰把"人欲"作为人生观的主要概念和内容引入。他认为,人的欲望也是自然的存在。"欲是一个天然的事物,他本来无所谓善恶,他自是那个样子。"④人本不能说性善性恶,不过他们相冲突时才有善恶之分,"和"能包含的便是善,不能包含的便是恶。能使欲望满足的都是好的。"好"分"内在的好"和"手段的好"。本身能够满足我之欲望的,就是"内在的好",本身不能满足欲望,但是它能使我们得到满足我们欲望之物的,就是"手段的好"。

冯友兰认为,人有活动即是生,活动之原动力是欲,"因为不能个个满足欲望,人生问题才发生出来"。人生就是欲望之调和。"和的目的就是在冲突的欲之内,使大多数欲可以满足。一切政治、法律、社会、宗教……都是求和的方法。"⑤当一个人的欲望在满足时不妨碍他人欲望就是一种"和",当一

---

① 冯友兰:《对于人生问题的一个讨论》,《三松堂全集》(第11卷),河南人民出版社,2001年,第59页。

② 冯友兰:《人生哲学》,中华书局,2014年,第523页。

③ 冯友兰:《人生哲学》,中华书局,2014年,第524页。

④ 冯友兰:《人生哲学》,中华书局,2014年,第530页。

⑤ 冯友兰:《对于人生问题的一个讨论》,《三松堂全集》(第11卷),河南人民出版社,2001年,第61页。

个社会的制度、法律等能够满足大多数人的大多数欲望,这个社会也达到了一种"和"。孔子所倡导的"中庸之道"就是要使全社会人的欲望都能最大地得到满足。

凡是人之欲望总有不被满足或压抑的时候。人总要寻求一种解决之道。一切文艺与宗教就是为了满足人之被压抑的欲望。比如,诗的态度。"诗对于宇宙及其间各事物,皆可随时随地,依人之幻想,加以推测解释;亦可随时随地,依人之幻想,说自己哄自己之话。"①诗句"用尽闺中力,君听空外音"的主人,使劲捣锤衣服,意图让其君能够听见,而实际上,他的君远在千里是听不见的,主人通过诗句表达思念夫君的感情,释放内心的感情。蔡元培在《祭蔡夫人》一文中说:"死而有知耶? 吾决不敢信。死而无知耶? 吾为汝故而决不敢信。"②因为与夫人不可割舍的感情,蔡元培宁愿相信人死后是有知的。

"宗教亦为人之幻想之表现,亦多讲自己哄自己之道理。"故科学与宗教,常立于互相反对之地位。"若宗教能自比于诗,而不自比于科学,则于人生,当能益其丰富,而不增其愚蒙。"③子对于宗教的态度,似乎也是这样。《论语》云:"祭如在,祭神如神在。"冯友兰认为,如果人明白了宗教所以存在的道理,将宗教的存在当作和诗一样的存在,就不会将其放在与科学相对立的位置。"诗是最不科学的,而在人生,却与科学并行不悖,同有其价值。"④

冯友兰对"科玄论战"的回应主要体现在他的《一个新人生论》之中,在晚年,冯友兰回忆当时的回应,认为"只是从各派的哲学中收集一些说法,以回答当时所流行的一些问题。它用的是杂家的方法",是拼凑而成的,没有中心思想。"杂家之言好比宴会中的拼盘。无论拼盘做得怎样精致,但拼盘总是拼盘,不能作为正菜。"⑤冯友兰是以一个哲学家的标准来评论1920年代初自己的表现的,以为像"贞元六书"那样有系统的理论才有价值。《一个

---

① 冯友兰:《人生哲学》,中华书局,2014年,第537页。
② 冯友兰:《人生哲学》,中华书局,2014年,第537页。
③ 冯友兰:《人生哲学》,中华书局,2014年,第537页。
④ 冯友兰:《人生哲学》,中华书局,2014年,第536页。
⑤ 冯友兰:《三松堂自序》,人民出版社,2008年,第184页。

新人生论》虽然只是零碎地讨论了"科玄论战"中几个哲学问题,但是他也提出了一种新的人生哲学主张,体现了他对于中西文化的人生哲学思考。

第四节　中西文化近代分歧的人生哲学渊源

冯友兰对中西之同的发现使他意识到中西文化不同其实是近代的差别,中西人生哲学虽然存在相同的几种类型,但它们之间还存在差别,这些差别的近代发展是中西文化产生近代分歧的原因。在科学问题上,西方近代能够产生科学而中国没有的原因还在于中西人生哲学的差异。

一、是否以知识权力为好

冯友兰在《为什么中国没有科学》一文中探究中国没有科学的原因在于中国人选择了"自然"的路线,不是向外索求,而是向内要求。在美国读书期间,他仍然关注科学的问题,并有进一步的体会。冯友兰在看《近代哲学史》时很有体会,在日记中记录:"此哲学(史)注重科学影响之处,觉中国哲学皆moral philosophy(道德哲学),而缺少 natural philosophy(自然哲学),缺少培根之 discovery(发现),control(控制),progress(进化)诸观念。"日记又云:"中国哲学无 discovery,control,progress 诸观念,可于儒家所谓乐天知命、道家所谓随遇而安见之。有人谓中国一切皆 easy-going(闲适),是极。"[1]冯友兰认为,中国没有科学的原因就在中国近代没有产生 discovery,control,progress 诸观念。

中国为什么没有产生这些概念呢? 冯友兰认为是和中国的人生哲学相关,哲学是求好之学,"中国哲学家则多未以知识权力之自身为其好,故不为知识而求知识,为权力而求权力"[2]。中国人往往认为人有"三不朽":"太上

---

[1]　蔡仲德:《冯友兰先生年谱长编》(上),中华书局,2014 年,第 51 页。

[2]　冯友兰:《泛论中国哲学》,《三松堂全集》(第 11 卷),河南人民出版社,2001年,第 132 页。

有立德,其次有立功,其次有立言。"最注重立德,最不注重著书立说,"著书立说,中国哲学家视之,乃最倒霉之事,不得已而后为之"①。人只要道德高尚,可以没有太多知识。"中国哲学家多注重于人之是什么,而不注重于人之有什么。圣人即毫无知识权力,亦是圣人。"②王阳明以精金比喻圣人,主要衡量标准在于他的成色是否纯正,而不在于知识拥有多少。他认为圣人就像一块特别纯的金石,不掺任何杂质。一个人拥有再多的知识,如果在修身养性方面不能有很纯粹的思想同样不能成为圣人。

世界文明古国皆有科学的萌芽,西方所以近世产生科学,乃因"其持一种哲学,以知识权力为好,故努力以求之"。西方因为有求知识的哲学而产生自然科学,也因为科学的发展,而影响人们的人生观。"西洋人既以持一种哲学而有正式的科学,而科学之研究既广,其形式及内容又足以与哲学以大影响及辅助。"③中国因为没有一种可以产生科学的哲学,也没有产生和科学互相影响的哲学。

二、是否将个人与宇宙两分

冯友兰认为,中西哲学近代分歧的原因还在于,中国哲学追求人与自然合一,西方则将人与自然两分。中国不注重知识的原因就是"中国哲学迄未显著的将个人与宇宙分而为二也"④。中国哲学未将"我"与"非我"分开,故知识问题未成为中国哲学的大问题,中国哲学家亦少有人有意识地将思想辩论之程度及方法之自身进行研究。

西洋近代最重要的事情是"我"的自觉,将"我"与"非我"、我与宇宙二分。西洋近代所以产生"我"与"非我"的两分,和基督教有一定的关联。杨

①　冯友兰:《泛论中国哲学》,《三松堂全集》(第11卷),河南人民出版社,2001年,第132页。

②　冯友兰:《泛论中国哲学》,《三松堂全集》(第11卷),河南人民出版社,2001年,第133页。

③　冯友兰:《泛论中国哲学》,《三松堂全集》(第11卷),河南人民出版社,2001年,第133页。

④　冯友兰:《泛论中国哲学》,《三松堂全集》(第11卷),河南人民出版社,2001年,第133页。

明斋认为："离开基督教义谈欧人的思想,犹之乎谈中国人的思想离开儒家的伦理。"①冯友兰在《近代科学与耶教》一节中,从耶教的角度进一步阐释了何以西方能够产生科学、科学与耶教的关系。西方近代哲学的产生,是"从欧洲中世纪蜕化而来"②。在欧洲中世纪,耶教最有势力,而耶教与其他宗教有种种不同:耶教承认上帝是造世界者,人及世界是被造者,将上帝与人两分;耶教所说的天国是具体的,与现在世界一样,人在其中,可以不劳力而享受;耶教谓人没有自由意志,若要回到天国,非上帝施恩不可。"他们本来受耶教之影响很深,不过他们见上帝专制太厉害,人既没有自由可以回到天城,所以只可自己出力,建立人国。但人如欲开拓人国,对于天然,须有智识及权力。惟其如此,所以需要科学。"③冯友兰从耶教角度谈西方何以产生科学,与之前所谈的中国何以不能产生科学相对应,使得中西文化近代差异产生的思想文化原因探讨得以圆满。

　　冯友兰比较了梁漱溟和胡适的不同看法,梁漱溟认为,各民族因其所走的路径不同,文化各有其特征,中、西、印三种文化并列存在,可以互相转化。胡适则认为某一民族在某一时代对于某类问题采取的"解决的样式"不同,导致某一民族在那一时代的文化表现为某一特征,中西文化不同,在于不同时代的"解决样式"不同。冯友兰认为,"关于此点,胡先生之见为长"④。冯友兰赞同胡适,承认"人类之生理的构造及心理,根本上大致相同,所以各种所能想得到的理想人生,大概各民族都有人想到,所差异只在其发挥或透彻,或不透彻,在其民族的行为——历史上——或能或不能有大影响而已"⑤。并在此基础上进一步发挥,阐述了中西不同在于近代对于某种理想人生发挥不同。"我以为希腊罗马哲学家所提倡之人生态度,与孔子所提倡者,颇有相同,与培根、笛卡尔、飞喜推等所提倡者,则大不相类。"⑤冯友兰认为科学起源的人生态度、人生哲学不在古希腊,而在近代的培根、笛

①　杨明斋:《评中西文化观》,黄山书社,2008 年,第 31 页。
②　冯友兰:《人生哲学》,中华书局,2014 年,第 555 页。
③　冯友兰:《人生哲学》,中华书局,2014 年,第 556 页。
④　冯友兰:《人生哲学》,中华书局,2014 年,第 553 页。
⑤　冯友兰:《人生哲学》,中华书局,2014 年,第 553 页。
⑤　冯友兰:《人生哲学》,中华书局,2014 年,第 555 页。

卡尔。古希腊哲学与中国儒教颇有相同,笛卡尔、培根之近代哲学的流行则是中西产生分歧的原因。在这个时期,冯友兰逐渐意识到中西不同主要在于近代的区别,在于中西哲学历史发展的近代结果,到了近代,西方走向自然,中国固守道德。中西的区别主要是时代的区别,西方走到了近代,中国还停留在古代,中西文化"古今"之别的观点呼之欲出。

三、中国人生哲学之贡献

虽然中西人生哲学的差异使得中国落后于西方,但是中国之人生哲学并非一无是处。中西文化之同的发现让冯友兰增强了对传统文化的自信心,他认为中国的人生哲学也对世界文化有贡献。

冯友兰在《泛论中国哲学》一文中批驳了"中国哲学无系统"的观点,为中国哲学进行辩护。他认为:"所谓系统有二:即形式上的系统,与实质上的系统。"中国哲学虽没有形式上的系统,其实质上的系统则是"固有也"。类似柏拉图的对话体,柏拉图作为西方哲学的创始者,他的哲学文献是没有形式上的系统的,但是他却有实质上的系统。冯友兰也批驳了"中国哲学无进步"的观点,他提出了"发挥引申即是进步"的观点,以小孩长成大人、鸡卵变成鸡做例子,认为都是对于潜在的官能的引申,中国后来之哲学也是对于之前哲学的延伸和发展。

冯友兰也批驳了"中国哲学无进步"的观点,他认为,从前的学者不知分别真书伪书,认为中国的书籍都是对古代经典的摘抄和叙述,没有任何进步;或者认为那种不知道何人和年代的伪书没有价值,从而以为中国哲学没有进步。冯友兰认为,中国的书籍都是对之前的引申和发挥,"若知孔子所说之唐虞三代,自是其自己之理想境界,若知郭象的庄子注,自是郭象的哲学,则中国哲学进步之迹,即显然矣"[1]。为研究哲学史,要分清楚真书和伪书,看一本书有没有价值,最主要的判断标准应该是"注重书中所说之话之

---

[1]　冯友兰:《泛论中国哲学》,《三松堂全集》(第11卷),河南人民出版社,2001年,第130—131页。

本身之是否不错"①。书中所说的思想和内涵是否有利于人们思想思辨的进步。

　　冯友兰在之后将中西文化平等比较,以《中国哲学之贡献》(1926)一文尝试论证中国哲学对于世界的贡献。在文中冯友兰以严谨和保守的态度论述中国哲学的贡献。冯友兰认为有两个问题需要回答,一是中国哲学内部"有没有西洋哲学尚未论及的问题",二是中国哲学内部有没有"某些西洋哲学已经探讨过,但中国哲学较之更详细、更明白、更圆满地解决了?"对于第一个问题,冯友兰未能跳出以西方哲学为模型的思维窠臼,认为不能给予特别肯定的答案,但是对于第二个问题,冯友兰则认为"可以肯定回答的可能性相当高"。两个问题有一个肯定回答,那么就可以肯定中国哲学是有贡献的。冯友兰进一步列举了中国哲学中论述得较为圆满的例子,那就是"中国哲学对人生方面特别给以注意,因此其中包含有人生论和人生方法,是西洋哲学还未详细讨论之处"。儒家、道家关于"动静合一"的人生境界论就是其中之一②。

　　《周易·系辞》说"寂然不动,感而遂通天下之故",孟子说"不动心",庄子在《应帝王》中说"至人之用心若镜,不将不迎,应而不藏,故能胜物而不伤",郭象说"至人之用心若镜",则"物来乃鉴,鉴不以心,故虽天下之广,而无劳神之累"。程明道在《答横渠张子厚先生书》中说:"所谓定者,动亦定,静亦定,无将迎,无内外……夫天地之常,以其心普外物而无心,圣人之常,以其情顺万事而无情,故君子之学,莫若廓然而大公,物来而顺应。"这些都是动静合一的表现,外界的事物对于自己来说,就像照镜子一样,照过之后,不留痕迹。达到这种境界的方法,就是用知识驾驭感情、驾驭"我"。郭象说:"未明而概,已达而止,斯所以诲有情者,将令推至理以遣累也。""理以遣累"就是以知识驾驭情感。王弼说:"以情从理。"庄子在其妻子死后,能够鼓盆而乐,是因为他认识到人之死乃是自然界中的一件很自然的事情,没有

──────────

①　冯友兰:《泛论中国哲学》,《三松堂全集》(第11卷),河南人民出版社,2001年,第132页。

②　冯友兰:《中国哲学之贡献》,《三松堂全集》(第11卷),河南人民出版社,2001年,第75页。

痛苦,没有割舍,所以能够平静处之,虽然内心情感很痛苦,但是经过理智的思考则又释然,不将痛苦留在心中。处于变化之中也不滞留胸中就是"动静合一"。冯友兰认为,"如果根据知识知'我'本无,自己以身合于宇宙,就像庄子所谓'藏天下于天下',则'内外之两忘','廓然而大公'。如此则一切忧、悔、私意、计虑、打算等不复存在。"①这就是中国"动静合一"的文化对于西方的好处。

怎么达到这个境界呢?程明道在《识仁篇》中说:"识得此理,以诚敬存之而已,不须防检,不须穷索。""所谓'以诚敬存之'即是常不忘此理,常以此理应用于事物,并保存它,久之我们的心就成为不将迎、无内外、应物不藏的镜子,宋明哲学家所谓的修养大抵如此。"②冯友兰认为,中国文化这种注重人生境界,探索达到阔然大公的方法是对世界有贡献的。

---

① 冯友兰:《中国哲学之贡献》,《三松堂全集》(第11卷),河南人民出版社,2001年,第79页。

② 冯友兰:《中国哲学之贡献》,《三松堂全集》(第11卷),河南人民出版社,2001年,第79页。

第三章

欧洲游学促转变：冯友兰中西文化古今之异的转向（1926—1935）

"冯友兰早在 1920 年已开始怀疑当时流行的单一的'种类'的文化解释，向往'等级'的文化解释；1922 年他已经把两种解释结合起来；1923 年完成的论文打破东西，相当程度上放弃了种类的解释；1924 年至 1926 年博士论文的英、中文本出版，他不仅已打破'东西'，而且亦拈出'古今'，显示出，二十年代前期冯友兰文化观总的趋势是从'东西'向'古今'转变。"[①] 20 世纪 30 年代，冯友兰随团赴欧洲考察，受到唯物史观的影响，更加确定了中西文化之异在于时代阶段不同的认识。他回国后撰写了《秦汉历史哲学》一文，这篇文章标志着冯友兰思想的转变，"认识到所谓东西之分，不过是古今之异"[②]。这个时期的冯友兰，对待中西文化，延续了中西文化之同的认识，发现中西文化古今的不同，对中西文化进行互相阐释，同时实现了文化从中西地域说到古今说的转变。在之后的学术文化研究中，面对中西文化冲突及中国文化的被动落后，冯友兰以中西文化古今之异为思想指导，呼应时代的文化论争，致力于中国文化向"今"向"新"的转化。

---

① 陈来：《冯友兰文化观述评》，单纯、旷昕主编《解读冯友兰·学者研究卷》，海天出版社，1998 年，第 131 页。

② 冯友兰：《三松堂自序》，人民出版社，2008 年，第 209 页。

第一节　冯友兰欧洲游学的思想转变

人的思想发展变化不仅和他所学的知识、所受的教育有关,更和他的人生经历密切相关,冯友兰在 20 世纪 30 年代受到马克思主义广泛传播的影响,对唯物主义和共产主义有些许模糊认识,欧洲游学的经历促使他完成了对唯物史观的接受和赞同,并实现了从中西文化之同到古今之异的转变。

一、1930 年代马克思主义的广泛传播

南京国民政府时期,蒋介石逐渐掌握了国家政权,虽然国家内部还存在着政治上的各省纷争、军事上的军阀割据、经济上的通货膨胀、文化上的问题论争、外交上的殖民统治,但是通过北伐,国家实现了形式上整体的统一。蒋介石采取"攘外必先安内"的绥靖政策,对中国共产党人进行大肆屠杀,意图消灭共产党的力量,中国共产党在残酷的环境下进行顽强的斗争。这个阶段共产党与国民党的斗争在文化上的体现就是马克思主义的广泛传播和中国社会史性质的论战。

俄国十月革命的胜利,给中国送来了马克思主义。马克思主义作为当时世界最新的社会理论,对于青年人有着很大的吸引力,但是一个理论的传播需要一个过程,人们对马克思主义的理解和接受也需要一个过程。到了20 世纪 30 年代,随着一批苏联留学生的回国及中国共产党人在宣传思想文化上的顽强斗争,马克思主义逐渐得到广泛传播,成为中国学术思潮的一个显著特征。有人认为,"北伐后的中心思想是社会主义,是以唯物史观对于过去的中国文化加以清算"①。马克思列宁一派的思想成了世间最新鲜动人的思潮,唯物史观风行于世,唯物辩证法运动席卷了整个哲学界。这一时期宣传介绍唯物辩证法的出版物如雨后春笋般不断涌现,如左翼作家联盟领

---

① 齐思和:《近百年来中国史学的发展》,《燕京社会科学》,1949 年第 2 期。

导的《社会科学》《今日》《北大学生》等。马克思主义经典著作《资本论》《费尔巴哈论》《政治经济学批判》《唯物论与经验论批判》《反杜林论》《家庭、私有制和国家的起源》等得以翻译出版，苏联著名学者的马克思主义著作也被翻译过来，如西洛可夫等著的《辩证唯物论教程》和米丁等著的《辩证唯物论与历史唯物论》等。马克思主义不仅在普通知识分子中得到传播，在大学甚至成为学生的课程，就连中学生也受到了影响。

马克思主义传播在史学界的主要表现为中国社会史论战。这场论战基本上是在唯物史观的话语系统内部展开的，其核心问题是中国历史发展阶段的划分。顾颉刚也对唯物史观的影响做出了响应，他在《古史辨》第四册"自序"中说："近年唯物史观风靡一世，就有许多人痛诋我们不站在这个立场作研究为不当。他人我不知，我自己决不反对唯物史观，……宜至于研究古代思想及制度时，则我们不该不取唯物史观为其基本观念。"[1]马克思主义传播在哲学界主要表现为1930年至1936年间进行的"唯物辩证法论战"。它对马克思主义的广泛流传、深入人心，起到了推波助澜的作用。马克思主义的理论魅力初步呈现，因而能在当时各种学说纷然杂陈、百家争鸣的思想格局中脱颖而出，成为一股强劲的思潮。

二、冯友兰对唯物史观的接受

1928年下半年，33岁的冯友兰应当时清华大学校长罗家伦之邀，到清华任哲学系教授，并任清华大学校务会秘书长，成为清华大学领导班子成员。他在北京这个中国学术中心中的学术中心，如鱼得水，潜心学问，冯友兰坦言，在清华大学的那些年是他一生中最快乐、最幸福的时光。

冯友兰在早年的哲学探索中，注重人的意志、欲望，注重从人的因素进行哲学思考，他在中西文化对比中，思考中国为什么没有科学的问题，也是从人对价值观选择的哲学史角度出发，认为是中国人选择"自然"路线的结果，他将自然环境地理因素当作使历史成为历史的布景，不予重视。他在中西哲学对比中，仍然注重人生哲学比较，在《一种新人生观》中还对唯物史观

---

[1] 顾颉刚：《古史辨·顾序》，载罗根泽编著《古史辨》（第四册），上海书店，1934年，第22页。

进行了批评。

20世纪30年代,在马克思主义的广泛传播下,冯友兰自然而然地受到了唯物史观的影响。郭湛波先生在《近五十年中国思想史》中认为:"冯先生的思想到今日,可分为三个阶段:一是'实用主义'时期,可以他的《伯格森的哲学方法》来代表;一是'新实在论'时期,可以他的《人生哲学》中一个《新人生论》来代表;一是唯物论时期,也就是他现在的思想(30年代)。"①冯友兰看后没有修改这个说法,是对这种说法的应允。他在《中国哲学史》中按照社会历史发展程度不同,将中国哲学史分为子学、经学两个时代,他认为,中国没有近古哲学,因为中国社会还没有发展到近代。他坦言:"唯物史观的一般原则,对于我也发生了一点影响。就是这一点影响,使我在当时讲的中国哲学史,同胡适的《中国哲学史大纲》有显著的不同。"②1933年,冯友兰利用休学术年假的机会,到欧洲进行游学。在伦敦大英博物馆,他阅读了大量的马克思主义原著,对马克思主义有了更多的认识和理解,初步接受了唯物史观、辩证法,这为他中西文化观发生转变和之后进一步接受马克思主义理论和共产党的领导打下了思想基础。

冯友兰针对当时国内关于社会主义、资本主义的社会史争论,在游欧期间专门到苏联进行考察,意图对社会主义有个直观的认识和真切的感受。冯友兰利用一个多月的时间到苏联游览了几个城市,对苏联社会主义国家有了初步的认识,并对社会主义产生了好感。他得出一个结论:"封建社会'贵贵',资本主义社会'尊富',社会主义'尚贤'。"③他认为封建社会尊重贵族,资本主义社会经济至上,社会主义社会尊崇有知识有技术的人。"苏联既不是人间地狱,也不是天国乐园,它不过是一个在变化中的人类社会。"④

回到国内,冯友兰在清华大学作了题为《在苏联所得之印象》的演讲,关于农业组织和工商业,他认为:"俄国托拉斯与美国托拉斯的唯一不同之

---

① 郭湛波:《近五十年中国思想史》,岳麓书社,2013年,第144页。
② 冯友兰:《三松堂自序》,人民出版社,2008年,第189页。
③ 冯友兰:《三松堂自序》,人民出版社,2008年,第80页。
④ 冯友兰:《三松堂自序》,人民出版社,2008年,第74、79页。

点,是美国的乃系私人所有,私人经营,而俄国的则是国家所有,国家经营。"①俄国的情形与其他各资本主义国家比较,并不如想象中的差别大。在俄国,原来的经理还可以做经理,原来的编辑还仍旧做编辑,不过资本家拿不到利息了。关于共产主义,冯友兰区分了当作革命方法的共产主义和作为社会理想的共产主义,前者主要指阶级斗争和无产阶级专政,后者指无产阶级"各尽所能、各取所取"的社会。他认为,"苏俄现在,实行了革命方法上的共产主义,属于社会理想的一部分尚未达到,但是它向那方面的努力是不含糊的"②。在苏联,个人和社会的关系更加紧密,"社会中任何一样东西,都有我的一部分在里面"③。冯友兰还对人们所关心的共产主义社会中的家庭问题、民族界限、要不要学问、要不要艺术、要不要宗教、大学生的生活等问题进行介绍。他最后总结:"我所见的苏俄大概情形,与英美无甚大不同的地方,只是制度的迥异。如果照实说来,俄国毋宁说是学美国,不过他所学的是如何大量生产,制度、方式都不同的,其区别也就唯一的在这里。"④冯友兰对生产和经济因素的认识说明他接受了唯物史观,但是他认为苏联美国虽然社会制度不同,但都要注重生产和经济发展,是对当时中国急需发展经济、摆脱殖民地位的关切。

正是冯友兰对社会主义苏联产生的好感及其在回国后演讲时流露出的唯物史观,使国民党对他产生了怀疑,后将其逮捕并对其进行了严格的审查。鲁迅评价:"安分守己如冯友兰,且要被逮,可以推知其它了。"⑤后来被释放的冯友兰没有"变过来",而是更加谨小慎微,还半推半就地参加了国民党的一些活动,在蒋介石所办的中央训练团中讲"中国固有道德"、参加重庆的学术评议会、担任中国哲学研究会委员会主任委员。冯友兰没走到国民

① 冯友兰:《在苏联所得之印象》,《三松堂全集》(第14卷),河南人民出版社,2001年,第239页。

② 冯友兰:《在苏联所得之印象》,《三松堂全集》(第14卷),河南人民出版社,2001年,第240页。

③ 冯友兰:《在苏联所得之印象》,《三松堂全集》(第14卷),河南人民出版社,2001年,第240页。

④ 冯友兰:《在苏联所得之印象》,《三松堂全集》(第14卷),河南人民出版社,2001年,第244页。

⑤ 《鲁迅全集》(第13卷),人民文学出版社,2005年,第301页。

政府的对立面,也有传统"士大夫"的心理在作怪的原因,他内心还是要和当权政府走一道,因为当时的民国是名义上的合法政府,国家的代表。冯友兰在后来讲到名教思想时说:"臣既须忠于君,即须忠于此代表,无论此代表是否能尽其道;因君之是否能尽其道,不是为臣者所当问。"①虽然中国历史上也有君主因为其行为和德行名不副实,无法达到"君"之标准而被臣子推翻的例子,那是历史的特殊性。

冯友兰不想与国民政府对立,却也不想成为国民政府的走卒,他无志于做高官却有志于做大事,无志于"事功"却有志于"学术",他只是一位学者。在 1920 年代,他选择离开中州大学,就是为了学术的选择,所以在与国民政府打交道方面,他曾拒绝蒋介石委任的教育厅长、中央委员等职位,当国民政府要求学校担负"学生思想训导"之责任时,冯友兰指出教授没有时间也没有能力对学生施加道德和政治影响。② 冯友兰还曾就教育自主和自由、政治民主和协商等事宜代表学校执笔向蒋介石谏言,但是冯友兰坚守"中道",也不会轻易走到政府的对立面上。

三、冯友兰在英国感受到"古今之异"

1933 年,冯友兰在清华大学任教授满五年,享受到一次出国休假的机会,他应"英国各大学中国委员会"之邀,到英国休学术年假,并顺便进行中国文化宣传,考察欧洲文化。此次休假,对冯友兰的中西文化观产生了重大影响。到了英国,冯友兰准备了一个讲稿,受到了十多个大学的演讲邀请,在大学演讲之余,他还了解了英国近代大学制度,冯友兰认识到:"英国的近代化大学,是从中世纪教会修道院演化而来的,它们的那些宏伟的校舍,原来是当时贵族们的布施。"③冯友兰平日住在教授的家里,感受到了英国显著地存在着"中世纪封建社会的遗风",英国的教授家庭与美国家庭不同,基本都用女仆,而且根据客人的需要,夫人吩咐仆人,早晨"送来一杯牛

---

① 冯友兰:《贞元六书》(上),中华书局,2014 年,第 136 页。
② 易社强:《战争与革命中的西南联大》,饶佳荣译,九州出版社,2012 年,第 92 页。
③ 冯友兰:《三松堂自序》,人民出版社,2008 年,第 73 页。

奶或咖啡之类,叫客人坐在床上喝,喝了才下床"①,这都是封建贵族们的习惯。经过工业革命及近代化之后的英国还保留有国王的传统,人们还由衷地对国王敬爱,人们对于国王的行踪和出行表现出很高的兴趣。冯友兰将这些总结为英国人的文化特点,"就是善于保护传统,而加之以新内容,这就是我们所常说的'旧瓶装新酒'"②。冯友兰认为这也许是英国文化的一个优点,在发展近代文化的同时保守传统,冯友兰从中很受启发。

通过仔细的观察和生活体验,冯友兰认识到,现代的英国是从古代发展过来的,而"美国是欧洲的延伸",③冯友兰进一步思索中国为什么落后的原因,他脑海中中西文化之差别为古今之异的想法逐渐清晰,中西文化在古代是相同的,都是封建社会的,中西文化之不同出现于近代,西方文化是近代文化,中国文化是古代的。为什么中国没有像英国一样转为近代社会呢?他认为,"中国比欧洲早统一了两千年,这是中国历史的特点。这个特点,是优点也是缺点"④。也就是说,中国封建社会统一时间长,导致中国封建文化的惰性大,不容易实现向现代的转变,这就像杨明斋所说的那样:"凡是自己有文化的民族,就不容易吸收外来。"⑤

冯友兰认为中国封建社会存在时间久的原因在于"各地方的经济发展,是不平衡的,但因为是一个统一的大国,经济发展落后的地方,往往拖住了经济发展先进的地方的后腿"⑥。先进地方没有起到带后进的作用,后进地区却起到了拖累先进地区的作用,且不说中国经济发展滞后的真实原因是否像冯友兰所说是因为经济发展不平衡,至少表明冯友兰开始用经济因素来思考社会问题。回国后,他运用所了解的唯物史观发表了《秦汉历史哲学》一文,这篇文章"标志着我的思想上的转变,认识到所谓东西之分,不过是古今之异"⑦。

---

① 冯友兰:《三松堂自序》,人民出版社,2008 年,第 74 页。
② 冯友兰:《三松堂自序》,人民出版社,2008 年,第 74 页。
③ 冯友兰:《三松堂自序》,人民出版社,2008 年,第 74、79 页。
④ 冯友兰:《三松堂自序》,人民出版社,2008 年,第 78 页。
⑤ 杨明斋:《评中西文化观》,黄山书社,2008 年,第 16 页。
⑥ 冯友兰:《三松堂自序》,人民出版社,2008 年,第 78 页。
⑦ 冯友兰:《三松堂自序》,人民出版社,2008 年,第 209 页。

第二节　冯友兰对中西古今之异的认识

　　20 世纪 30 年代的冯友兰通过欧洲游学的观察和思考,通过学习马克思主义,对比苏联社会主义和英国资本主义制度,实现了中西文化观的突破,他从中西之同的看法进一步发展到"中西之同在于古代、中西之异在于近代",从而得出了中西文化之异在于古今不同的观点,认识到中国文化之所以落后在于其发展时代的落后。

一、游欧洲印象

　　冯友兰在欧洲游学过程中,通过观察到的一些细节,认识到近代英国是古代英国的发展,通过学习马克思主义,阅读共产主义书籍,认识到人类社会遵循着从落后到进步,从古代到近代的发展规律。从欧洲回来之后,他撰写了《游欧洲印象》一文,文中写道:"大家平常所好讨论的中西文化问题,我以为没有中西文化之分,只有古今之别。"[1]冯友兰通过周游欧洲认识到,美国是欧洲的延伸,美国文化是从古代英国发展而来的。他在文中谈到,中西第一次交战时,中国用弓箭,西方用枪炮;中国平日里用洋车,西方用汽车,这些都不仅仅是物质文明的区别,实质是时代的区别。胡适所谓中国文化中的糟粕,"打屁股""缠小脚""暗娼""八股文",在西方古代社会也有类似的东西,比如说,人们可以围绕"一个针尖上可以站几个天使",写上几大本厚书,"这种无聊的工作,是八股中之八股,可称之为九股、十股了"[2]。英国博物院中各类刑具及女人的奇装异服可以说是西方残酷封建制度曾经存在的证据。这种存在类似于中国的"打屁股"和"缠小脚"。"在同一制度

---

　　① 冯友兰:《游欧印象》,《三松堂全集》(第 14 卷),河南人民出版社,2001 年,第249 页。

　　② 冯友兰:《游欧印象》,《三松堂全集》(第 14 卷),河南人民出版社,2001 年,第249 页。

下，人的行为是完全相同的。"①西人曾经称赞中国人悠闲自在，会享受生活，其实这是农业社会中的人的普遍精神状态，工业社会中的人要跟着机器走，跟着时间走，所以时常会显得忙碌，"美国一两分钟的工作，也许到农业国家要做一两个小时"②。比如火车时刻不等人，在农业社会中的人就不能够理解，这也是因为社会不同的缘故。随着交通的发达和消息的畅通，人们对待老乡没有之前那么的亲热，也是工业社会对社会道德影响的结果。在这篇文章里，冯友兰其实已经从古今之异，顺手拈出了社会类型。由此可见，冯友兰的文化类型说是古今说的发展和延续。

冯友兰在英国看马克思主义相关著作，受到了唯物史观的影响，他认为一个社会的经济制度是和政治制度、社会制度联系在一起的。"农业社会和工业社会，他们全有自己的经济制度，政治制度，社会制度，这是一套一套的，就像象棋和围棋一样，用象棋的方法，不能下围棋。"③在一种社会内，对应着有一种制度，有什么样的经济制度就配套什么样的政治制度和社会制度。"我们不能离开经济状况批评人家的长进与否，和离开社会制度来抽象地谈论某人的。"④就像有人说女人不行，那是制度的原因，女人结婚后，生了孩子，就迫不得已要在家看孩子，因为社会没有一个可靠的专门照看孩子的机构，女人就只能在家。冯友兰这里关于社会类型不同、经济决定论、社会制度制约等观点是其《新事论》中相关思想的萌芽。

二、秦汉历史哲学

详细系统地显示冯友兰思想变化的是他所撰写的《秦汉历史哲学》，在此篇文章中，他将马克思主义的唯物史观与秦汉的五德说、三统说、三世说

---

① 冯友兰:《游欧印象》,《三松堂全集》(第 14 卷),河南人民出版社,2001 年,第 250 页。

② 冯友兰:《游欧印象》,《三松堂全集》(第 14 卷),河南人民出版社,2001 年,第 250 页。

③ 冯友兰:《游欧印象》,《三松堂全集》(第 14 卷),河南人民出版社,2001 年,第 251 页。

④ 冯友兰:《游欧印象》,《三松堂全集》(第 14 卷),河南人民出版社,2001 年,第 251 页。

相对比,赋予秦汉历史哲学以唯物史观的内涵,详细阐释了文化发展进步的历史哲学,证明了文化是不断发展进步的,文化的发展受到生产力等因素的影响。

冯友兰认为,秦汉的历史哲学在中国是最发达的历史哲学,因为"到了秦汉大一统,中国完全进入了一个新局面。在这个新局面中,人有机会也有兴趣把以前的旧局面,把以前的历史,重新研究估价"①。秦汉历史哲学中最有代表性的就是五德说、三统说、三世说。其中五德说始于战国时期的邹衍,此学说认为金、木、水、火、土五行代表着天然的五种势力,这五种势力都有盛衰之时,五种势力盛衰循环不息,每种势力当运之时,相应的天道和人事也受其安排,历史上每个朝代,皆代表一"德",其服色制度,也受此德支配,而自成一套。三统说以董仲舒为代表,三统分为黑统、白统、赤统,每一统皆有一种服色制度与之相配,历史上一个朝代代表的是哪一统就用哪种服色制度,黑统、白统、赤统按照一定的顺序交替而行。三世说以何休为代表,三世就是据乱世、升平世、太平世,太平世相当于《礼运》中的大同,升平世相当于《礼运》中的小康。

冯友兰认为,秦汉的三派历史哲学主要包含六个方面的意思,将这些意思与现实相联系,有些意思,我们后代仍然可以用。

其一,历史是变的。"各种社会政治制度,行之既久,则即'穷'而要变。没有永久不变的社会政治制度。"②秦汉三派历史哲学都包含着变的意蕴,都有一个不同阶段、不同朝代的变化过程和规律。《易经》有谓:"穷则变,变则通。"对比1930年代,冯友兰认为,"我们现在又处在一个非常的大转变时期"③。而且这个时期是一个非常困顿、穷途末路的时期,也会有大的变化,此时期的苦难是未来发展的起点。

其二,历史演变乃依非精神的势力。冯友兰认为,五德之转移及三统之循环是依照一定的次序进行的,"这都是一定的公式,不论人愿意不愿意,历

---

① 冯友兰:《秦汉历史哲学》,《三松堂全集》(第11卷),河南人民出版社,2001年,第322页。

② 冯友兰:《秦汉历史哲学》,《三松堂全集》(第11卷),河南人民出版社,2001年,第323页。

③ 冯友兰:《秦汉历史哲学》,《三松堂全集》(第11卷),河南人民出版社,2001年,第323页。

史是要这样走的"①。不同的德和统就要配相应的社会制度,唯物史观也是这个意思:"一种社会的经济制度要一有变化,其他方面的制度,也一定跟着要变。"②冯友兰认为,这样的历史哲学所含的意思在1930年代是可以用得着的,农业经济搭配宗法制度,工业经济之后,人们分散而居,见面少情感难以维系,宗法制度就不能维持了,这就是社会政治制度是建筑在经济制度之上的道理。社会制度依照着经济制度的支配,经济制度则受生产工具的影响,生产工具受哪些因素影响呢? 冯友兰认为:"各种发明之有无,又需看各方面之环境、机会,不是想有就可以有的。"③同样的,某个人或某个民族发展得如何,不是只看个人或民族努力不努力,还要看环境和机会,冯友兰潜在地为中国文化发展的落后找到了客观外在的理由。关于领袖人物在历史发展中的作用,冯友兰认为:"历史的大势所趋,不是人力所能终究遏止或转移的,但是人力可以加快或延缓这种趋势。"④所以在评价文化时,不能抽象地评论民族努力不努力、聪明不聪明,还要与这个民族所在的时代环境相联系。

其三,历史中所表现的制度是一套一套的。这与前面《游欧洲印象》一文所述意思相似,就是"有某种所谓物质文明,就要有某种所谓精神文明。这都是一套的。比如下棋,你手下要只有象棋盘,象棋子,你就只得下象棋。你要下象棋,你就需要照着象棋的一套规矩。你手下要只有围棋盘,围棋子,你就只得下围棋。你要下围棋,你就须照着下围棋的一套规矩"⑤。一种社会制度适合其经济制度就是好的,如果不能与其经济制度相适应,则是坏的社会制度。联系到现实,20世纪30年代所实行的社会制度是否与当时的

---

① 冯友兰:《秦汉历史哲学》,《三松堂全集》(第11卷),河南人民出版社,2001年,第323页。

② 冯友兰:《秦汉历史哲学》,《三松堂全集》(第11卷),河南人民出版社,2001年,第323页。

③ 冯友兰:《秦汉历史哲学》,《三松堂全集》(第11卷),河南人民出版社,2001年,第323页。

④ 冯友兰:《秦汉历史哲学》,《三松堂全集》(第11卷),河南人民出版社,2001年,第323页。

⑤ 冯友兰:《秦汉历史哲学》,《三松堂全集》(第11卷),河南人民出版社,2001年,第325页。

经济相适应,文化的发展是否和社会相适应是一个问题,特别是冯友兰提到,随着社会经济的发展,中国原有的旧文化、宗法制度也到了要改变的时候。

其四,历史是不错的。冯友兰认为,秦汉历史哲学包含这样一层意思,每一个时期配备这个时期所应配的社会制度,用另外一套的人不能说前一套是错的,因为"我们不能离开历史上的一件事情或制度的环境,而单抽象的批判其事情或制度的好坏。""就历史演变中之每一阶段之整个的一套说,每一套的经济社会政治制度,也各有其历史的使命。"①五德论所说的"四时之运,成功者退"就是这个意思。20世纪30年代,有种见解认为,以前的人做的事情都是昏庸糊涂,或者说现在的人"道德日下",就是不明白一个历史阶段有一个历史阶段的文化和道德。更进一步的,冯友兰认为,资本主义社会的历史使命就是为未来的社会主义做好预备,这个论点估计是惹恼国民党的重要一条。

其五,历史之演变是循环或进步的。冯友兰认为,五德说和三统说所认为的历史发展是循环的,三世说所认为的历史是发展进步的,"把循环及进步两个观念合起来,我们就得到辩证的观念"②。比如说,人在原始社会,是无父子、君臣、夫妇的,到了封建社会,又讲究父子、君臣、夫妇伦理关系,到了大同社会,则"不独亲其亲,不独子其子",这是一个辩证发展的过程,是一个否定之否定的过程。冯友兰认为:"在历史的演变中,我们不能恢复过去,也不能取消过去。我们只能继续过去。历史之现在,包含着历史的过去。"③这是历史演变的客观规律。

其六,在历史之演变中,变之中有不变者存。董仲舒所谓"周而复始,穷则反本",又说"天不变,道亦不变",就是这个意思。人类的社会虽有各种一套一套的制度,但人类社会之所以能成立的一些基本条件,是不变的。冯友

---

① 冯友兰:《秦汉历史哲学》,《三松堂全集》(第11卷),河南人民出版社,2001年,第325页。

② 冯友兰:《秦汉历史哲学》,《三松堂全集》(第11卷),河南人民出版社,2001年,第326页。

③ 冯友兰:《秦汉历史哲学》,《三松堂全集》(第11卷),河南人民出版社,2001年,第327页。

兰认为社会制度是可变的,但是一些基本条件,比如所有社会中的人所必须遵守的东西也就是基本道德不能改变,对于这些基本道德,无所谓新旧,无所谓古今,是不随时间而变的。

秦汉历史哲学中的某些意思是否和唯物史观一致值得商榷,冯友兰则借秦汉历史哲学阐释了自己对唯物史观的理解,并用之来指导自己对现实社会的看法。他认识到,历史是向前发展的,这种发展是辩证的,在循环中进步的,一种社会制度和道德规范取决于经济发展水平。中国的历史也会遵循这个唯物史观,中国的社会制度和文化道德将随着经济的发展而发展变化。冯友兰认为,《秦汉历史哲学》的发表,标志着他的思想转变,"认识到所谓东西之分,不过是古今之异"[1]。中西文化的差别在于西方文化是近代的,中国文化是古代的。在此文化观指导下,冯友兰主张要以变化的、分析的眼光对待中西文化,既看到中国文化落后的原因在于历史发展迟缓,又看到中国文化需向前发展,学习西方先进文化,还要认识到中国旧有文化是新文化发展的基础,不能割裂。

冯友兰以秦汉历史哲学来阐述唯物史观,在中国思想中找西方哲学的影子,是一种托古喻今、以古代思想启示今天的做法,也暴露出冯友兰对中国古代文化的留恋。冯友兰接受唯物论既和 20 世纪 30 年代马克思主义的广泛传播有关,又和他自身的哲学思想有关。冯友兰在 20 世纪 20 年代讨论人生观时已经运用了客观唯物论,在 20 世纪 30 年代又运用了历史唯物论,这些观点的吸收为其日后向马克思主义的转变打下了基础。

《秦汉历史哲学》一文也"暴露了我的哲学思想中的一些难于解决的困难"[2]。冯友兰没有明确指出这种难于解决的困难是什么,但从他的文中论述可以看出,主要是历史唯物论与文化保守、新实在论之间的矛盾冲突。唯物辩证法和历史唯物论认为历史是发展进步的,新实在论和文化保守主义又让冯友兰难以割舍旧的文化,就是他提出的历史"不变"。20 世纪 30 年代,人们普遍接受向西方学习,历史唯物论也支持了这一趋向,冯友兰向古今之异说的转变已经为其向西方学习打开了路口,但是,他在向西方学习的

---

① 冯友兰:《三松堂自序》,人民出版社,2008 年,第 209 页。
② 冯友兰:《三松堂自序》,人民出版社,2008 年,第 209 页。

同时,还想为中国的传统文化、基本道德留有余地,这是一个要解决的矛盾和思想困难。

《秦汉历史哲学》的发表也给冯友兰带来了灾难,那就是被国民政府逮捕和审讯。正因为国民政府的逮捕,使得原本保守的冯友兰更加谨小慎微,他不敢直接面对思想冲突和困难,也不可能昂首阔步走向西化论。直到20 世纪 40 年代,冯友兰才解开思想束缚,在《新事论》中解答他对学习西方和保守中国文化的中和办法。

三、中国无近古哲学

中西文化古今说运用到中西哲学的对比中,冯友兰认识到,中国没有近古哲学。他说,西洋哲学史家将西洋哲学史分为上古、中古、近古三个时期,"此三时期之哲学,实各有特别精神,特殊面目也"①。西方哲学中柏拉图属于上古时期,基督教属于中古时期,笛卡尔则属于近古时期,中古与上古思想有区别但是联系更紧密,近古时期的哲学则与上古、中古有着显著的差异。冯友兰用瓶与酒的概念来阐述西方哲学的发展历程。他认为,柏拉图、亚里士多德建立的哲学系统是上古哲学之中坚,中古哲学中,有耶教之宇宙观及人生观之新成分。"然此新成份与新见,亦皆依傍古哲学诸系统,以古代哲学所用之术语表出之。"中古哲学就像新酒装于上古哲学之旧瓶,因为新成份和新见皆依傍古代哲学,所以旧瓶尚能忍受。"及乎近世,人之思想全变,新哲学家皆直接观察真实,其哲学亦一空依傍,其所用之术语亦多新造。"②近古哲学观点与中古哲学迥异,且其话语体系、表达方式完全与中古不同,这种"新酒"多又新,旧瓶不能容受,只能是新瓶装新酒。

对比中国哲学历史,冯友兰认为:"中国哲学历史,若只注意于其时间方面,本亦可分为上古、中古、近古名之。但自别一方面观之,则中国实只有上

---

① 冯友兰:《中国中古近古哲学与经学之关系》,《三松堂全集》(第 11 卷),河南人民出版社,2001 年,第 225 页。

② 冯友兰:《中国中古近古哲学与经学之关系》,《三松堂全集》(第 11 卷),河南人民出版社,2001 年,第 225—226 页。

古与中古哲学,而尚无近古哲学也。"①中国哲学历史从每个阶段的精神面貌来说没有近古。从孔子至淮南王为子学时代,自董仲舒到康有为为经学时代,经学时代的哲学家,其思想皆依傍古代哲学家,以子学时代之术语发布其所见。"自董仲舒至康有为皆中古哲学,而近古哲学则尚未见萌芽也。"②中国哲学历史的发展阶段,类似于西洋哲学史的前两个阶段,第三个阶段近古时代尚未到来。

冯友兰认为,中国没有近古哲学,主要受社会环境的限制。"盖人之思想,皆受其物质的及精神的环境之限制。"③春秋战国时期,因贵族政治崩坏,政治经济社会等方面皆有变化,所以中国的哲学得以从上古转变到中古。"自此而后,朝代虽常有改易;然在政治经济社会各方面,皆未有根本的变化。"④社会环境的相对稳定,使得以前的社会思想得以继续延续和依傍。

虽然中国没有近古哲学,冯友兰并不否定中国漫长历史中经学的发展变化,他认为中国经学并非全部一样而没有变化,每一个阶段的经学都有自身独特的一面和独特的贡献,只是没有发生质的变化、没有发展到近古而已,这与冯友兰20世纪20年代关于中国哲学非无进步的观点是一致的。冯友兰认为,中国历史中有哲学成分而又有独盛之时代的经学主要有六个学派:今文经学、古文经学、清谈家、理学家、考据家、经世家。

冯友兰认为,中国虽然没有近古哲学,但中国发展近古哲学的历史时期已经到来,民国政府已经实现了国家的统一,中国的资本主义经济也正在逐步发展,中国正经历着时代的急剧变化,哲学家们担负着由中古哲学向近古哲学转变的历史任务,这是冯友兰在20世纪40年代创建新理学体系的主观动机和历史原因。要发展中国近古哲学,需要中国向西方学习,冯友兰将中

---

① 冯友兰:《中国中古近古哲学与经学之关系》,《三松堂全集》(第11卷),河南人民出版社,2001年,第225页。
② 冯友兰:《中国中古近古哲学与经学之关系》,《三松堂全集》(第11卷),河南人民出版社,2001年,第226页。
③ 冯友兰:《中国中古近古哲学与经学之关系》,《三松堂全集》(第11卷),河南人民出版社,2001年,第226页。
④ 冯友兰:《中国中古近古哲学与经学之关系》,《三松堂全集》(第11卷),河南人民出版社,2001年,第226页。

国哲学与西方哲学相对比,认为,中国要向西方学习理性主义,他在《中国哲学会年会上的开会词》中认为理性主义是西方哲学的精华,"经验主义在西洋哲学中,并没有占主要地位,理性主义才是西洋哲学自柏拉图以来的正宗"①。中国最缺乏理性主义的训练,中国要向近代哲学发展,就应该多介绍理性主义。

冯友兰认为建立中国近古哲学离不开中国中古哲学的历史和思想基础,他认为哲学是接着讲的,一个民族的哲学是与它的历史无法隔断的,近古哲学的发展也离不开社会的近代进步,社会经济政治的近代发展是近古哲学产生的根本原因。冯友兰说:"真正的时代哲学,系将过去的思想与当时的事实问题接近,把活的事实问题与思想打成一片,这才是哲学家应有的责任,也就是新哲学的正鹄。"②

中国近古哲学的产生和发展担负着中国独立和富强的历史任务,世界各个国家都非常重视哲学,因为那是这个国家社会政治制度存在的依据。"现在不仅只是各民族竞争生存的世界,而且是各种社会制度竞争生存的世界,所以大家皆感觉到社会制度之理论的根据之重要。"③中国要生存,要在各民族的竞争中生存,就需要创建适合这个国家的近古哲学。

第三节　中西文化的互释阶段

20 世纪 30 年代,冯友兰对中西文化的整体认识建立在前两个阶段认识基础之上,既看到中西之异,又看到中西之同,同中有异,异中有同,古代重于同,近代侧重于异,中西有互通互释的可能。当时的留学归国青年都走上

---

① 冯友兰:《在中国哲学会年会上的开会词》,《三松堂全集》(第 11 卷),河南人民出版社,2001 年,第 281 页。

② 冯友兰:《在中国哲学会年会上的开会词》,《三松堂全集》(第 11 卷),河南人民出版社,2001 年,第 281 页。

③ 冯友兰:《哲学年会闭会以后》,《三松堂全集》(第 11 卷),河南人民出版社,2001 年,第 283 页。

了以西释中、以西方学理梳理中国文化的道路,为国内现代学科的发展奠定了基石。冯友兰不仅尝试用西方哲学的概念梳理中国哲学发展历史,还将中国的哲学介绍到西方去,促进中西文化的互相理解。

一、人类进步同一趋势的不同实例

20 世纪 20 年代初,冯友兰分析中西文化不同,侧重于异,认为中西是根本不同的两类文化,中方是"日损"的,西方是"日益"的,中方是注重精神文明的、静的文化,西方是注重物质文明的、动的文化。落后的中国文化最多作为一种研究材料而存在,只能为世界文明提供一种可以借鉴的文化资料,中国要向西方学习科学和物质文明。泰戈尔对文化持一元论观点,认为中西文化一动一静,是世界文化这一个事物的两个方面,冯友兰解释泰戈尔的文化观点,认为动是静的反映,是一体两面。但是当时的冯友兰并没有看到中西文化有什么共同之处,也不认为有什么可以互相借鉴的地方。

在人生哲学探究阶段,冯友兰认识到中西文化在历史上都对同样的人生问题进行探讨,并得出过相似的答案,中西存在着相同的人生哲学类型,都有"主损"派、"主益"派和"折中"派,中西哲学之间是有相同之处的。这种中西之同的发现,使得冯友兰增强了文化的信心,甚至寻找中国文化可能对世界文化的贡献,但中国落后的现实让他没有找到将中西文化完全平等看待的理由。中西文化之同的观点否定了当时对于不同文化矛盾冲突的流行的解释,但是当时冯友兰还没有提出新的解释来代替它。

20 世纪 30 年代,冯友兰受唯物史观的影响,认识到社会不断前进与发展的规律,重新思考中西文化,冯友兰认识到,中国文化落后的原因在于时代阶段,中西文化的差别是古今的差别,中西在古代是相同的。冯友兰认识到,人类文化有起源、有发展,文化发展形成不同的文化时期和文化阶段,中西在远古时代发展程度相似,哲学的内容和形式相似,比如孔子时期与柏拉图时期,到了近代产生了差异。经过这个"正、反、合"的过程,冯友兰吸收泰戈尔关于中西文化的一元论观点,再次得出中西文化是世界文化这一文化总类的不同表现,中西文化是人类文化的不同种类,"把它们看做人类进步同一趋势的不同实例,人类本性同一原理的不同表现".① 但是比20世纪30年代进一步的是,冯友兰认为,作为人类文化的不同表现,它们都将趋向近代,这是人类文化发展的同一趋势。西方文化已经走到了近代,冯友兰这个说法的根本之处在于,它意味着中国文化必将走向近代。

梁漱溟曾对冯友兰的唯物论观点进行批驳,他认为中西文化以家庭为本位与以社会为本位并没有明显区别,而且两者的区别也并不是因为经济的因素,梁漱溟举出一些特殊的实例进行例证。冯友兰认为,"谈到文化问题,梁先生的出发点,与我的出发点根本不同。梁先生的出发点是求异,我的出发点是求同,梁先生注重在中外的比较,我注重在古今的比较。"②冯友兰也曾说:"我在英国住了半年,看了一些共产主义的书,历史唯物论帮助我解决了中西文化问题。"③唯物史观遇到中西之同,使得冯友兰对中西文化差别的认识产生了质的飞跃,他在20世纪30年代对中西文化古今之异的认识是对之前中西文化观的辩证发展。冯友兰认为,他关于中西文化古今之异的认识代表着中西文化发展的最新趋势,既然中西文化是人类文化的不同表现,以走向近代为共同的目标和趋向,中西文化在发展过程中就有了互相解释和互相借鉴的可能,而且这种解释侧重以西释中,而不是维新变法时期的以中释西,这种借鉴是求同的心态下借鉴西方,而不是偏重中西之异。

二、中西文化发展的第三阶段

冯友兰在欧游即将结束时,参加了在布拉格举行的国际哲学大会第八次会议,会上宣讲了《哲学在当代中国》一文,谈了当时他对中西文化发展阶段的看法,他认为,甲午战争以来,人们一直致力于中西文化的解释和批评,当时往往把中西文化当作对立的东西看待,现在中西文化已经迎来了发展的第三阶段,即中西互释的阶段。冯友兰既不主张中国文化应该全盘西

---

① 冯友兰:《哲学在当代中国》,《三松堂全集》(第11卷),河南人民出版社,2001年,第270页。

② 冯友兰:《经济制度与社会制度》,《三松堂全集》(第5卷),河南人民出版社,2001年,第414页。

③ 冯友兰:《"新理学"底自我检讨》,《三松堂全集》(第14卷),河南人民出版社,2001年,第922页。

化,也不主张中国文化固守本位,而是主张在中西文化平等的基础上,实现中西文化的互相解释和理解。

冯友兰认为,鸦片战争以来中国所面临的千年未遇之变局不是它主动迎接的,而是被动给予的,是违背它自己的意愿的,中国文化面对西方文化的冲击,处于弱势地位和被动应付的状态。几千年来引领于世界的中华文化,忽然丧失了其旧有的优势地位,被迫在西方文化的压迫下挣扎。"为了使局势更好理解,为了更明智地适应局势,她只好有时用过去解释现在,又有时用现在解释过去。"[1]将新文明和旧文明联结起来,让彼此可以互相理解,有时是互相批评,这是"东方西方在中国会合的自然产物",是中国近代思想文化发展的主流[2]。

在1894—1934年的中西文化会合碰撞过程中,先后出现了戊戌变法运动、五四新文化运动,这代表着中国文化在挣扎中前进的前两个阶段。

第一个阶段的领袖以康有为和梁启超为代表,主要是以旧释新,从中国古典文献中找出可以阐释西方文化的地方。康有为著有《孔子改制考》《大同书》,以孔子的理论学说和社会模式来解释现今的社会。他认为,孔子设计的"据乱世""升平世""太平世"这个人类社会发展三阶段说,早就为我们指明了发展的方向。在"据乱世"阶段,人各为其国,互相冲突和争夺,近代中国正处于这个阶段。在未来"升平世"阶段,人类文明国家将联合为一国,并经过长期发展,达到"太平世",人类和谐共处成为一个密不可分的整体。康有为认为,绝大部分的西方政治社会制度,早就蕴含在孔子的教义中,假借孔子学说推动戊戌变法,其本质是用孔子学说附和西方政治学说,借鉴西方文明。戊戌变法时期的谭嗣同著有《仁学》,同样是以孔子的三世说来解释西方的学说,他认为,基督教所主张的博爱及上帝面前人人平等,十分接近孔子关于升平世的描述,佛教则相当于孔子关于太平世的描写,超越了一切人世的区别。这个阶段的人们还没有完全惊醒,还处于民族

---

① 冯友兰:《哲学在当代中国》,《三松堂全集》(第11卷),河南人民出版社,2001年,第266页。

② 冯友兰:《哲学在当代中国》,《三松堂全集》(第11卷),河南人民出版社,2001年,第266页。

文化优越论中,流行西方文化中源说,以中国旧文化来理解西方文化,以中国旧文化来改良旧制度。这个时代的主要精神体现在"领袖们都不与来自西方的新文明对抗,他们对它的价值更不乏欣赏。但是他们欣赏其价值仅限于适合想象的孔子模式的范围"①。

第二个阶段的领袖以陈独秀和胡适为代表,主要指出东西文化的不同,大力提倡革新,用西方文化批评中国文化,倡导引进西方文化。冯友兰认为,胡适所撰写的《中国哲学史大纲》,"与其说是中国哲学史,不如说是中国哲学批判"②。全书是以功利和实用主义的西方眼光对中国最大的两个学派儒家和道家进行严厉批评。胡适以西方的个人自由主义批判儒家的三纲五常,以西方的功利主义批判道家的天道自然。"读他这部书,感觉不到别的,只感觉到,整个中国文明是完全走错了路。"③冯友兰认为,这个时期的梁漱溟以《东西方文化及其哲学》来捍卫中国旧文明,认为中国文化本身都是一流的,但是他所提出的文化三路向说却间接指出,中国的路子是对了,但是实现的时间却是错了,还是要走回去,补走第一路向,就是西方的路,他的书"也是时代精神的一种表现"④。

第三个阶段则以北伐战争胜利、建立统一的国民政府为标志。冯友兰认为,北伐战争胜利后,人们对西方新文明的态度发生了转折,认识到,现在政治经济组织中的西方新文明,不是"人类制度之至善",而不过是"人类进步的一个阶段"⑤。历史正在创造中,新的文化也在创造之中。冯友兰不仅认识到中国文化正在创造中,是在旧文化基础上的创造,他还走得更远一步,认为"历史趋向的最终目的,现在认为是世界和平,人类合一,看来与古

---

① 冯友兰:《哲学在当代中国》,《三松堂全集》(第11卷),河南人民出版社,2001年,第268页。

② 冯友兰:《哲学在当代中国》,《三松堂全集》(第11卷),河南人民出版社,2001年,第268页。

③ 冯友兰:《哲学在当代中国》,《三松堂全集》(第11卷),河南人民出版社,2001年,第268页。

④ 冯友兰:《哲学在当代中国》,《三松堂全集》(第11卷),河南人民出版社,2001年,第269页。

⑤ 冯友兰:《哲学在当代中国》,《三松堂全集》(第11卷),河南人民出版社,2001年,第269页。

老的东方,比与现代的西方,更为相投"①,并且认为谭嗣同《仁学》中关于人类进步的看法实际上与马克思关于人类辩证发展进步的学说有异曲同工之妙。冯友兰在中华民国时期,对中国旧文化价值的阐发和新文化的发展充满了期待。

对比三个文化发展阶段,冯友兰认为,第三个阶段人们关于文化的探索是之前两个阶段正、反的"合",比前两个阶段更加进步和理性。"第一阶段的精神领袖们基本上只有兴趣以旧释新,而我们现在则有兴趣以新释旧。第二阶段的精神领袖们只有兴趣指出东方西方的不同,而我们现在则有兴趣看出东方西方之同。"②第三阶段的人们将中西文化放在同等的地位看待,既不盲目排外,也不妄自菲薄,"把它们看做人类进步同一趋势的不同实例,人类本性同一原理的不同表现"③。东西文化由冲突而变为和合共处,进而还可以合一,共同进步为世界文化。在这样的认识下探讨中西文化不同的原因,冯友兰将之归为环境的产物,他认为:"东方西方若有什么不同,那就是不同环境的产物。在不同的环境,人们有不同的反应。"④冯友兰对于中西不同的解释由人的欲望和意志之主观原因转向环境反应的客观因素论。第三阶段的人们由于对中西文化关系的进一步认识,在中西文化关系处理方面,也与前两个阶段不同,第三阶段的人们"有兴趣用另一种文明去阐明某种文明,使两种文明都能被人更好地理解。""有兴趣于东方西方的互相解释,而不是互相批评"⑤。冯友兰以哲学为例,1930年代的人们在哲学研究中,怀有兴趣弄清楚中国哲学的概念在西方哲学中如何讲,西方哲学的概念在中国哲学中又是怎么讲,致力于中西的互相理解。

---

① 冯友兰:《哲学在当代中国》,《三松堂全集》(第11卷),河南人民出版社,2001年,第269页。

② 冯友兰:《哲学在当代中国》,《三松堂全集》(第11卷),河南人民出版社,2001年,第269页。

③ 冯友兰:《哲学在当代中国》,《三松堂全集》(第11卷),河南人民出版社,2001年,第270页。

④ 冯友兰:《哲学在当代中国》,《三松堂全集》(第11卷),河南人民出版社,2001年,第269页。

⑤ 冯友兰:《哲学在当代中国》,《三松堂全集》(第11卷),河南人民出版社,2001年,第270页。

冯友兰关于近代五十年中西文化认识和发展阶段的划分是有一定道理的,也凸显了三个阶段的主要特征,但是他却没有看到,在中西文化的冲突矛盾中对待中西文化的激进与保守、折中与调和是始终存在着的,并不是截然有三个阶段的划分,特别是冯认为梁漱溟的《东西方文化及其哲学》是"以西释中""以西批中"的另一种表现,是值得商榷的。而且在1930年代,人们更多的是以西方来阐释中方,比如以西方的伦理、美学、哲学等概念来整理中国思想,只是从侧面起到了让西方了解中国的作用,真正从正面以中国的思想观念整理西方思潮的著作则几乎没有。

冯友兰关于第三个阶段中西文化发展阶段特征的描述,根本也是当时冯友兰自己思想的写照。在这个阶段,冯友兰用西方哲学的概念阐释中国文化,撰写《中国哲学史》,是运用西方哲学阐释中国文化的典范。1930年代的文化论争,经历了前两个阶段的激荡之后,在世界经济危机的影响下,在中华民国相对巩固的统治下,人们开始以理性、平和的眼光看待中西文化之得失,开始借用西方文化阐释和发展中国文化,这是时代精神在中国的理性表现,标志着中国文化发展的趋向。冯友兰将民国时期比作春秋战国,虽然兵荒马乱,却也促进了文化的繁荣,许多从国外留学回来的有志之士,将在西方所学运用于中国,奠定了中国新兴学科的发展基石,比如柳诒徵著《中国文化史》、蒋国珍的《中国新闻发达史》、郭秉文的《中国教育制度沿革史》、李剑农的《中国经济史讲稿》、顾颉刚的《当代中国史学》、冯友兰的《中国哲学史》等。

冯友兰关于中西文化第三个阶段的认识虽然是当时中西文化冲突的现实表现,但也表现了他对中国文化的过分自信,作为同一原理的不同表现,中西文化从理论上来说有互相借鉴、互相学习的地方,但是历史事实是:在20世纪30年代,主要还是中国学习西方,主要的表现还是用西方文化来阐释中国文化。全盘西化派提倡要全面学习西方,本位文化派也是在中国本位的基础上,有目的有选择地学习西方,人们摒除了固守中国文化本位和全面学习西方文化的极端,学习西方成为人们的共识,人们普遍感到要用西方近代先进文化来发展中国的旧文化,只是在学习程度、学习的途径和方法等方面有差异而已。冯友兰认为:"希望不久以后我们可以看到,欧洲哲学观念得到中国直觉和体验的补充,中国哲学观念得到欧洲逻辑和清晰思想的澄清。"①冯友兰关于中西文化互释的自信源于他对中西文化之同的发现,源于他对中西文化之异在于古今的思想转变,更源于他对民国政府统一及中国历史发展阶段的认知。

《当代哲学在中国》的演讲是在布拉格的国际哲学大会上,这是冯友兰关于中西文化三阶段划分的出场语境,冯友兰一方面阐述了中国文化发展的新阶段,另一方面也指出了中西文化互通的地方,他这样的阐述,固然与他自身对中西文化的新认识有关,也与其自身的爱国心有关,在国际哲学大会上,参加者都是来自不同国家的学者,特别是以西方哲学家居多,在这样的场合,爱国的冯友兰怎么能够不站在一个平等的地位看待中西文化,怎么能够不展现中国人应有的自尊和自信? 参加国际哲学大会一方面是文化的探讨,一方面也是一种外交。

三、研究史学之新趋势

冯友兰在《古史辨》(第六册)序中将民国时期人们对史学的态度分为信古、疑古、释古三个派别,对当时流行的"疑古"的整理国故派和"信古"的国粹派进行了评论,并提出了自己的"释古"学说。他认为,"信古"就是认为凡是古人说的都是对的、真的,这一派是没有前途的,是一种抱残守缺的残余势力;"疑古"就是认为古人说的都是可疑的,要下一番审查的功夫;"释古"就是对于古人所说的进行解释和理解,将史料融会贯通。"疑古"和"释古"两派都有可借鉴的地方,"一个历史的完成,必须经过审查史料及融会贯通两阶段,而且必须到融会贯通的阶段,历史方能完成"②。无论"疑古""释古",都是中国史学所需要的,无所谓孰轻孰重。而对于一个历史家来说,能够做到审查资料的一部分或者融会贯通到一定程度就已经很不错了,所以需要一个分工合作的精神。

---

① 冯友兰:《哲学在当代中国》,《三松堂全集》(第11卷),河南人民出版社,2001年,第270页。

② 冯友兰:《古史辨·冯序》(第六册),见《民国丛书》(第四编),上海书店,1938年,第1页。

　　在比较三种史学研究态度时,冯友兰在《中国近年研究史学之新趋势》中认为,"释古"是近年史学研究的新趋势。他说,"'信古''疑古''释古'为近年研究历史学者之三个派别,就中以'释古'为最近之趋势"①。三种派别的发展趋势代表了"正反合"的辩证法,其中"信古"是正,"疑古"是反,"释古"为合。"'释古'一派,不如信古一派之尽言古书,亦非如疑古一派之全然推翻古代传说。以为古代传说,虽不可尽信,然吾人颇可因之以窥见古代社会一部分之真相。"②

　　冯友兰认为经过辩证发展的"释古"态度代表着中国近代史学界的发展和进步。他认为,虽然自从中国被列强欺凌,中西文化发生冲突,教育、文化、道德发展让人沉闷和失望,但是"近年来我国的学术方面的确有很大的进步,不能不说是最近我们对于学术方面努力迈进的结果,而发展中最为显著的,便是带有地域性的史学"③。在"信古"阶段,学者最缺乏批判态度,比如沈兼士在北京大学讲授中国哲学史,一个学期才讲到周代,他认为中国的哲学要从远古讲起,认为先秦之前的思想都是可信的,20世纪30年代的学校,读经就是"复古运动"的表现。在"疑古"阶段,人们对古书持怀疑态度,认为古书中伪书很多,以胡适为例,他的《中国哲学史大纲》认为中国哲学应该从先秦时期开始,顾颉刚也是立于"疑古"的观点研究历史。这种"疑古"的态度,"较盲目的信古态度进步些,可是立于研究的立场上说,仍是属于消极方面的,而于研究的效率方面,亦不能得到满意的进展"④。在"释古"阶段,"释古"者对于史学的态度介于"信古"与"疑古"之间,"信古"和"疑古"两者都是偏于极端,"释古便是这两种态度的折衷,这种是比较有科学精

---

① 冯友兰:《中国近年研究史学之新趋势》,《三松堂全集》(第14卷),河南人民出版社,2001年,第256页。

② 冯友兰:《中国近年研究史学之新趋势》,《三松堂全集》(第14卷),河南人民出版社,2001年,第255页。

③ 冯友兰:《近年史学界对于中国古史之看法》,《三松堂全集》(第14卷),河南人民出版社,2001年,第258页。

④ 冯友兰:《近年史学界对于中国古史之看法》,《三松堂全集》(第14卷),河南人民出版社,2001年,第259页。

神"①。古籍是不可尽信,但是也要从历史上推其社会背景,判断其发生的真相和原因,追求其存在的价值。

冯友兰认为自己是"释古"一派,代表着史学研究的最新趋势,作为"释古"者,就是要对史料进行解释和运用,既不像"信古"派那样认为古代留下来的资料都是对的,也不像"疑古"派那样认为一切材料都是可疑的。冯友兰认为:"对于哲学史的资料,流传下来,号称是某子某人的著作,首先要看它有没有内容。如果没有内容,即使是真的,也没有多大的价值。如果有内容,即使是伪的,也是有价值的。所谓真伪问题,不过是时间上的先后问题。"②

在《中国哲学史》中,冯友兰进一步按照"释古"的精神进行史学材料的处理,他认为从前研究中国学问者,或不知分别真书伪书,或知分别而以伪书为无价值,冯友兰认为,所谓伪书只不过是人们认为成书的时间不同,或者认为不是某某作者的书而已,这都不影响材料本身的思想价值。"如只为研究哲学起见,则吾人只注重某书中所说之话本身之是否不错。"③关注的是某书的实质内容,而不在乎他是否某某作者的书。

陈寅恪在《中国哲学史》审查报告中认为:"真伪者,不过相对问题,而最要在能审定伪材料之时代及作者而利用之。"④赞同冯友兰关于史学材料的处理方法,如果能够审定伪材料的真实时代及作者,并据以说明此时代及作者之思想,则此材料就变为真材料,具有很高的价值,这是具有"史学之通识"的表现。章学诚曾在《文史通义·横通》中说学问应该有专门之精,但也要有四通八达的道路,有兼览之博。陈寅恪将"通识"的概念在治史领域进行独特发挥,认为在治史方面要有两个思维向度:正向"聚小为大"的"博观"思想;反向"以小窥大"客观而独特的历史视角。⑤ 一方面要有一个整体的大的历史观,注重历史发展的社会背景,另一方面要通过人物个体的小的方面

① 冯友兰:《近年史学界对于中国古史之看法》,《三松堂全集》(第14卷),河南人民出版社,2001年,第259页。

② 冯友兰:《三松堂自序》,人民出版社,2008年,第192—193页。

③ 冯友兰:《中国哲学史》(上),中华书局,2014年,第29页。

④ 冯友兰:《中国哲学史》(下),中华书局,2014年,第892页。

⑤ 刘芸暄:《论陈寅恪的文化自信思想》,《理论观察》,2018年第9期。

来体现历史之大的思想趋向。陈寅恪认为"冯君之书,独能于此别具特识",体现了史学治学的"通识"性。

　　冯友兰关于史学研究趋势的判定和对"释古"的偏爱,就像有些学者所说的那样,用社会历史背景来阐释古书,注重古人思想的产生背景和社会思潮,是唯物史观在他身上发生作用的体现,同时正、反、合的思维运用表现了冯友兰对辩证法的接受,他在1930年代对多种事物发展的认识中,都运用了正、反、合的方法进行分析评价。还有一点要指出的是,冯友兰对待古书,偏重古书本身所含的思想价值,而不太注重考辨古书的成书年代和作者详情,是他对待中国传统文化侧重继承、侧重思想价值的体现,也是他1950年代抽象继承法的萌芽。冯友兰这种侧重思想本身价值的想法受新实在论的影响,和他关于中西文化存在相同之处、可以互释的观点异曲同工。

第四节　《中国哲学史》以西释中

　　中西文化互释已经成为1930年代的文化思想主流,这是冯友兰所确信不疑的,他自己也在做这方面的工作,那就是《中国哲学史》上、下两卷本的撰写。20世纪20年代后期,冯友兰到燕京大学教授中国哲学史课程,是其撰写此书的最初缘起,他本意想做些向东方介绍西方思想文化的工作,却因为工作的关系,开始进行中国文化的传播,燕京大学作为教会学校,需要中国学者向西方教授中国文化课程。虽然《中国哲学史》是向西方传播中国文化,而实际上,它却起到了用西方哲学阐释和梳理中国文化的作用。

一、"在中国的哲学"

　　冯友兰在《中国哲学史》绪论中引用了西方关于哲学的分类对"哲学"进行了界定。希腊哲学主要将哲学分为物理学、伦理学、论理学三类,后来哲学的范畴发展为宇宙论、人生论和知识论,宇宙论又分为宇宙论和本体论,人生论又分为心理学与狭义伦理学、政治社会科学,知识论分为狭义的知识论和论理学。"哲学中各部分皆互有关系也。"①宇宙论与人生论常相联系,宇宙论是人生论的基础,知识论也和人生论和宇宙论有一定的关系。

冯友兰认为,以西方哲学的概念比对中国思想,在符合哲学的内容与概念方面,"西洋所谓哲学,与中国魏晋人所谓玄学,宋明人所谓道学,及清人所谓义理之学,其所研究之对象,颇可谓约略相当"②。在中国的这些学问中,"其研究天道之部分,即约略相当于西洋哲学中之宇宙论。其研究性命之部分,即约略相当于西洋哲学中之人生论。惟西洋哲学方法论之部分,在中国思想史之子学时代,尚讨论及之;宋明以后,无研究之者"③。以西方哲学之三分对照中国思想,中国思想中有宇宙论和人生论,却没有哲学方法论,中国的义理之学所讲的方法论是"为学之方",是修养之方法,而不是哲学逻辑方法。从现代的学问来说,中国的哲学,就是中国的义理之学。

冯友兰从中西文化平等的角度,认为我们既可以以西方为参照物,从中国义理之学中找出与西方哲学相似的地方,阐述中国的哲学,也可以以中方为参照物,将西方文化中与中国义理相似的地方选择出来,撰写西方义理学史。但是从世界文化的角度来看:"近代学问,起于西洋,科学其尤著者。若指中国或西洋历史上各种学问之某部分,而谓为义理之学,则其在近代学问中之地位,与其与各种近代学问之关系,未易知也。若指而谓为哲学,则无此困难。此所以近来只有中国哲学史之作,而无西洋义理之学史之作也。"④冯友兰确想将中西文化摆置在同等的地位,无奈终因现实原因无法为之,近代学问以西方掌握话语权而领先于世界,冯友兰努力平等对待东西文化的美好心愿,因为现实的差距而成为泡影。冯友兰终究选择了撰写中国哲学史而不是西洋义理学史。冯友兰所谓的中西文化互释的阶段,在现实中,还是主要以西方学说解释中国文化。在哲学的内涵及参照标准确定之后,冯友兰给"中国哲学"下了定义:"所谓中国哲学者,即中国之某种学问或某种学问之某部分之可以西洋所谓哲学名之者也。所谓中国哲学家者,即中国

---

① 冯友兰:《中国哲学史》(上),中华书局,2014 年,第 15 页。
② 冯友兰:《中国哲学史》(上),中华书局,2014 年,第 17 页。
③ 冯友兰:《中国哲学史》(上),中华书局,2014 年,第 17 页。
④ 冯友兰:《中国哲学史》(上),中华书局,2014 年,第 18 页。

某种学者,可以西洋所谓哲学家名之者也。"①中国哲学史就是参照西方关于哲学的标准撰写的在中国历史上符合西方哲学内涵的思想史。冯友兰将中国哲学史分为子学时代和经学时代两个大的时代进行论述,其中子学时代是从孔子到秦汉儒家,经学时代是从董仲舒到清朝末年,有人批评冯友兰划分时代极其不均匀,经学时代拉线太长,冯友兰则认为应该按照历史本来的样子进行叙述,要按照哲学思想有无重大历史变化进行阶段划分,冯友兰认为如果仅仅按照时间长短,也可以将中国哲学史分为上古、中古、近古三个时期,但是"中国实只有上古与中古哲学,而尚无近古哲学也"②。中国的近代哲学将在中西互释的文化发展阶段产生,这也是冯友兰作为哲学家的使命感。

金岳霖在审查报告中对"哲学"及"中国哲学"两个概念进行了探讨,他说:"所谓中国哲学史是中国哲学的史呢? 还是在中国的哲学史呢?"③这涉及哲学的两个根本态度问题,"一个态度是把中国哲学当作中国国学中之一种特别学问,与普遍哲学不必发生异同的程度问题;另一种态度是把中国哲学当做发现于中国的哲学"④。如果采取的是第一种态度,则可以在中国文化中选择自己认为是哲学的东西进行叙述,可以不与西方哲学产生关系,但是"现在的趋势,是把欧洲的哲学问题当做普通的哲学问题"⑤,中国人免不了受时代和西方的影响,所以我们要写的中国哲学史只能是"在中国的""发现于中国的"哲学史。物理学作为一门世界科学,不存在这个问题,所谓英国物理学史肯定是在英国的物理学史,而不是英国物理学的史,哲学却存在这个问题。冯友兰的中国哲学史当然是把中国哲学当作是发现于中国的哲学的历史,他是以西方哲学为参照物的。难能可贵的是,在中国哲学材料的选择上,冯友兰是秉着一种客观的态度进行的。金岳霖认为,以西方哲学为标准,若要注重思想的架格,则所有问题都是哲学问题,若注重思想的实质,则需要进行选择。如果要对只具备哲学的实质或者形式中的一样的思

---

① 冯友兰:《中国哲学史》(上),中华书局,2014 年,第 18 页。

② 冯友兰:《中国哲学史》(下),中华书局,2014 年,第 415 页。

③ 冯友兰:《中国哲学史》(下),中华书局,2014 年,第 897 页。

④ 冯友兰:《中国哲学史》(下),中华书局,2014 年,第 897 页。

⑤ 冯友兰:《中国哲学史》(下),中华书局,2014 年,第 895 页。

想进行选择和裁量,那么是不是哲学问题就是一个问题。金岳霖认为,"我们可以根据一种哲学的主张来写中国哲学史,我们也可以不根据任何一种主张而仅以普通哲学形式来写中国哲学史"①。他认为冯友兰做到了,他以一种西方普遍的哲学形式,客观地选择材料,对某种学说以同情的态度进行阐述,"同情于一个学说与赞同那种学说,根本是两件事"②。对比胡适的《中国哲学史大纲》,"我们看那本书的时候,难免一种奇怪的印象,有的时候简直觉得那本书的作者是一个研究中国思想的美国人"③。金岳霖认为,胡适是以一种实用主义的成见来写的哲学史,而冯友兰却没有以他所熟悉的新实在论的成见来写哲学史,"哲学要成见,而哲学史不要成见"④。金岳霖认为,冯友兰在对待和选择中国哲学材料时,是以普遍的哲学问题,也就是选择了"以逻辑的形式说出来一种道理的道理"的思想,他却没有任何其他的成见,"他所注重的不仅是道而且是理,不仅是实质,而且是形式,不仅是问题而且是方法"⑤。冯友兰先生真的在写哲学史的过程中没有自己的成见吗? 实质不然,没有一定的成见,就没有选择的态度和标准。正像金春峰说的那样,"冯先生实实在在是以实在主义的观点与精神去分析与研究中国哲学史并且给予了真正的内在地褒贬的"⑥。但是冯友兰的这种成见并不是粗略地照搬,他是经过自己的消化吸收的。"冯先生有自己的哲学观点与很高的哲学素养,而同时有深厚扎实的中国古学根底,尽管冯先生的哲学是从西方汲取的,但却是经过了消化,真正变成了自己的哲学的。"⑦

张荫麟在《评〈中国哲学史〉上卷》时,认为该书"惟关于历史方面,则未能同样令人满意"⑧,认为冯友兰的著作主要侧重于哲学方面,却对历史方面

---

①　冯友兰:《中国哲学史》(下),中华书局,2014 年,第 897—898 页。

②　冯友兰:《中国哲学史》(下),中华书局,2014 年,第 898 页。

③　冯友兰:《中国哲学史》(下),中华书局,2014 年,第 898 页。

④　冯友兰:《中国哲学史》(下),中华书局,2014 年,第 898 页。

⑤　冯友兰:《中国哲学史》(下),中华书局,2014 年,第 899 页。

⑥　金春峰:《冯友兰中国哲学史研究的启示》,《中州学刊》,1992 年第 4 期,第 80 页。

⑦　金春峰:《冯友兰中国哲学史研究的启示》,《中州学刊》,1992 年第 4 期,第 79 页。

⑧　冯友兰:《中国哲学史补》,中华书局,2014 年,第 229 页。

阐述得不深刻。冯友兰回答:"历史家的哲学史注重'谁是谁'。哲学家的哲学史注重'什么是什么'。"①讲明了自己所著的哲学史偏重于思想,而不偏重考证。瞿世英在《评冯著〈中国哲学史〉》中,同样认为"冯先生这本书的最重要之点,就是,这是一部哲学家著的哲学史而不是历史家著的哲学史"②。因为他注重的是哲学家思想的阐发和理解。他注重了解一民族一时代的精神,注意哲学家"思想的脉络源流与独到的见解"③。

二、"了解之同情"

冯友兰对比自己的哲学史与胡适的《中国哲学史大纲》,他承认胡适哲学史的"开创之举"和对中国史学的贡献,但同时也指出了自己的《中国哲学史》与胡著的不同在于唯物史观。"唯物史观的一般原则,对于我也发生了一点影响,就是这一点影响,使得我在当时讲的中国哲学史,同胡适的《中国哲学史大纲》有显著的不同。"④冯友兰在对中国哲学进行叙述时,注重对哲学家所处时代经济政治社会状况的分析,他认为,研究哲学史的人在研究一人之哲学时须注意其时代之情势及各方面之思想状况。冯友兰认为:"历史能够影响其哲学,哲学也能影响其历史。"⑤一时代的哲学能够反映其时代精神,是时代精神的结晶。

冯友兰还认为,研究一哲学家之思想,需要"知其人,论其世",因为一个哲学家的思想与他自身的性格也有很大关系,詹姆士曾分哲学家为"软心的"与"硬心的"两类。冯友兰把历史分为"客观"的历史和"写"的历史两类,认为写的历史能否达到"信",能否与实际的客观历史相符合,颇存在着困难,哲学的历史也存在这个问题。冯友兰充分考虑了哲学史写作过程中应该注意的问题和要掌握的原则,为之后哲学史的写作制定了路线图,也为其写好哲学史打下了坚实的基础。

---

① 冯友兰:《中国哲学史补》,中华书局,2014年,第129页。
② 冯友兰:《中国哲学史补》,中华书局,2014年,第225页。
③ 冯友兰:《中国哲学史补》,中华书局,2014年,第226页。
④ 冯友兰:《三松堂自序》,人民出版社,2008年,第189页。
⑤ 冯友兰:《中国哲学史》(上),中华书局,2014年,第24页。

冯友兰将中国哲学与西方哲学进行了比较。他认为,中国哲学之弱点在于:中国重"是什么"而不重"有什么"。"中国哲学家多注重于人是什么,而不注重于人之有什么。如人是圣人,即毫无知识亦是圣人;如人是恶人,即有无限之知识亦是恶人。"①一个人是不是圣人不是以其知识为标准,而是以其德行为标准,所谓"太上有立德"是也。这也是中国哲学注重德行修养的表现。与此相对应,中国哲学没有将知识问题作为哲学中之重要问题,中国的哲学家如果追求知识的话也是追求和人生幸福有关的知识,而不追求自然宇宙的知识。这是因为,中国人的思想中,没有显著的"我"与"非我"的概念,也未将"我"与"非我"分开,未将个人与宇宙分开。中国哲学对宇宙论研究不够,"中国哲学家,又以特别注重人事之故,对于宇宙论之研究,亦甚简略"②。中国也就是因为太注重德行修养,不注重知识发达,所以中国的逻辑不发达,少有人有意识地将思想辩论之程序及方法提出来进行研究,"中国哲学家之哲学,在其论证及说明方面,比西洋及印度哲学家之哲学,大有逊色"③。冯友兰对中国哲学弱点的总结显然是以西方的标准来衡量,是以西方之所长来比我之所短。但冯友兰也指出了中国哲学的特长,那就是在人生哲学方面极为详尽。

中国本擅长于人生哲学及个人修养之方法,在知识论、宇宙论、逻辑等方面都有欠缺,中国的著述多是比较散的言语,似乎没有什么系统,怎么从中建立中国的哲学体系呢? 冯友兰引用了孔子"吾道一以贯之",也引用了西方威廉·詹姆士的"若宇宙之一方面,引起一哲学家之特别注意,彼即执此一端,以概其全"④,还引用了荀子对哲学家关于有所"蔽"有所"见"的批评,证明每个哲学都有自己的"蔽"与"见",有自己的所长与所短。冯友兰认为,哲学家的思想都是整个的,"凡真正哲学系统,皆如枝叶扶疏之树,其中各部,皆首尾贯彻,打成一片"⑤。他提出哲学系统有形式上的系统与实质上

① 冯友兰:《中国哲学史》(上),中华书局,2014年,第19页。
② 冯友兰:《中国哲学史》(上),中华书局,2014年,第20页。
③ 冯友兰:《中国哲学史》(上),中华书局,2014年,第18页。
④ 冯友兰:《中国哲学史》(上),中华书局,2014年,第21页。
⑤ 冯友兰:《中国哲学史》(上),中华书局,2014年,第21页。

的系统之分,"所谓系统有二:即形式上的系统与实质上的系统。此两者并无连带的关系"①。以没有形式上的系统谓中国没有哲学是不足论的,"中国哲学家之哲学之形式上的系统,虽不如西洋哲学家;但实质上的系统,则同有也"②。比如苏格拉底、柏拉图时代,西方的哲学也没有形式的系统,中国传统哲学所处的时代与苏、柏相同,也是只有实质的系统。"讲哲学史之一要义,即是要在形式上无系统之哲学中,找出其实质的系统。"③

在另一份审查报告中,陈寅恪提出了著名的"了解之同情"的概念,这不仅是对冯友兰《中国哲学史》的高度赞扬,也为之后的哲学史及史学研究、人物研究建立了最高准则。陈寅恪说:"所谓真了解者,必神游冥想,与立说之古人,处于同一境界,而对于其持论所以不得不如是之苦心孤诣,表一种之同情,始能批判其学说之是非得失,而无隔阂肤阔之论。"④"了解之同情"不是一般意义上人们感情上的体认和共情,而是以学者的治学之深思,对历史人物思想及其产生的时代和生活背景进行充分的考虑,深切了解历史人物著书立说的缘由,以"艺术家欣赏古代绘画雕刻之眼光及精神",深入领会历史人物的思想内涵及价值。但是许多学者往往因为所研究历史人物距离今日较远,历史材料又少而杂乱,在对历史人物思想进行叙述整理的过程中,往往难免穿凿附会。"今日之谈中国古代哲学者,大抵即谈其今日自身之哲学者也;所著之中国哲学史者,即其今日自身之哲学史者也。"⑤冯友兰在中国哲学史的具体写作过程中,对中国哲学家思想产生的年代进行切实的了解,对思想家的思想进行系统的梳理,对中国哲学的弱点和强项、中国哲学的特点有着充分的分析和了解,并尽力以客观、忠实、积极的角度阐述中国哲学。陈寅恪称赞他:"今欲求一中国古代哲学史,能矫傅会之恶习,而具了解之同情者,则冯君此作庶几近之。"⑥然而,冯友兰之撰写《中国哲学史》,他在尽力去了解古代哲学家的思想及其产生的背景和影响,但他不可

---

① 冯友兰:《中国哲学史》(上),中华书局,2014年,第22页。
② 冯友兰:《中国哲学史》(上),中华书局,2014年,第22页。
③ 冯友兰:《中国哲学史》(上),中华书局,2014年,第22页。
④ 冯友兰:《中国哲学史》(下),中华书局,2014年,第891页。
⑤ 冯友兰:《中国哲学史》(下),中华书局,2014年,第892页。
⑥ 冯友兰:《中国哲学史》(下),中华书局,2014年,第892页。

能超越他所处的时代,也不可能不留下他所思考的痕迹。难道不是只有到了 20 世纪 30 年代,学者们才可能对中国古代学问贴上"哲学"的标签吗?西人有谓中国只有思想史而无哲学史,中国古人并没有哲学的概念。所谓"同情之了解",是冯友兰在自己对西方哲学的概念有所界定的情况下,对中国古代思想的梳理和呈现。

张季同在《冯著〈中国哲学史〉的内容和读法》中,认为冯友兰所著《中国哲学史》"实在是一本最好的中国哲学史"①。此书能够从中国各家哲学之表面散漫无条理中整理出一个条理,领会各家思想之精微幽隐之处而以明白透彻的文字表述出之,并能"以同情的态度观察各家哲学而无所偏倚"②。

三、"新瓶旧酒"

对中国传统文化饱有感情的冯友兰,始终对中国文化怀着"温情与敬意",他在欧洲考察的时候对于英国人善于保护传统的做法是持赞赏态度的,认为这种对传统的保护是一种"旧瓶装新酒"的做法。中国常有一些人用"旧瓶装新酒"这句话嘲笑讽刺一些改革不彻底的事情,冯友兰却不以为然,他认为,"只要是新酒,用个旧瓶子装着有什么不可以? 怕的是新瓶装旧酒!'新瓶装旧酒'是'换汤不换药'。'旧瓶装新酒'是'换药不换汤'。只要药换了,那就可能解决问题。"③在处理中西文化问题上,常有"新瓶旧酒""新酒旧瓶""新瓶新酒"之争论,还有人在中西文化问题上反对用"酒"与"瓶"来做比喻。"新瓶旧酒""新酒旧瓶"的说法,是尝试为中国的传统文化保留一份地位,"新酒旧瓶"说革新力度大一点,毕竟它换掉的是实质的新内容,"新瓶旧酒"说则是对传统文化的改头换面,"新瓶新酒"则是对传统的全面反对,走的是西化的路子。"新瓶旧酒""新酒旧瓶"对于冯友兰来说都是可以接受的态度,或者用新的文化解释旧文化,或者将新文化装入旧的传统形式中去,都是一种趋新的尝试,却又非"新瓶新酒"式全盘西化。

陈寅恪先生在《冯友兰〈中国哲学史(下册)〉审查报告》中主张既要吸

---

① 冯友兰:《中国哲学史补》,中华书局,2014 年,第 252 页。
② 冯友兰:《中国哲学史补》,中华书局,2014 年,第 256 页。
③ 冯友兰:《三松堂自序》,人民出版社,2008 年,第 74 页。

收输入外来学说，又要不忘记本来的文化，玄奘唯识之学只贩卖他人文化，在吾国思想史上不能居最高之位，真正能有所创获的文化之路，就"必须一方面吸收输入外来之学说，一方面不忘本来民族之地位"①。他审查冯友兰的《中国哲学史》，认为是"所谓'以新瓶而装旧酒'者。诚知旧酒味酸而莫肯售，姑注于新瓶之底，以求一尝。可乎？"②也就是说冯友兰的著作是"新瓶装旧酒"，认为冯友兰的著作是保守的哲学之书，但同时又认为其只是把旧文化装于瓶底，以新文化的面貌呈现，是一种文化的创获。冯友兰的《中国哲学史》是以西释中的著作，他将西方的哲学概念运用于中国思想文化，将中国古代思想中有思辨和逻辑性的内容进行重新阐释，以达到让西方了解中方的目的。《中国哲学史》是对哲学历史的阐述，它没有担负建立近古哲学的使命，只是为中国近古哲学的产生铺路而已，将其评价为"新瓶旧酒"是适当的。

　　冯友兰的《中国哲学史》在中西互释方面做出了杰出的贡献，它不仅因为完整叙述中国哲学而在国内产生了很大的影响，还因为卜德的翻译而在国外广为传播。陈岱荪评价说："如果说中国人因为有严复而知有西方学术，外国人因为有冯友兰而知有中国哲学，这大概不会是夸张。"③Wing-Tsit Chan 认为，冯友兰的《中国哲学史》一经出版就成为经典："Ever since its publication in Chinese in 1934, it has been regarded as the standard work."④著名的科技史专家李约瑟说："冯友兰和布德二人的工作加快了对中国哲学的再评价及中西方相互理解的进程。"⑤实际上，在国外的网站上搜一搜中国哲学的著作，出现的基本都是冯友兰的《中国哲学史》，冯友兰的著作在国外各个大学东方文化课程上是必备的教材。很多的外国人因为阅读冯友兰的著作而受益。

---

① 冯友兰：《中国哲学史》（下），中华书局，2014 年，第 902 页。

② 冯友兰：《中国哲学史》（下），中华书局，2014 年，第 903 页。

③ 陈岱孙等：《冯友兰先生纪念文集》，北京大学出版社，1993 年，第 9 页。

④ Wing-Tsit Chan（Dartmouth college）."Review：a history of Chinese philosophy". Philosophy East and West, No.1(1954), pp.73-79. University of Hawaii Press.

⑤ 李约瑟：《评冯友兰〈中国哲学史〉》，郭之译，《中州学刊》，1992 年第 4 期，第 85—87 页。

第四章

中西文化论争下的沉思：冯友兰对中国文化现代化的探索（1935—1948）

从 1931 年"九一八事变"到 1945 年抗日战争胜利，这长达 14 年的抗日战争中，中国社会经济发展缓慢，新旧文化掺杂其中，美、英、日、法等帝国主义在中国进行经济侵略、文化殖民，中国封建旧势力依然顽固，人民生活在水深火热之中，中华民族面临着前所未有的危难。经过前期的东西文化论争，人们普遍认识到西方文化的优越性及学习的必要性，不再盲目排斥，认识到中华文化需要进步和发展，但是在如何学习西方文化、发展中国文化的问题上，仍然存在保守和激进之两分。

面对国家政府的内忧外患，文化界掀起了关于抗日和建国的种种争论，中国现代化建设的问题逐渐成为最终的讨论指向。冯友兰认为国民政府时期是中国社会历史变革的重要时期，是国家实现社会转型、现代化发展的重要时期，中国要救亡和生存，就要发展经济生产，走工业化道路，冯友兰着力于中国文化的现代化，创建了"新理学体系"，为中国走向自由之路提出了文化的类型说。

第一节　抗日战争时期的冯友兰

20 世纪三四十年代，蒋介石领导的中华民国仍是战乱频仍、经济发展缓慢、文化思潮风起云涌，争取抗日战争胜利、实现中华民族独立富强是这个时期民族救亡的主题。冯友兰在这个时期作为清华大学和西南联合大学的教授,深感国家危难,"在危急之中,身处其境,乃真知古人铜驼荆棘之语之悲也"①。他本着文化救亡的使命感,深究中西文化之理,为中国文化的进步发展而鼓而呼。

一、日本侵华与国民政府的文化政策

20 世纪三四十年代,中华民国虽然几经努力,仍然没有摆脱被帝国主义压迫的地位。英、美、德、法、意等国家仍然在中国耀武扬威,享受最惠国待遇,日本开始了长达 14 年的侵华战争。甲午战争后,日本对中国更加虎视眈眈,不断策划侵略中国的新阴谋。1931 年,在世界性经济危机的冲击下,蓄谋已久的日本为转嫁经济危机,转移国内人民的视线,实现吞并中国、称霸世界的野心,悍然发动了旨在大规模武装侵略中国的"九一八事变",短短4 个月内,陆续占领长春、哈尔滨,日军占领中国东北后,鼓舞了军国主义扩张派,于是,日本又于 1932 年 1 月突然进攻上海,发动了"一·二八事变"。在淞沪战争的最后阶段,日本在中国东北阴谋策划傀儡政权,扶植末代皇帝溥仪成立了"伪满洲国",对东三省进行殖民统治。

面对日本的步步进逼,国民党当局妥协退让,寄希望于国际联盟的干涉,依旧坚持"攘外必先安内"的政策,使得日本更加嚣张,在中国国土建立了军事根据地,并于 1937 年开始全面侵华战争。国民党当局的妥协退让政策固然有其国家柔弱的原因,也与当局以内患为主要心患的认识相关,妥协退让的结果使日本更加有恃无恐,中国在抗战中被动遭殃。

面对着民族危亡的内忧外患,国内掀起了民族救亡和民族复兴的热潮。"中国今日,内则政治腐败,财尽民穷;外则国防空虚,丧师失地;国势岌岌,危如累卵。忧时之士,深虑神明华胄,将陷于万劫不复;于是大声疾呼,曰'复兴! 复兴!'绞脑沥血,各本其所学,发抒复兴国族之伟论。"②有识之士根据自身所掌握的本领,开始从经济、政治、文化等方面参与民族救亡之大业。

---

① 冯友兰:《中国哲学史》(上),中华书局,2014 年,自序(二)。
② 吴钊:《复兴之基点》,《复兴月刊》,1933 年第 2 卷第 1 期,第 1 页。

　　蒋介石主政的南京国民政府统一中国之后,开始进行文化建设。蒋介石努力创建与统治相适应的意识形态,他首先对"三民主义"进行了改造,提出了"四维八德"作为三民主义的基本精神,八德就是"忠、孝、仁、爱、信、义、和、平",四维是实行八德的途径,就是要践行"礼、义、廉、耻"。蒋介石发表了《新生活运动之要义》主旨演讲,指出"合乎礼义廉耻,适于现代生存",并宣称这种做法是对孙中山三民主义的继承与发扬。

　　蒋介石发动并领导了轰轰烈烈的新生活运动,目的是提高民族精神、发扬民族文化和恢复民族固有美德。国民党中央常务委员会于 1934 年 5 月 31 日正式启动了以"复兴民族文化"为号召、以"礼义廉耻"为基本准则、以"食衣住行"为实施起点、以生活"艺术化、生产化、军事化"为最终目标的新生活运动。至 1936 年,全国共有 20 个省、4 个直辖市成立了新运会,1355 个县设立了分会,另有 12 个铁路新运会,10 个华侨新运会。[1] 在全国新生活运动促进会指导和主持下,全国各地纷纷开展了新生活运动。

　　蒋介石恢复古文运动是和民族救亡联系在一起的,他认为中国之所以受欺凌是因为中国文化的衰落,所以要大力提倡学习中国古文化。国民党政府依托新文化运动促进会,举办了一连串的"尊孔读经"活动。如,1931 年教育部下令,各级学校必须悬挂带有中国传统文化道德中"八德"字样的牌匾,以此表示对固有道德的尊崇。1934 年将"8 月 27 日"确定为孔子诞辰纪念日,全国恢复尊孔。同年 11 月,国民党中央常务委员会又根据尊孔办法给予孔孟曾颜后裔以优厚的政治待遇。这样,在国民党政权力量的推动之下,新生活运动不仅没有使思想界呈现"新"的气象,反而使复古的"旧"思想得以回潮。

　　与蒋介石提倡尊孔读经及开展新生活运动相一致,陈立夫在南京成立了"中国文化建设协会",制定了《中国文化建设协会成立宣言》和《中国文化建设协会纲领》两个文件,并于上海创办了《文化建设》月刊,成为中国文化问题讨论的基本阵地。经过了"中国本位文化建设"大讨论之后,中国国民党对于文化政策进行了稍微调整,增加了学习西方中必要的部分,但是整

---

① 张宪文等:《中华民国史》(第二卷),南京大学出版社,2013 年,第 449 页。

体还是以复兴民族文化为基调。

冯友兰曾经回忆:"在抗日战争进入相持阶段以后,蒋介石和重庆的一些人都觉得,他们似乎可以偏安下去。他们的注意力也顾到了文化方面。"①蒋介石成立直接归他个人管理的侍从室,并在名下成立了西洋哲学名著编译委员会和中国哲学研究委员会。蒋介石还在重庆办了一个中央训练团。"训练的目的,是培养他们对于蒋介石的个人崇拜、盲目服从的感情。"②训练团邀请相关学校的著名学者担任授课老师,冯友兰也被聘请担任了一门"中国固有道德"的讲授任务。

二、文化救亡运动的兴起

面对弹丸小国日本侵华的惨状,"国人创巨痛深,眼见国是日非,非积极努力,不足以救危亡,民族复兴,文化建设的呼声遂高唱入云"③。知识分子的讨论和争论围绕着民族救亡和复兴,先后掀起了各种争论和思潮,主要有:民族复兴思潮、问题与主义之争、社会性质与社会史问题争论、中西文化之争、以工立国与以农立国之争、民主与独裁之争等等,其中比较重大的,引起广泛影响的是关于中国文化向何处去的中西文化论争,中国走什么经济道路的工业农业之争,中国行什么社会制度的社会主义与资本主义之争。

(一)中国本位文化问题论争

五四新文化运动之后,文化发展出现了新的形势,人们对东西文化的态度有所发展,一方面,西学得到了广泛传播,人们普遍摒弃了对西学的排斥心理,开始接受西方文化;另一方面,人们对待传统文化不再故步自封,开始以客观的态度对待。但是"向西"与"向东"两派的对立依然存在。"以往文化理论的缺陷与不足不断暴露,而中国文化出路仍没有真正解决,于是国人开始反思批判以往的文化理论,开始筹划酝酿中国文化新的发展道路,所有

① 冯友兰:《三松堂自序》,人民出版社,2008 年,第 96 页。
② 冯友兰:《三松堂自序》,人民出版社,2008 年,第 95 页。
③ 于斌:《文化建设商榷》,《新北辰》,1935 年第 1 期,第 3 页。

的一切预示着一个综合批判时代的到来"①。在五四新文化运动时期,始终存在着西方文化派和东方文化派之争,新文化运动之后,以胡适为首的西化派还始终坚持要向西方学习,并陆续发表有《文化的冲突》《请大家来照照镜子》《我们对于西洋近代文明的态度》等文章,鼓吹西方文化,著名的"全盘西化论"者陈序经也发表了《中国文化的出路》,倡导全盘西化,但这些并没有引起热烈的文化争论,直到1935年十位教授联名发表了"一十宣言",立刻引起了西化派的反驳,从而重新掀起了中西文化的论战。

"中国本位文化"论者的立场是和国民政府一致的,他们认为,目前的中国已经失去它应该有的颜色和特色,完全走向西化的道路。对于文化来说,既要学习西方文化,最重要的是要保持中国文化应有的特色,"全盘西化派"批驳"本位文化派"所持"存其所当存,吸取其所当吸取"的抽象模糊态度,认为中国的落后就在于文化的腐朽陈旧,中国要进步就要学习西方先进的文化。在论战中,支持本位文化论者不多,以国民政府政要或附庸文人为主,支持"全盘西化"的人也比较少,大多数的人开始从实际出发,讨论文化发展的深层次问题,持一种既不否定中国文化,又不全盘西化的折中道路。

"中国本位文化"论争,是对新文化运动中西文化问题的延续,中西文化问题一直是尚未实现民族独立的中国所关注的热点,既是面对日本侵略、民族救亡的现实文化建设需要,也有民国政府关于尊孔读经、提倡复古文化的刺激。这个时期的讨论,既有中西文化价值的判断,也有文化建设之路的争论,人们争论的主要内容有:全盘西化的依据及论争,中国本位的立论及批判,中西文化的汇通及中国文化的出路,文化的现代化,等等。在讨论的过程中,人们对于中西文化问题有了更进一步的认识,不再局限于中西文化异同优劣的论争,而是涉及文化的民族性与时代性,文化的发展与融合、文化的国情与世情、中国文化的西化与现代化等文化问题,文化讨论的广度和深度均超以前。从整体上来看,经历过洋务运动、维新变法、新文化运动等历史阶段保守与激进思潮的相互激荡,人们对中西文化的认识逐渐趋向理性和客观,当时的"中国知识界对西方文化具备了一种理性态度,开始认识到

---

① 贾维军:《20世纪30年代中国本位文化论战研究》(硕士学位论文),山东师范大学历史文化学院,2004年,第18页。

西方文化也有弊端,因而对西方文化既有肯定又有批判,采取选择性吸收的态度"①。

(二)"以农立国"与"以工立国"之争

在半殖民地半封建的中国社会,中国的工业经济发展既有着浓郁的农业国色彩,也备受着帝国主义的殖民侵略。"在这一过程中,不仅受到西方资本主义文化对我国传统文化的冲击和渗透,也受到西方资本主义商品对我国市场的侵蚀和对我国传统的自足的农村经济的瓦解。"②中国经济的发展不是自愿自为的,而是被迫被动的。人们对于中国工业经济的发展怀着复杂的感情,一方面,面对民族存亡,人们希望通过发展工业经济富国强民,拯救民族危机;另一方面,世界经济危机下西方资本主义发展的弊端毕露,人们痛恶现代工业社会及其文化的弊端,切身体会西方资本主义经济侵略对中国经济的破坏。关于中国要走怎样的发展道路,在当时也有两种不同的观点:以农立国与以工立国。以农立国一派主要是主张保护中国已有文化的国粹派,以梁漱溟为代表,此派人认为中国的发展要以农村为先,因为中国长期以来是一个农业的社会,农业是中国社会发展之本,农业发展是国家发展的根本,而欧化的发展道路是不良的不足法的,中国应该发展农业经济,搞好中国乡村建设,返回"农本社会",或者认为先发展农业经济,再发展工业经济,在保持中国固有农业文化的同时发展工业经济。以工立国一派以大力宣扬西化的吴景超为代表,以工立国者主张,向西方现代发展经验学习,发展工业经济,向着历史发展的大趋势前进。双方还就中国经济的自主发展、工农之关系、工业化与政治民主的关系、中国工业化面临的困境与问题进行了讨论。以农立国与以工立国的争论在本质上还是保守派与西化派之争。

① 封海清:《西南联大的文化选择与文化精神》(博士学位论文),华中科技大学教育科学研究院,2005 年,第 34 页。

② 罗荣渠:《现代化新论》,商务印书馆,2004 年,第 389 页。

（三）社会性质与社会史之争

与中国文化、经济道路的争论相应的是人们关于中国政治道路的争论,1930 年代的中国处于国民党的统治之下,建立的是以资产阶级为统治阶级的中华民国,但是政治制度并不完善,社会并不安定,国家并不富强,各种不同的政治思想在社会中传播,人们对于中国未来的道路充满着期待和选择。樊仲云曾回忆说:"中国的沦亡,不仅是在政治经济方面,泱泱大国成了帝国主义者的次殖民地,即在文化思想方面,也失去其安身立命的根据,成为人云亦云,毫无主张:从英国回来的学生,觉得英美的民主政治是我们的理想;而从苏俄回国的,则以为中国也应该有苏维埃制度;最近由意德两国法西斯主义势力的兴起,于是有的人主张中国也应当来效法一下。……"①各种关于社会道路的观点纷纷涌现,随着马克思主义在知识界的广泛传播,社会主义与资本主义的争论呈现出主流。论战首先围绕着帝国主义、封建主义、民族资本主义在中国的势力即中国的社会性质展开,其中心问题是:中国社会是中国历史发展或一般世界历史发展的哪一阶段。与之相对应的是,中国革命的性质、任务和道路问题。一派认为中国的商品经济已经发展到足够的程度,中国需要进行社会主义革命;一派认为中国的商品经济发展还没有到达足够的程度,封建经济还有很大的比重,再加上帝国主义势力的渗入,中国是半殖民地半封建社会。一派认为中国应该发展资本经济,走资本主义道路,另一派认为中国的首要任务是反帝反封建,进行新民主主义革命,然后再进行社会主义革命,最终走社会主义道路。中国关于社会性质的论争直接受到苏联关于社会性质论争的影响,同时也是国民党与共产党两党势力政治争夺的反映。

三、冯友兰建立"新理学体系"

20 世纪三四十年代的中华民国,战乱频仍、社会极度不安定,但也提供了文化繁荣和思想活跃的肥沃土壤。当时的文化艺术界,出现了一定时期的繁荣,在哲学、文学、科学等领域涌现出了许多大家和名作,一些著名的文

---

① 　樊仲云:《中国本位文化建设讨论集》,上海文化建设月刊社,1936 年,编者序言。

人学者在相关领域开展研究,奠定了本领域的发展基石,许多研究机构和学校院所相继设立,为科学研究奠定了良好的基础。近代学术繁荣发展于这个时期,许多经典文本完成于民国时期,这些书的作者参照西方学术体系,结合中国文化,建构了中国相关学科的学术体系,其内容涵盖哲学、美学、史学、文化、教育等各种领域,出现了某种意义上的文化繁荣,冯友兰将这个时代与文化繁荣的春秋战国相媲美。

这个时期的冯友兰,作为中国高等学府清华大学的教授、文学院院长、校务会成员,处于学术的前沿和顶端,他在自己所找到的"安身立命之地"潜心学问,实现了哲学家、哲学史家的人生目标。虽然在全面抗日战争爆发之后,他随学校迁移云南,经历颠沛流离,但是他以"为天地立心,为生民立命,为往圣继绝学,为万世开太平"的强烈的哲学家使命感,奋笔疾书,写下了《贞元六书》,建立了自己的"新理学"体系,融通古今、汇聚中西,为中华文化的发展做出贡献,达到了人生的学术巅峰。

身在北京的冯友兰,亲身经历了"七七事变"。1937年7月7日下午,他回到清华,就有人打电话说西直门关了,过了几天,在城内欧美同学会参加任之恭的结婚典礼,礼毕吃完饭,就得到消息说,清华的人都不能回去,新夫妇在清华预备的新房也不能用了。① 事变之后的北京城,被宋哲元部队放弃,仿佛成为一座空城,夜里的清华静得可怕。冯友兰作为校务会成员,安顿好清华图书、校舍之后,开始随学校南迁,那个时候的京汉路已经不通了,冯友兰一行只能绕道津浦路,费尽周折,感到"黄恍若丧家之犬",虽然在可能的时间内,大家都尽力投身到工作中去,但是总感觉"江山半壁太凄凉"。在从湖南"转进"昆明的过程中,冯友兰还碰折了胳膊,在昆明期间,时常面临着被空袭的危险。面对种种的遭遇,西南联大的师生一方面是对祖国遭欺凌的痛惜,一方面还充满着抗战胜利的希望,甚至考虑着抗战胜利后建国的问题。冯友兰所作的西南联大的校歌充分展现了当时他及西南联大师生的心声:"万里长征,辞却了五朝宫阙。暂驻足衡山湘水,又成离别。绝徼移栽桢干质,九州遍洒黎元血。尽笳吹弦诵在山城,情弥切。千秋耻,终

---

① 　冯友兰:《三松堂自序》,人民出版社,2008年,第84页。

当雪。中兴业,须人杰。便一成三户,壮怀难折。多难殷忧新国运,动心忍性希前哲。待驱除仇寇,复神京,还燕碣。"①

当时的西南联大,从教师到学生,努力克服物质上的种种困难,追求精神和知识上的卓越,营造了空前浓厚的学术氛围,创造了西南联大的教育神话。"艰难困苦,玉汝于成"也许就是对西南联大精神的阐释。和其他教授一样,冯友兰将一腔抗战救国的热情转化为积极进行研究与学问的动力。冯友兰对积极投身于抗日战场的学生给予支持,但是受蔡元培思想的影响,冯友兰认为,学生最大的使命是学习知识和本领,在祖国危难之际,每个人在自己的岗位上尽职尽责,就是对国家最大的奉献,不见得人人都要投笔从戎。作为一名哲学家,冯友兰以张载的横渠四句自勉,在《新原人》自序中他写道:"'为天地立心,为生民立命,为往圣继绝学,为万世开太平。'此哲学家所应自期许也,况我国家民族值贞元之会,当绝续之交,通天人之际、达古今之变、明内圣外王之道者,岂可不尽所欲言,以为我国家致太平,我亿兆安身立命之用乎?虽不能至,心向往之。"②抗战的艰苦岁月并没有使冯友兰丧失民族文化信心,他在中华儿女抗战的过程中看到希望,并有着"南渡"归来的美好期许,他相信,抗战时期艰难而困苦,但是这预示着民族振兴不久将要到来,此即为"贞下起元"之时期也。他认为,抗战年代的中国,正处于"贞下起元"之际,"贞"、"元"源于《周易》,"元亨,利贞"是《乾》卦辞,"大哉乾元,万物资始,乃统天"③,"'元'者善之长也,……'贞'者事之干也"④。就是中国正处于由衰而兴的阶段,民国时期是"贞"之即将结束,也是"元"之即将开始。"当我国家民族复兴之际,所谓贞下起元之时也。"⑤

民国时期,人们生活很困苦,但是战乱带给人们的启发和思考也是和平时代不能够代替的,冯友兰曾将其比作春秋战国时期,那个时代确实名人辈出,除了时代的影响,还有人们对于建国、救国和发展国家的急切心情,他们

---

① 冯友兰:《三松堂自序》,人民出版社,2008 年,第 301 页。

② 冯友兰:《〈新原人〉自序》,《三松堂全集》(第 4 卷),河南人民出版社,2001 年,第 463 页。

③ 周振甫译注:《周易译注》,中华书局,2019 年,第 3 页。

④ 周振甫译注:《周易译注》,中华书局,2019 年,第 5 页。

⑤ 冯友兰:《贞元六书》(上),中华书局,2014 年,《新世训》自序。

将国仇家恨都一起用到了文化创造上。作为哲学家的冯友兰,认为自己身处文化需要并有可能进行新创造的时代,有责任有义务推动中国哲学的发展,同时也有责任在推动文化现代化的过程中,为实现中国文化的新创造新发展而努力。

为了发展中国文化,冯友兰自觉开始从哲学史家向哲学家转变,写下了著名的《贞元六书》,创建了"新理学"哲学体系。冯友兰所撰写的《新理学》,是对宋明道学之理学一派的承接和发展,他在绪论中指出:"我们是'接着'宋明以来的理学讲底,而不是'照着'宋明以来的理学讲底。"①在它的应用方面,它同于儒家的"道中庸"。它说理有同于名家所谓"指"。它说"气"有似于道家所谓"道"。朱光潜在书评中说:"他成立了一种系统,这对于中国哲学底功劳是值得称赞底。"②经过冯友兰的阐释,推翻了一般人所认为的中国人不注重逻辑的看法,发现了"不可思议"的系统终究是"可思议"的。

在《新原道》中,他重点对中国传统文化的精华"极高明而道中庸"进行阐述,并吸取西方逻辑学以更彻底地处理高明与中庸、内圣与外王的关系。冯友兰提出了"出世间底哲学"与"世间底哲学"的概念,认为"欲得到最高底境界,须脱离尘罗世网,须脱离社会中一般人所公共有底,所普通有底生活,甚至脱离'生',才可以得到最后的解脱"③,这是"出世间底哲学",那种"注重人伦日用,讲政治、说道德,而不讲,或讲不到最高底境界"④,则是"世间底哲学"。"中国哲学所注重底,是社会,不是宇宙;是人伦日用,不是地狱天堂;是人的今生,不是人的来世。""中国哲学是超世间底,是即世间而出世间的。"这就是中国"极高明而道中庸"的人生境界。⑤

《新原人》是冯先生一生最看重的著作之一,他提出的"人生四境界"说是对中国人生哲学的重大发展。他说,哲学是对"思想"的思想,人之为

①　冯友兰:《〈新理学〉绪论》,《三松堂全集》(第4卷),河南人民出版社,2001年,第4页。

②　冯友兰:《冯友兰先生的〈新理学〉》,《三松堂全集》(第5卷),河南人民出版社,2001年,第481页。

③　冯友兰:《贞元六书》(下),中华书局,2014年,第763—764页。

④　冯友兰:《贞元六书》(下),中华书局,2014年,第764页。

⑤　冯友兰:《贞元六书》(下),中华书局,2014年,第764页。

人,就在于对人之思想有觉解,根据人之觉解程度不同,人的境界可以分为自然境界、功利境界、道德境界、天地境界。哲学作为纯思的学问,有助于人通过逻辑思辨,提高个人境界。

《新知言》将西方哲学所采用的形上学之方法统归于正的方法,提出中国哲学的"负的方法",他认为,"真正的形上学的方法有两种:一种是正底方法;一种是负底方法。正的方法是以逻辑分析法讲形上学。负底方法是讲形上学不能讲"①。"讲形上学不能讲,即对于形上学的对象,有所表显。……此种讲形上学的方法,可以说是'烘云托月'的方法。画家画月的一种方法,是只在纸上烘云,于所烘云中留一圆底或半圆底空白,其空白即是月。"②负的方法犹如画家用留白的方法画画,运用否定的方法以说其无法言说者,冯友兰关于中国哲学"负的方法"的阐述是对哲学方法论的一大发现。

张岱年先生曾对冯友兰的新理学体系给出比较中肯的评价,他说:"'新理学'的体系可以说是在比较完整的意义上的综合中西的哲学",相比于熊十力先生和金岳霖先生,"在熊氏哲学体系中,'中'层十分之九,'西'层十分之一。……金先生的体系可以说是'西'层十分之九,'中'层十分之一。唯有冯友兰先生的哲学体系可以说是'中'、'西'各半,是比较完整的意义上的中西结合"③。孙道升在《现代中国哲学界之解剖》中认为:"先生将程朱之学说、新实在论之共相,新唯物论之史观'合一炉而治之',形成新理学体系,'见解既新颖,论证也是甚严密',是'足以划时代之新学派','他不全是中国死灰之复燃,他也不全是西洋货物之舶来,他尤其不违犯现今时代之精神'。"④

---

① 冯友兰:《贞元六书》(下),中华书局,2014 年,第 994 页。
② 冯友兰:《贞元六书》(下),中华书局,2014 年,第 945 页。
③ 张岱年:《冯友兰先生"贞元六书"的历史意义》,见陈岱孙等著《冯友兰先生纪念文集》,北京大学出版社,1993 年,第 84、85 页。
④ 蔡仲德:《冯友兰先生年谱长编》,中华书局,2014 年,第 223 页。

第二节　文化类型说对中西文化论争的回应

早在新文化运动时期,关于中西文化的差别,就有人提出了"古今之异说",只是当时年轻的冯友兰还在苦苦为中西为何不同、中国为什么落后寻求原因,他不盲目听从他人的看法,而是要通过观察和思考得出自己的结论。欧洲游学和考察之后,冯友兰认识到,中西之同在于古代,中西不同在于近代,他对中西文化差异的看法转变为古今之异。1930 年代发生的"中国本位文化"论战,是国人关于文化西方化与文化民族性问题的讨论,冯友兰没有直接参与,却在后来发表的文章中有所讨论,集中反映在《新事论》一书中,他在书中对本位文化论与全盘西化论进行调和折中,从哲学的角度提出了文化类型说。

一、"中国本位文化"与"全盘西化"论争

1930 年代发生的"中国本位文化"论争,其实质是中西文化之争,以陈序经为首的西化派与以十位教授为代表的本位文化派围绕着怎么学习西方的"西化"问题与怎么对待中国文化的"民族性"问题进行争论。陈序经是毫不打折的"全盘西化派",他 1930 年代初发表《东西文化观》《中国文化的出路》就建立了系统的全盘西化理论,又在与本位文化派及折中派的争论中巩固全盘西化论,他对全盘西化的维护一直持续到后来,从未改变。胡适、张熙若、严既澄的西化理论则没有那么绝对,争论过程中对于自己的西化理论有所完善和调整。"全盘西化"论因为过于绝对且不现实遭到人们的诟病,其他西化论者则逐步从"西化"向"现代化"转变。以十位教授为代表的本位文化派在争论中力争站住脚跟,却因为立论不足、论述笼统、态度保守不符合时代要求而仓皇败下阵来。

陈序经认为全盘西化是中西问题的发展趋向,这既有我国历史发展趋

势的明证,也是世界文化的发展趋势。"无论我们喜欢不喜欢,它是现世的趋势。"①"西洋文化在今日,就是世界文化。"②不管是衣食住行用,还是经济、政治教育,西洋文化都比中国进步。如果我们不能够迎着世界文化发展的趋势,学习西方文化,将会被淘汰。陈序经具体批驳了几类文化折中论调。对于"中体西用论",陈序经认为:"中学有中学的体,西学有西学的体。中学有中学的用,西学有西学的用。"③体用是不可分的。对于"精神文化与物质文化两分论",陈序经认为,"每个文化圈围及整个文化都含有这两方面。""精神文化即非东方所专有,物质文化也非欧洲的独产。"④对于"动的文化与静的文化"之分,陈序经重申"一切文化都是动的",所有文化都是变化发展的。陈序经认为复古派和折中派在理论上是根本错误的:复古派"昧于文化发展变换的道理",不知道历史时代和环境是变化的,文化也要跟着变化,复古派认为"圣人立法,可以用诸万世,而施诸四海",这是一种以僵死的不变的眼光看待历史和文化的态度;折中派"昧于文化一致及和谐的真义",不知道文化是一个整体的、不可分割的东西。

对于有些将"西化"转化为"现代化"或"世界化"说法的人们,陈序经表示不同意,他认为:"在根本上,所谓趋为世界化的文化,与所谓代表现代的文化,无非就是西洋的文化。所以'西化'这个名词,不但包括了前两者,而且较为具体,较易理解。"⑤人们用"世界化""现代化"代替"西化",表面上看起来有助于民族性的保护和人们心理的接受,但实质上,"西洋化"才是最本质的最根本的东西,没有任何掩饰和遮盖。陈序经不愧为一个彻底的全盘西化论者,他所做的任何努力都是为了中国向西方学习,他之所以要坚持"全盘西化",在于"今日能主张根本西化者,还是寥寥无几。大多数的人,还

---

① 陈序经:《中国文化的出路》,中国人民大学出版社,2010年,第102页。
② 陈序经:《中国文化之出路》,载罗荣渠主编《从"西化"到现代化》,北京大学出版社,1990年,381页。
③ 陈序经:《中国文化的出路》,中国人民大学出版社,2010年,第45页。
④ 陈序经:《中国文化的出路》,中国人民大学出版社,2010年,第50、51页。
⑤ 陈序经:《全盘西化的辩护》,载麦发颖编《全盘西化言论三集》,上海书店,1936年,第87页。

是醉梦于中西各半的折衷论调,或是趋于复古的变相的中学为体西学为用的论调"①。如果轻易放弃全盘西化的主张,则也会流于这种论调。所以,陈序经提倡,我们对于"全盘西化"要有一个共同信仰,西洋文化是优胜于中国的文化,我们应该全盘西化。哪怕是"我们因西化而生出弊病来,那么补救的方法,还是要努力去西化"②。

陈序经之主张全盘西化,并不担心中国文化的民族性问题。他说:"觉得人家的文化是优高过我们,是适用过我们,我们去学人家,已恐做不到。"全盘西化不会使民族灭亡。文化亡,民族并不会随着亡,因为"文化的本身,是整个人类所共有共享的东西,而不是任何一国家,任何一民族的专有或专利品。"③"民族的精神,固然可于文化中见之,然他的真谛,并不在于保存文化,而在于创造文化。"④全盘西化不是使固有文化、祖宗之业置于沦亡而不取,而是要使中国的文化得到创造和发展。"固有的文化固不适用于现在,然在历史上的位置,却不因之而消灭。……因为他是世界文化历史的一部分。"⑤陈序经取消了文化的民族性,只保留了民族。

胡适因在文章《文化的冲突》中使用了"wholesale acceptance"和"wholehearted"两个单词,而被人认为是提倡"全盘西化"的第一人。在《文化的冲突》一文中,胡适认为,面对中西文化冲突,"中国可以拒绝承认这个新文明并且抵制它的侵入;可以一心一意接受这个新文明;也可以摘取某些可取的成分而摒弃她认为非卑职的或要不得的东西"⑥。第一种态度已经没有什么人坚持。对于第三种选择性接受的方法,胡适仍然认为不适合,选择

① 陈序经:《全盘西化的辩护》,载麦发颖编《全盘西化言论三集》,上海书店,1936 年,第 91 页。

② 陈序经:《从西化问题的讨论里求得一个共同信仰》,载冯恩荣编《全盘西化言论续集》,上海书店,1936 年,第 155 页。

③ 陈序经:《中国文化之出路》,载罗荣渠主编《从"西化"到现代化》,北京大学出版社,1990 年,365 页。

④ 陈序经:《全盘西化的理由》,载罗荣渠主编《从"西化"到现代化》,北京大学出版社,1990 年,382 页。

⑤ 陈序经:《全盘西化的理由》,载罗荣渠主编《从"西化"到现代化》,北京大学出版社,1990 年,383 页。

⑥ 胡适:《文化的冲突》,载罗荣渠主编《从"西化"到现代化》,北京大学出版社,1990 年,第 354 页。

性接受实质上是一种拒绝的态度。实际上是说中国必须改变但又决不能改变,选择性接受的态度是一种保守的落后的,固守中国文化的表现。胡适认为应该采取第二种态度——"一心一意接受的态度"①。胡适立论的依据在于中国文化的落后,他认为,中国文明是不人道的,他以女性缠足为例,"缠足代表全体女性十个世纪以来所受人的痛苦的最残忍的形式","容忍象缠足那样的野蛮风俗达千年之久而没有抗议的文明,很少有什么精神性"②。胡适认为,日本是向西方学习成功的例子,我们可以从日本身上学到很多东西。

胡适抛出了著名的"文化惰性论"作为西化中文化民族性不受破坏的理由。他认为,"一种文明具有极大的广被性,必然会影响大多数一贯保守的人。由于广大群众受惰性规律的自然作用,大多数人总要对他们珍爱的传统要素百般保护"③。文化自身的惰性规律可以帮助我们保持住中国的特性,所以人们不必要担心中国文化的丧失。从辛亥到五四再到北伐的历史证明,文化的"本位"是不会被摧毁的,完全不用担心。文化的激烈变动,有一个最大的限度,就是不能消灭文化的根本,"在某种固有环境与历史之下所造成的生活习惯,简单说来,就是那无数无数的人民"④就是这个无法消灭的"本位"。

"陈序经的全盘西化是一种理想层面的目的取向,胡适的全盘西化是实践层面的手段取向。"⑤在后来"本位文化"和"全盘西化"的辩论中,胡适被"全盘西化论"者批评,认为其文化惰性理论带有折中性,被"本位文化"论者批评,认为其文化西化理论过于激进。一向"爱惜自己羽毛"的胡适,在之后的文章中,对于自己的西化理论进行了调适。胡适将其"一心一意"西化论

---

① 胡适:《文化的冲突》,载罗荣渠主编《从"西化"到现代化》,北京大学出版社,1990年,第356页。

② 胡适:《文化的冲突》,载罗荣渠主编《从"西化"到现代化》,北京大学出版社,1990年,第359页。

③ 胡适:《文化的冲突》,载罗荣渠主编《从"西化"到现代化》,北京大学出版社,1990年,第359页。

④ 《胡适文存》(第四集),首都经济贸易大学出版社,2013年,第366页。

⑤ 赵立彬:《民族立场与现代追求:20世纪20—40年代的全盘西化思潮》,生活·读书·新知三联书店,2005年,第139页。

变更为"充分西化"的主张。"'充分'在数量上即是'尽量'的意思,在精神上即是'用全力'的意思。"①这里面,他所做的改动有二:一是把"全盘"改作"充分""尽量",把"西化"改为"世界化"。胡适认为,"全盘"意味着"百分之百",而这个"百分之百"是难以做到和衡量的,所以应该是"充分"和"尽量",而这个"充分"和"尽量"更加显露了胡适在文化西化理论上的折中与保守,更加让后人所诟病。胡适将"西化"改为"世界化"是为了避免与文化民族论者的冲突,似乎"世界化"文化的学习比"西洋文化"的学习更容易被人理解和接受,然而世界文化的界定却是一个模糊不清的概念,人们往往把西方文化当作世界文化的样板。

王新命等十位教授于 1933 年发表了《中国本位文化建设宣言》(以下简称《宣言》),开篇满带忧虑地指出,在西方文化的冲击下,中国在文化的领域中失去了他本应有的特征,"要使中国能在文化的领域中抬头,要使中国的政治、社会和思想都具有中国的特征,必须从事于中国本位的文化建设"②。那么什么是中国本位的文化建设呢? 中国本位的文化建设与清末洋务派的"中体西用"论、国粹派的恢复中国固有文化论是有区别的。它不是简单的复古和保守,而是文化的"时空论",就是文化建设要符合文化自身所处的时代及地域的特点。中国的文化建设不同于古代,也不同于英美等西方国家:"中国是中国,不是任何一个地域,因而有它自己的特殊性。同时,中国是现在的中国,不是过去的中国,自有其一定的时代性。所以我们特别注意于此时此地的需要,就是中国本位的基础"③。"此时此地的需要"就是十位教授建设本位文化的出发点。

1930 年代的中国,人们对于向西方学习已经没有了争议,十位教授的"本位文化建设宣言"不是只固守中国文化,它还有要吸收西方现代文化的成分,有要创造中国文化的成分,更有立足于世界文化的高度,这些不应该

---

① 《胡适文存》(第四集),首都经济贸易大学出版社,2013 年,第 369 页。

② 王新命等:《中国本位文化建设宣言》,载马芳若主编《中国文化建设讨论集》(上编),上海书店,1935 年,第 4 页。

③ 王新命等:《中国本位文化建设宣言》,载马芳若主编《中国文化建设讨论集》(上编),上海书店,1935 年,第 5 页。

因为冠以"中国本位"而予以否定。从文章本身来说,十位教授并没有只要中国文化,而取消其他世界先进文化,错就错在"中国本位"这个宣言所用的词语上,这也反映了十位教授的真实态度,就是特别强调对中国固有文化的"存其所当存"。于是一石激起千层浪,在中国大地引发了一场中国本位文化论战。"西化派"对《宣言》的批评,一方面是对其隐含的对中国固有文化的固守,认为"本位文化派"没有看到中国固有文化的劣根性,还妄图保存其不应保存的一面;另一方面是"中国本位派"所提出的抽象的、原则性的观点,没有详细的分析和具体的措施,这正是"本位文化派"的软肋,也戳到了其难言之隐,十位教授就是想通过抽象的原则来掩盖其内心的保守及对国民政府文化政策的迎合。

二、冯友兰的文化类型说

对于中国本位文化论争,冯友兰没有正面参战,却在连续发表在《新动向》的四篇文章中初步阐释了他的新理学观点,具体到文化就是用共相殊相理论阐释社会之理及道德问题。到了 20 世纪 40 年代,冯友兰关于中西文化争论已经有了比较成熟的看法,形成了学说体系,那就是文化的类型说,具体体现在《新理学》及《新事论》中。他先在《新理学》中发挥新实在论,接着讲中国哲学,提出了理、气、大全等概念,又在《新事论》中专设一章《别共殊》,专讲共相殊相的关系,并将其运用到中国自由之路的探索中。

冯友兰说:"每一个体所有之许多性,各不相同。所以个体是特殊底,亦称殊相。而每一类之理,则是此一类的事物所共同依照者,所以理是公共底,亦称共相。"[1]一件一件的事物就是个体,就是殊相,个体含有许多性,比如张三,可以描述他为高的、白的等等属性。"讲个体底文化是历史,讲文化之类是科学。"[2]冯友兰认为,1930 年代人们所说的"西洋文化""中国文化"等概念都是从个体观点来说的,指的是特殊底文化,"资本主义底文化""社会主义底文化","现代社会""农业社会"等概念,则是从共相观点,所说的是共相底文化。共相是可以学的,殊相则是不可学的。所以,"凡所谓学某

---

① 冯友兰:《贞元六书》(上),中华书局,2014 年,第 242 页。
② 冯友兰:《贞元六书》(上),中华书局,2014 年,第 243 页。

个体者,其实并不是学某个体,不过是学某个体之某方面,学某个体所以属于某类之某性"①。就像张三是科学家,他在科学方面的成就是可以学的,他的性格脾性、体格特征这些特殊的方面则是不可以学的。

对于中西文化关系来说,人们平日所讨论的"中国人之所以是如何如何,乃因中国文化在某方面是属于某类文化;西洋人之所以是如何如何,乃因西洋文化在某方面是属于某类文化"②。西洋文化之所以是优越的,并不是因为它是西洋的,而是因为它是近代的或现代的,所以中国要向西方学习的就是它的"近代化"或"现代化",而不是西洋的黄皮肤蓝眼睛、基督教等特殊方面。冯友兰以共相殊相理论对于解决中西文化冲突问题提出了个人独到见解。"某一种社会类型是共相,某一个国家或民族是殊相。某一个国家或民族在某一时期是某一类型的社会,而在另外一个时期可以转化或发展为另一种类型的社会。"③西方国家或民族是殊相的,不可能学到的,西方国家所走的社会类型或者文化类型是可以学习的。中国文化的类型是可以改变的,中国民族的殊相个性是无法改变的。面对中西冲突,我们就是要保持中国这个殊相的基础上,学习工业化文明这一共相。

冯友兰从共相殊相和文化类型说出发,对 1930 年代发生的"中国本位文化论争"进行评论。他认为,民国初年的"全盘西化"论者和"中国本位文化"论者专从特殊的个体的观点来看西方文化,往往把西方文化看成一个五光十色的"全牛",看不出其中的条理,不明白作为个体的西方文化拥有许多不同的属性和类别,"其主张俱是说不通,亦行不通底"④。所谓全盘西化者,要把中国之特殊的文化完全变为西洋文化之特殊的文化,是不可能实现的,比如,中国人不可能都说洋话、穿洋服、信基督教。所谓部分西化者也是行不通的,因为西洋文化作为一个五光十色的"全牛","我们不能说出、指出,何为主要底性质,何为偶然底性质"⑤。是取科学还是取基督教?人人观

①　冯友兰:《贞元六书》(上),中华书局,2014 年,第 247 页。
②　冯友兰:《贞元六书》(上),中华书局,2014 年,第 246 页。
③　冯友兰:《三松堂自序》,人民出版社,2008 年,第 222 页。
④　冯友兰:《贞元六书》(上),中华书局,2014 年,第 248 页。
⑤　冯友兰:《贞元六书》(上),中华书局,2014 年,第 249 页。

点各异,这种从特殊个体看问题的办法"总是武断底"。冯友兰认为,西方文化是一个特殊的文化,含有许多性,西方文化中有现代类文化,又有基督教文化,还有具体的民族文艺,是不可能全盘学习的。只有从共相、类的观点看西洋文化,才能看到西洋文化之优越在于它是工业化类型的文化,这种类的文化是可以学的,我们注重的不是他的特殊个性,而是一种文化的类型。

冯友兰认为,学习西方的工业类文化,要注重经济基础的决定作用,从经济入手,发展工业,走工业化的道路,这也是民国初年的人没有看到的,他们只知道学习西方的文化,而不知没有经济基础的文化无立足之地。对于"本位文化论者"而言,则是过于强调中国本位,不知道一个民族的殊相是无法丢失的,也无法从别处学到,本位文化论者因为不知道类和共相,不能讲清楚到底哪些是该存的,哪些是该学的,冯友兰为他们提供了一种答案。

冯友兰对 1930 年出现的近代文化、现代文化的概念给予一定程度上的赞可。他认为,"比笼统地说所谓西洋文化者通得多"①。一般人说中西文化都是从古今之别的层面说的,人们逐渐认识到西洋文化之所以优越,是因为他是近代的,中国文化之所以落后,是因为他是中古的,所以近代文化比西洋文化的概念"实亦较不含混"。但是冯友兰又进一步说:"近代文化或现代文化,我们还是从特殊的观点以观事物。"②认为人们所说的近代文化是"这个"近代或现代,而不是别的近代或现代,所以也是一个特殊的文化,如果以特殊的观点看问题,则无法看出哪些是主要的性质,哪些是偶然的性质,比如无法确定飞机大炮和狐步跳舞是否都是近代文化所需要的。冯友兰强调从类的观点看问题,但是在这里又进入了一个死胡同,从近代文化或现代文化也不能看作从类的观点看问题,那么怎么才是从类的观点看问题呢? 冯友兰之看重现代化中的工业化,认为工业化是主要学习的类别,但是什么是工业化中的主要性质呢? 如果一直追问和细分下去,每一类文化又都包含许多不同的性质,每一个性质又可以分为许多类,则永远无法知道到底哪个类才是我们要学习的。这样的进一步分析让冯友兰进入了"类"的不可知论或者虚无论,成为和"本位文化论"一样的"取其所当取"的超级抽象

①　冯友兰:《贞元六书》(上),中华书局,2014 年,第 250 页。
②　冯友兰:《贞元六书》(上),中华书局,2014 年,第 250 页。

之类。陈序经对冯友兰进行批评也就是抓住了这一点,他说:"所谓共需的文化与特殊的文化是有了密切的关系而不易分开的","所谓共殊的区别只是一种空谈,只是一种名词上区别而已。"①陈序经认为,"文明所谓西洋化当然是近代或现代的西洋化,稍有头脑的人绝不会误会我们所说的西化主要的是指古代的西洋文化或中世纪的西洋文化"②。

冯友兰的共相说阐述了一种与他人不同的文化吸收理论,吸收的是共相,而且这种共相就特指现代化,而不是别的什么共相。但是冯友兰侧重区分共相与殊相,却忽略了两者之间的联系。关于文化吸收,在民国的讨论中,如前文所述,有提出"文化单元"说的,有"文化拆分组合"说的,有"文化消化"说的,冯友兰的共相殊相说给我们一个合适的学习西方的理由,但是存在的问题是,共相如何能够嫁接到中国文化的殊相上呢?现代文化共相与中国文化殊相的结合会不会出现"不耐受"的情况呢?中西文化的结合是物理反应还是化学反应,是经济决定论还是人为决定论?柴文华曾评论:"冯友兰的逻辑区分根本上忽略了'特殊底'和'类底'联系,好像作为特殊文化的西洋文化或中国文化就不是某种类型的文化,反过来讲,某种类型的文化好像就一定不是特殊文化。也许冯友兰的区分是符合逻辑规则的,但与事实是有出入的。"③文化问题不是一个单一的理论问题,而是一个复杂的历史相续、互相制衡、不断发展的实践过程。

冯友兰认为,按照他的共相殊相理论,按照类的观点去看中西文化的方法既是全盘西化的,又是部分西化的,还是本位文化的。因为照此方向以改变我们的文化,可以理解为"将我们的文化自一类转为另一类,就此一类说,此改变是完全底、彻底底,所以亦是全盘底"④;又可以理解为"只是将我们的文化自一类转入另一类,并不是将我们的一个特殊底文化,改变为另一个特殊底文化"⑤,所以是部分西化的。还可以理解为:"只是将我们的文

---

① 陈序经:《抗战时期的西化问题》,《今日评论》第 5 卷第 3 期,1941 年 1 月 26 日。
② 陈序经:《抗战时期的西化问题》,《今日评论》第 5 卷第 3 期,1941 年 1 月 26 日。
③ 柴文华:《冯友兰思想研究》,人民出版社,2010 年,第 100 页。
④ 冯友兰:《贞元六书》(上),中华书局,2014 年,第 251 页。
⑤ 冯友兰:《贞元六书》(上),中华书局,2014 年,第 252 页。

化,自一类转入另一类,并不是将我们的一个特殊底文化,改变为另一个特殊底文化。"①所以还坚守了我们的文化本位。

　　冯友兰提出的"中国向西方学习工业类文化"的观点无疑是有见地的,他突破了中西文化之矛盾对立,为中西交流和学习提供了理论基础。他所提出的见解既是以中国为本位的,又是学习西方的,既尊重中国的传统文化,又解决了如何追赶西方的问题。陈崧说:"'本位文化建设'问题的争论,较之五四文化讨论相比,达到了一个更深层次问题的讨论,那就是文化的民族性和时代性问题。"②冯友兰的共相殊相论回应了民族性和时代性的问题,冲破了"全盘西化"理论的激进冒险,又摆脱了"文化本位"之过于保守落后,无疑是"道中庸"的现实理性之选择。但是,冯友兰的共相殊相论也是对"西化论"与"中国本位文化论"的折中和调和,他所谓改变可以说是全盘的,但同时也可以谓部分的,只是从一类转为另一类,并没有从一种特殊的文化转为另一种特殊的文化,其本质上还是中国文化,从这方面说,这种论述又是中国文化本位的。梁漱溟说:"中国人生性好调和,所以讲学问总爱将两个相反的东西拉扯附会。"③冯友兰尤其善调和,他总是想通过自己的理论和逻辑推理将别人的观点都融会进来,他崇尚中庸、崇尚黑格尔的正反合理论,并在著作中多次提及,文化类型说可以说是冯友兰调和方法之一高手段展示。

三、文化民族性问题

　　冯友兰的文化类型说为正确处理中国文化与西方文化的关系问题提出了理论根据,也为中国社会文化转型提供了依据。在社会文化转型过程中,如何保留民族性? 冯友兰依照新理学,对民族文化问题提出了与常人不同的理论观点。冯友兰保留一个民族特性的方法是从义理上消解整个民族性问题。他认为一个民族是不存在民族性的,只有"民族"本身才有民族

---

　　①　冯友兰:《贞元六书》(上),中华书局,2014 年,第 252 页。

　　②　陈崧:《三十年代关于文化问题之争》,中国社会科学院近代史研究所科研组织处编《走向近代世界的中国——中国社会科学院近代史研究所建所 40 周年学术讨论会论文集》,1990 年 8 月,第 753 页。

　　③　梁漱溟:《东西文化及其哲学》,商务印书馆,2010 年,第 138 页。

性,他把民族看成一个"之所以成为民族的那个东西",民族性的存在在于有一个可以依照的民族的"理"的存在。

冯友兰认为,所谓"性",有两种意义。一种是逻辑上所谓"性",也就是"理"的意义上的"性","凡是某一类底事物,都必有其所以为某类底事物者。其所有之所以为某类底事物者,即属于此类底事物之某性"①。我们所谓某社会有封建社会性或者有以家为本位底社会的社会性,都是从逻辑上说的。我们所谓桌子,必有其为桌子者,所谓桌子是方的,必有其所以为方者。这里的桌子性、方性都是逻辑上的性。一种是生物上所谓"性",生物上之为"性",就是指的"食色性也"中的"性","指生物所有一种要求或倾向"②。这种"性"是与生俱来,不学而能者,这种"性"是生来即有,不会变化的。普通人所说的民族性不是逻辑意义上的,也不能当作生物意义上来讲。

他分析到,如果按照逻辑上的"性"来理解,对于民族这个词的定义来说,就是"凡民族既是民族,则必有其所以为民族者,其所有之所以为民族者,即是其民族性"③。这不是普通人所说的民族性。如果从逻辑上来理解性,性是可以变化的,"所谓性说,一个个体可原来无某性而后有,或原来有某性而后无"④。但是普通人所说的一个民族的民族性,不是可先有而后无,或先无而后有,至少亦是不能先无而后有。比如有人说爱好和平是中国人的国民性,蛮干执拗是日本人的国民性,说这话的人认为这是生而具有、不能是先无后有的民族特性。这种民族性就像中国人生来头发就是直的,哪怕是烫卷,过一定时期之后仍会变直。由这方面看,普通人所主张的民族性是生物学上的性。这种主张的人,认为"每一个民族中所有底人,或至少有些民族中所有底人,生来都有些心理上底相同底特点,与别底民族中底人不同"⑤。就像生理上的黄头发碧眼睛一样,一辈子都是黄发碧眼,他们的子孙也必然是黄发碧眼。

---

① 冯友兰:《贞元六书》(上),中华书局,2014年,第347页。
② 冯友兰:《贞元六书》(上),中华书局,2014年,第348页。
③ 冯友兰:《贞元六书》(上),中华书局,2014年,第348页。
④ 冯友兰:《贞元六书》(上),中华书局,2014年,第348页。
⑤ 冯友兰:《贞元六书》(上),中华书局,2014年,第349页。

但是,民族并不是生物,在这一点上,需要明层次。"于普通说到民族时,我们总是把'民族'当成一个集体名词用。"①普通所谓民族性是将民族当作民族中的那一堆人,就像将德国民族当作德国民族的那一堆生物人一样,并不是将其作为一类人来讲。"一个民族内底人虽是生物,但民族并不是一生物。犹如一学校虽是人组织底,但学校并不是人。"②"一民族内底人虽可有生物学上所谓性,但一民族则不能有生物学上所谓性。"③冯友兰这里所依照的共相和殊相是和文化类型说中一致的,他将一个民族看成是殊相,将民族本身看成共相,只承认共相有类有性,对于殊相则不承认有某类某性。

如果把民族性说成是某民族内的人所皆有的特点,从而运用生物学上的性的含义,也是不成立的。"所谓某某民族的民族性者,即是说属于某某民族一类底人所皆有之特点,生而即有,不可变者。"④但这种说法所说的民族性都不是某民族的人所皆有的特点,比如说德国人好勇斗狠,法国人浪漫松懈,但事实上,无论哪一个民族内,都存在一些人没有它的民族性的特点。所以,"所谓一个民族的民族性,决不能与一个民族的人的生理上底特点相提并论。"⑤一个"亚利安"夫妇,生了一个孩子,如果是黄皮、黑发、黑眼镜,丈夫必以其妻为不贞,如果他们生了个孩子,不好打架,最多有"生儿不像贤"之感,决不能因此认为其妻不贞。一个民族的文化是可以变的,不是像生理属性那样不可变。

或有人认为,所谓民族性是一个民族内的多数人皆具有的心理上的某特点,这也是无法成立的。我们须知道,这种说法所谓心理特点,不但须是一民族中大多数的人所生而即有,而且须是别民族中大多数人所生而皆不能有或少有者。如果不然,则这种特点即是一部分人的特点,而不是某民族的特点。有没有这种民族性,是尚需证明的,普通所谓一个民族中的大多数

①　冯友兰:《贞元六书》(上),中华书局,2014 年,第 348—349 页。
②　冯友兰:《贞元六书》(上),中华书局,2014 年,第 350 页。
③　冯友兰:《贞元六书》(上),中华书局,2014 年,第 350 页。
④　冯友兰:《贞元六书》(上),中华书局,2014 年,第 350 页。
⑤　冯友兰:《贞元六书》(上),中华书局,2014 年,第 351 页。

人的心理特点,在其整个民族行动时所表现的,也是可能随时不同,是可以变的。所以,民族性不能从生物的意义上来说。

冯友兰论证民族性不能从逻辑的意义上来说,是因为民族性只指民族这个共相,而不能指某个民族的性。论证民族性不能从生物意义上说,是因为一个民族的民族性不可能像一个人的生物意义上的性那样,生而不变,一个民族群体中的人的性格也不可能完全相同。特别是通过与生物意义上的"性"相比较,冯友兰阐述了这样一个道理:一个民族的民族文化是变化的,它与别的民族不同,但又有交融,这些都不符合"性"所定义的内容,所以严格意义上的民族"性"是不存在的。

冯友兰给出了自己关于民族性的认识:"主张有所谓民族性者所说底民族性,实则并不是性而是习。"①举例来说,不管在人种学上是属于哪个民族的人,如果将其生养在别一个民族内,即有别一个民族的习,而没有他自己的习,也就是民族特征。冯友兰进一步指出:"不但所谓民族性是习不是性,即普通有些人所常说底人性,亦是习不是性。"②不仅制度不同的社会内的人习不同,就是制度相同的社会内的人,也会因为某一时代的风尚不同,其习亦可不同。"性应该是不变底,但在历史上看来,所谓各民族的特点,没有不变底。"③罗马人初时严肃,后来荒淫。中国人的历史更长,它的民族特点变化也特别多。我们很难说中国人的特点,从周秦到宋明没有变化。

冯友兰阐述了民族文化是可变的道理后,对当时人们关于不认同中国民族性,污蔑中国民族性的人给予批判。他说,普通人只看见他所看见的中国人是如何如何不顺眼,随口说这就是中国民族的民族性,他不知道,在这样一个纵横千万里、上下数千年的空间和时间中生存的中国人,还有很多他未看见的特点或说优点。他说,有人认为中国人现在是衰老的状态,女人弱不禁风、男人弱不胜衣,就认为中国民族性低劣,却不知这其实是旧习所导致,当时已在开始往好的方向发生变化。又有人认为,某民族内的人天才或者才高的人多,所以此民族是优秀民族,一个民族内的天才或才高的人

---

① 冯友兰:《贞元六书》(上),中华书局,2014 年,第 352 页。
② 冯友兰:《贞元六书》(上),中华书局,2014 年,第 352 页。
③ 冯友兰:《贞元六书》(上),中华书局,2014 年,第 355 页。

少,所以是劣等民族。其实天才高低依赖于某种学,而某种学则是习,而不是性。"我们不能说某一民族永远能生许多某种天才或才高底人,我们亦不能说某民族有某种民族性。"①说民族优劣只是某一个时代内的事情,比如白人说有色人等下劣,不过是因为白人现在所取得的成就比有色人种优而已。有些人不看历史,就说某某民族不好或者劣等,"有些民族内底人,自己没有历史而又不肯看别人的历史,妄指哪些民族是优秀,哪些民族是下劣,真是信口雌黄,无有是处"②。论述到这里,我们可以得出冯友兰关于民族性讨论的真正含义,那就是他消解义理和生物意义上的民族性,是要论证一个民族的民族性格、特征和文化是可以变化的,不是绝对不变的。中华民族的民族性同样可以随着中国社会的进步而进步。

普通人所说的民族性是要诋毁中华民族,是一种民族优越论或者民族低下论,其实质是一种种族说。冯友兰消解义理和生物意义上的民族性,是要推动中国民族特性向进步发展,真正维护中华民族特性。冯友兰认为,一个民族要进步,要发展变化,离不开他所在的国情,离不开他过去的"习"的历史。他说:"我们虽不承认有所谓民族性或国民性,但我们却承认有所谓国情。我们试把某一国或某一民族的历史,于某一时截住,它的历史,在此某一时以前者,即是它的国情。"③一个社会要发展新的性,就要继承国情、继承历史。

在《民族哲学》一文中,冯友兰从正面阐述了民族特性维护问题。他区分了哲学与科学,认为可以有德国哲学、英国哲学之分,却没有德国化学、英国化学之分。"哲学或文学可以有民族的分别,而科学则不可以有。有民族哲学或文学,但没有民族科学。"④一个民族的哲学或者说文化之所以是某民族的,主要在于三个方面的因素:语言、历史和情感。

———————

① 冯友兰:《贞元六书》(上),中华书局,2014 年,第 357 页。
② 冯友兰:《贞元六书》(上),中华书局,2014 年,第 357 页。
③ 冯友兰:《贞元六书》(上),中华书局,2014 年,第 358 页。
④ 冯友兰:《论民族哲学》,《三松堂全集》(第 5 卷),河南人民出版社,2001 年,第270 页。

冯友兰认为:"某民族的哲学之所以为某民族底是与其言语有关。"①但这种有关不是受语言支配,而是表面的感情上的相连。一个民族的哲学之所以与别的民族的哲学不同,根本上不是因为语言描述不同。哲学家的任务就是要消解语言差别,寻求世界上存在的共同的哲学道理,也就是哲学之所谓哲学之理。"哲学的目的,正是要打破这些拘囿,而求普遍底公共底义理。如果有所谓民族性;哲学家于讲哲学的时候,正要超过之。"②但是民族哲学之区别于别的民族哲学又依赖于语言表达,因为语言表达可以让本民族的人得到感情上的慰藉和情感上的交流。"我们以为民族哲学之所以为民族底,某民族的哲学之所以不仅是某民族的,而且是某民族底,其显然底理由是因为某民族的哲学,是接着某民族的哲学史讲底,是用某民族的言语说底。"③这些分别是表面的、在外的,但是这些分别"就于一民族在精神上底团结,及情感上底满足,有很大底贡献。这些表面能使哲学成为一民族的精神生活的里面"④。

为维护这种情感,哲学就要接着哲学的历史讲,文化就要继承已有的文化历史。通过这些阐述,冯友兰文化民族性问题的答案得以揭晓,观点得以亮明。在中国社会的转型过程中,民族的文化也要发展变化,而这种发展和变化是不能隔断历史的,是要在已有历史的基础上进行的。冯友兰民族文化为"习"而不是"性"的理论为其在中国现代化过程中主张中国道德的"变"与"不变",文化的"文质"观打下基础。

---

① 冯友兰:《论民族哲学》,《三松堂全集》(第 5 卷),河南人民出版社,2001 年,第 271 页。

② 冯友兰:《论民族哲学》,《三松堂全集》(第 5 卷),河南人民出版社,2001 年,第 273 页。

③ 冯友兰:《论民族哲学》,《三松堂全集》(第 5 卷),河南人民出版社,2001 年,第 273 页。

④ 冯友兰:《论民族哲学》,《三松堂全集》(第 5 卷),河南人民出版社,2001 年,第 273 页。

第三节 中国应走工业化道路

冯友兰在中西文化对比中,运用了共相殊相理论,并将中国向西方学习的内容具体定位为工业化道路,作为文化现代化发展的具体路径,冯友兰认为这是中国走向自由之路的途径。冯友兰的这种观点是当时人们关于文化从西化向现代化转向的反映,冯友兰将自己在《新动向》杂志中发表的文章,整理为《新事论》(1940)一书进行出版,集中反映了他关于文化现代化发展的思想。

一、文化现代化问题讨论

20世纪三四十年代,对比1929—1933年西方世界发生的严重经济危机与苏联蓬勃发展的势头,一部分人开始质疑"西洋模式",将中国救亡的道路转向"现代化"。"到30年代,'现代化'一词开始经常出现在报刊上,成为议论的热门话题。"[①]

在本位文化论争中,张熙若提到了"西化"与"现代化"的关系问题,他认为,"现代化"的"一切"都是我们应该学习的,而"西化"的"大部分"是我们要学习的。他说:"现代化可以包括西化,西化却不能包括现代化。"[②]现代化可以包括西方的现代化模式,而西化则主要是西洋模式的现成复制,不能包括现代化的所有模式。

1933年7月,《申报月刊》2卷7号发表了《中国现代化问题号》特辑,开始面向全国进行征文,编辑指出:"须知今后中国,若于生产力方面,再不赶快顺着'现代化'的方向进展,不特无以'足兵',抑且无以'足食'。我们整个的民族,将难逃渐归淘汰,万劫不复的厄运。"随后,《申报月刊》发表了

---

① 罗荣渠:《现代化新论》,商务印书馆,2004年,序言第3页。
② 张熙若:《全盘西化与中国本位》,载罗荣渠主编《从"西化"到现代化》,北京大学出版社,1990年,第450页。

26篇文章,对中国的现代化问题进行了讨论。

这个讨论特辑主要是针对生产力问题进行的,大多数学者从经济着手。梁伯英在《现代化的正路与歧路》中认为,在许多现代化成分中,有不少只是抄袭了欧美各国的皮毛,一些真正的现代化却不能够实行,真正的现代化就是要将中国的经济进行全盘改造,引进先进的生产技术。要发展中国的现代化,当务之急就是要扫除帝国主义和封建主义这两种势力,为发展社会主义经济打下基础。张素民在《中国现代化之前提与方式》中也有相似的观点,"现代化"就是要一切人和物都比过去好,"就国家社会言,现代化即是工业化"①。个别学者讨论了经济与文化的关系问题,比如,陈高佣在《怎样使中国文化现代化》一文中肯认经济对文化的作用,认为文化是人类在一定的经济基础之上实行生产劳动的各种表现,随人类的经济演进而发展。"要想使中国文化现代化,亦惟有先使中国的经济现代化而已。"②现在中国要做的就是解放民族、发展民族资本、复兴民族文化。

20世纪40年代,人们逐渐看到了抗日战争胜利的曙光,对于现代化的讨论,广泛地关注到了文化问题。胡秋原在《中国文化复兴论》(1943)中主张工业经济对新文化建设有很大的决定作用。中国现代精神、现代文化的建立要以工业化为基础,他主张实业救国,认为李鸿章、张之洞等关于学习西方器物和机械的主张有可取之处,有些人不认同工业和机械,是倒退的思想。他认为,中山先生的《实业计划》就是中国工业化运动的最伟大文献。"所谓现代化不是别的,就是工业化,机械化的意思,就是民族工业化的意思。"③胡秋原注重文化的民族性,他认为必须将西式文化与新式文化区别开来,我们要独立,要消灭腐朽的买办的文化,创造属于自己的文化。他认为现代文化的建立是与民族抗战结合起来的,"我们在抗战建国的过程中,客观上也是在复兴文化之过程中。"现代文明就是"在形式上是民族的,在内容

---

① 张素民:《中国现代化之前提与方式》,载罗荣渠主编《从"西化"到现代化》,北京大学出版社,1990年,第229页。

② 陈高佣:《怎样使中国文化现代化》,载罗荣渠主编《从"西化"到现代化》,北京大学出版社,1990年,第289页。

③ 胡秋原:《中国文化复兴论》,载罗荣渠主编《从"西化"到现代化》,北京大学出版社,1990年,第321页。

上是科学的。"①所以,为了建立现代文化,一是发扬民族主义,二是发展科学技术。

周宪文在《"中国传统思想"与"现代化"》(1948)中认为旧道德与新社会是不相容的,"一方面要恢复旧道德,另方面要建设新国家;这是不可解的"②。中国与西洋的区别最根本的是农业社会与工业社会、古代与现代的问题。"只要我们无法保持或恢复过去的农业社会,而必须向现代的工业社会推进,则中国旧文化的没落,宁为必要的事实。"③精神文明是跟着物质文明而转变的,"我们要建设现代工业生产的新国家,那就得树立现代工业国家的新道德。"④文化是整体不可分割的,我们要建设新中国,就得放弃旧道德,过分对于旧的文化的迁就会阻碍新的进步。

吴世昌在《中国文化与现代化问题》(1948)中认为中国要现代化就要培养具有现代精神的人才,要培养现代观念的人才,就要创造培养现代化人才的环境,而这些不能等到抗战胜利、"一切上轨道"之后再进行。中国向来科学不发达,传统道德养成的世故、功利、懒惰、权诈、诡谲、作伪的文化也和现代化很不适应。现代科学要求具有科学道德:一是动机必须纯洁,不为功名,不求利禄;二是方法必须尊重客观,如与客观的证据冲突,自己的意见必须牺牲;三是态度必须摒绝势力。所以,中国要现代化,就要具有科学道德的现代人。

二、冯友兰倡导的工业化道路

现代化讨论中的经济论、工业化等观点对接受过唯物史观的冯友兰来

---

① 胡秋原:《中国文化复兴论》,载罗荣渠主编《从"西化"到现代化》,北京大学出版社,1990年,第321页。

② 周宪文:《"中国传统思想"与"现代化"》,载罗荣渠主编《从"西化"到现代化》,北京大学出版社,1990年,第336页。

③ 周宪文:《"中国传统思想"与"现代化"》,载罗荣渠主编《从"西化"到现代化》,北京:北京大学出版社,1990年,第337页。

④ 周宪文:《"中国传统思想"与"现代化"》,载罗荣渠主编《从"西化"到现代化》,北京:北京大学出版社,1990年,第338页。

说都很有吸引力,他认为,"要生存在现代世界里,中国就必须现代化"①。冯友兰从共殊的观点将中国现代化道路具体化为工业化道路,他认为这是中国到自由之路的途径。所谓"自由"就是抗战胜利、建立发达国家。冯友兰说:"中国若不能成为一个近代式底国家,则所谓中国,无论它是如何底地大物博,将来会只成一个地理上底名词,所谓中国人,无论他是如何底聪明优秀,将来会只成一个人种学上底名词。所谓中国文化,无论它是如何底光辉灿烂,将来会只成历史博物馆中底古董。所以中国非求成为一个近代式底国家不可。"②而现代化国家的要素就是工业化,抗战和建国的目的就是赶紧进行工业化。上节已经详细阐述了冯友兰选择工业化道路的原因和理论基础,冯友兰认为,中国不能全盘西化,但也不能保守中国本位不变,在学习西方上要有所选择,选择的标准就是认识共相。"共相是必要学的;也是可能学的;殊相是不可能学的,但也不是必要学的。"③中国向西方学习的就是工业化道路这一共相。

冯友兰在不同的地方,阐述了他关于中国要走工业化道路的思想。早在苏联游览期间,冯友兰就感受到苏联社会主义国家发展的核心在于生产。"照实来说,俄国毋宁说是学美国,不过他所学的是如何大量生产,制度、方式都不同的,其区别也就唯一的在这里。"④不管是资本主义国家美国还是社会主义国家苏联,都在走现代的工业化道路,发展工业生产。对于即将要抗战胜利的中国,要实现社会的转变,"'工业化'是建国的必要条件"⑤。

但是,冯友兰所说的工业化道路不局限于经济方面,他认为的工业化道路包括物质文明和精神文明两个方面的内容,物质文明决定精神文明,经济基础决定上层建筑。所以,要先发展工业经济以为基础,随之产生工业化的

① 冯友兰:《中国哲学简史》,《三松堂全集》(第 6 卷),河南人民出版社,2001年,第 27 页。

② 冯友兰:《抗战的目的与建国的方针》,《三松堂全集》(第 5 卷),河南人民出版社,2001 年,第 402 页。

③ 冯友兰:《三松堂自序》,人民出版社,2008 年,第 223 页。

④ 冯友兰:《在苏联所得之印象》,《三松堂全集》(14 卷),河南人民出版社,2001 年,第 244 页。

⑤ 冯友兰:《新旧道德问题》,《三松堂全集》(14 卷),河南人民出版社,2001 年,第 274 页。

精神文明,工业化物质文明和精神文明一并学习,但是以物质文明为体、为根本,以精神文明为用,精神文明为延伸出来的东西。他以"自由平等"观念为例,"平常一提到自由平等,往往即以为是政治上的自由平等。政治上的自由平等,固然重要,尤其重要者,实乃经济上的自由平等。""仅有政治上的平等,而未得经济上的平等,这种平等是假的。"①冯友兰认为他的这种主张既不同于清末洋务派,"他们是以为西洋只有物质文明,至于精神文明,还是中国的好"②,也不同于五四时期的新文化运动派,只注重文化方面,而忽略经济。冯友兰既注重经济又注重精神,是在洋务派和新文化运动派"正""反"基础上的"合"。

冯友兰认为,日本要与中国争霸,做亚洲的主人,所以他要与中国打仗。因为日本国小,在较早的时候实现了转型,成为现代化国家,国力超过了中国,所以敢与中国抗衡。而中国因为清朝时期是满族统治,所以首要的任务是"驱除鞑虏",耽误了时间。现如今,抗战即将胜利,我们要抓紧时间进行工业化建设,以实现中华民族的民族复兴。冯友兰对抗战胜利及中国的未来充满了信心,认为工业化可以实现中国的复兴。

三、城里人与乡下人

郭湛波认为:"近五十年中国思想之第三阶段,以马克思的'唯物史观'为主要思潮。"③冯友兰在 20 世纪 30 年代深受唯物史观的影响,不仅认识到文化是不断发展进步的,而且认识到经济对精神文化的决定作用。到了20 世纪 40 年代,冯友兰在《新事论》中以浅显通俗的城乡之辨,说明了发展经济的重要性,讲明了中国为什么落后为"乡下人"以及怎样才能变为"城里人"的道理。

"城里人"与"乡下人"相比,生活优越而惬意,"城里人"不仅有优越的

---

① 冯友兰:《中国现代民族运动之总动向》,《三松堂全集》(14 卷),河南人民出版社,2001 年,第 266 页。

② 冯友兰:《中国现代民族运动之总动向》,《三松堂全集》(14 卷),河南人民出版社,2001 年,第 269 页。

③ 郭湛波:《近五十年中国思想史》,岳麓书社,2013 年,第 144 页。

生活条件,而且有因之而产生的优越心理。中国曾在过去的很长时间里为"城里人",有着灿烂的文明和厚实的农业经济基础,在 19 世纪又突然变为"乡下人",其原因在于中国经济发展缓慢,而西方国家经历了工业革命之后,经济突飞猛进,一跃而成为"城里人"。冯友兰认为,走工业化道路、发展经济是"乡下人"赶超"城里人"的决定性力量。只靠精神的力量是绝对不能成功的,固守"东方精神文明"或只学"西方工业化文明"都不能真正产生工业文化。他以国人倡导的"抵抗日货"运动和印度甘地提倡的"不合作运动"都不能长久为例,认为"这种情形,不是由于人的热心的力量小,而是由于经济的力量大"。所以,中国应该在经济上首先实现生产社会化,在学习西方工业革命、学习经济运作方式的基础上,在经济基础决定上层建筑的规律指引下,诞生西方的自由民主精神。

冯友兰对清末人之专注于实业给予"同情"和"敬意",认为清末人猜着了西洋相对于我们进步的原因,但同时指出清末人妄图只学习西方器物及实业而拒绝西方文化的想法是错误的,是"体用两橛"。但是清末人虽然不知道兴实业将引起的文化效果,他们倡导学习西方实业的路子应该是走对了,实业一直办下去,人的见解思想和文化在许多方面就会自然变化。民初人以为:"我们如果要有'西学'之用,如实用科学,机器,工业等,先必须有'西学'之体,即西洋底纯粹科学、哲学、文学、艺术等。"[1]民初人的这种观点,是将纯粹科学等看作"体",将实用科学、机器看作"用",冯友兰认为这样的主张是"体用倒置"。民初人这种大谈其所谓西洋精神文明的做法,"对于实用科学,机器,工业等,不知不觉地起了一种鄙视,至少亦可说是一种轻视"[2]。迟延了社会发展的速度。

显而易见,冯友兰这里的"清末人"和"民初人"的提法,主要是指清末以张之洞为代表的"中体西用"派和新文化运动时期以陈独秀等为代表的新文化派。"中体西用"派以保护中国固有文化和体制为出发点,提出以中国的伦理道德和封建体制为"体",以西方的实业为"用"。在洋务运动及维新运动学习西方器物及制度没有奏效的历史面前,新文化派认识到中国要发

---

① 冯友兰:《贞元六书》(上),中华书局,2014 年,第 274 页。
② 冯友兰:《贞元六书》(上),中华书局,2014 年,第 274 页。

展,就要学习西方文化,从根本上革新中国文化,改变中国人的精神面貌。冯友兰认为"清末人"和"民初人"的见解,都是错误底。冯友兰认为要走工业化道路,西方工业化的物质文明和精神文明都要学习,但是从体决定用、经济基础决定上层建筑的立意出发,更加注重经济的作用,更加提倡要先兴实业,所以,他对清末人有所偏爱,因为"清末人若照着他们的想法想下去,他们可以得到他们所意想不到底结果,民初人若照着他们的想法想下去,或照着他们的说法说下去,他们所希望底结果,却很难得到"①。这里采取的是一种效果论的评判视角,清末人虽然主观错误,但是客观可以达到发展的效果,民初人主观错误,客观也不会达到效果。相比 20 世纪 20 年代,冯友兰对事物的看法由看重主观和人为转变为主张客观和经济因素。

20 世纪 80 年代,李泽厚提出了"西体中用"论,就是主张要以"西方的工业经济、体制、文化"为"体",以中国的实际为"用"。李泽厚同样注重经济的力量,认为发展工业经济、生产方式,自然产生工业文化。冯友兰曾送给李泽厚一副对联"西学为体中学为用,刚日读史柔日读经"②,表明自己对于李泽厚"西体中用"思想的支持。在重视经济的决定作用方面,李泽厚和冯友兰是一样的,但是在体用的内涵与关系上,两者却又不同。李泽厚之"西体中用"要将西方的产业基础和产业文化一并作为"体",而把中国的历史存在实体作为"用"。冯友兰则是以经济本身作为"体",以上层建筑作为"用",冯友兰持有的是传统的"体用一源"论,李泽厚的"用"则是"运用"之义,与传统的"体用"内涵不一样。

第四节　保持中国文化的民族特性

关于现代化道路中的文化道德问题,冯友兰引申了《秦汉历史哲学》一文的看法,提出了"不变的道德"与"可变的道德"之说,他认为,跟工业化殊

---

① 冯友兰:《贞元六书》(上),中华书局,2014 年,第 275 页。
② 李泽厚:《李泽厚对话集·中国哲学登场》,中华书局,2015 年,第 219 页。

相有关的道德将会随着工业化的进行而发生,与工业化社会不相适宜的道德将消亡,那些与工业化属性无关,适用于所有社会的道德则不会改变。

一、改变封建伦理道德

冯友兰曾经提出过社会是"一套一套"的理论,一种社会制度只能适应一种社会。相应地,冯友兰认为,"那种不论何种社会均须有的规律是不可变的,不论古今中外都是一样。那种只须某种社会有的规律则是可变的。不变的规律,就没有新旧之别。可变的规律才有新旧之别"①。道德同样适用于这个规律,中国面对工业化社会的到来,那种适合于所有社会的道德是可以不变的,比如"仁义"、信用,那种只适用于某种社会的道德是可变的,随着社会类型的变化而变化,比如,忠、孝。在中国走向工业化道路之后,那种只适合于某个社会的文化和道德也会跟着社会性质变化而变化。在《新事论》中,冯友兰阐述了几个会变化的道德规范,并详细指出了它们在新的工业化社会与旧的农业社会中有什么不同。

(一)爱国主义内涵变化

在旧社会中,"对于男子说,最大底道德是忠孝;对于女子说,最大底道德是节孝"②,所谓"忠臣不事二君,烈女不事二夫"。一个忠臣最大的道德就是要对君忠对父母孝,对于女子来说最大的道德要求就是贞节和孝顺,已经做官的男子有着为国家负责的义务,已经出嫁的女子有着对丈夫守节的义务,没有出嫁或者没有做官的人是处女或处士。当一个国家要亡的时候,做官的人有救亡的责任,没做官的人则没有尽忠的义务,如果他也为救国或为君而死的话,那是超乎"忠"道德的"义"。在以家为本位的社会中,是以孝为首位的道德体系,孝引申而为忠。"在以社会为本位的社会中,人替社会做事,并不是替人家做事,而是替自己做事。"③"所以在以家为本位底社会

---

① 冯友兰:《新旧道德问题》,《三松堂全集》(第 14 卷),河南人民出版社,2001年,第 275 页。

② 冯友兰:《贞元六书》(上),中华书局,2014 年,第 292 页。

③ 冯友兰:《贞元六书》(上),中华书局,2014 年,第 300—301 页。

中,忠君是为人,而在以社会为本位底社会中,爱国是为己。"①"对于君可以'乞骸骨',可以说'我现在不干了',但对于国则不能如此说。"②在生产社会化的社会,社会是一个经济单位,已经远远超过了家的范围,往往以国作为经济单位。"在生产社会化底社会中,人与其社会,在经济上成为一体。在生产社会化底社会中,如其社会是以国为范围,则其中之人即与国成为一体。"③所以就爱国来说,生产家庭化中的人,只知忠君,不知道爱国。生产社会化社会中的人,爱国与每一个人息息相关。冯友兰把生产社会化社会中的爱国与每个人联系在一起,也是鼓励人们发扬爱国主义,为抗战的胜利、祖国的建设奉献个人之力。

(二)女性德行要求转变

冯友兰谈在生产社会化的社会里女性德性的话题。在旧社会,女人的最大德行就是"节",是三从四德,女人的主要角色是在家里,但是一旦男人(包括丈夫、儿子等)有出息了,女的也给予相应的回馈,所谓"女以子为贵""男的为官、女的为太太",就是这个道理。而在生产社会化的新社会,"冲破了家的壁垒,把男人完全放出来,但未把女人完全放出来,而女人及有些男人,认为女人亦须完全放出来。此所以有所谓妇女问题"④。在生产社会化的社会里,女人也要参加工作,要走出社会,走向工作岗位,不再是"大门不出二门不迈"的闺中小姐,她们要承担的德行不再是"三从四德",而是实现自我价值,实现自己对于社会发展进步的贡献。冯友兰预见到,社会化社会的女人又面临实现母亲职责的困难,也就是子女养育的困难。她们要出去工作,实现社会的责任,还要养育子女,实现作为母亲的责任,社会化社会中妇女问题里最大的问题就是养育儿童问题。因为,儿童是不能离开母亲而完全被推到社会中去养育的。生产社会化社会中的妇女,她要到社会上做事,还要结婚生孩子。如果她不能到社会上做事,则违反了她的希望,她痛苦;如果不能结婚生孩子,则违反了她的天性,她亦痛苦。

① 冯友兰:《贞元六书》(上),中华书局,2014年,第301页。
② 冯友兰:《贞元六书》(上),中华书局,2014年,第302页。
③ 冯友兰:《贞元六书》(上),中华书局,2014年,第289页。
④ 冯友兰:《贞元六书》(上),中华书局,2014年,第312页。

　　要解决妇女问题,冯友兰提出了两种方法:一是重新确定女人在家庭中的地位。二是根本解决儿童问题,就是保证儿童养育行业的非功利性和非营利性。冯友兰这里关于现代社会女性角色问题看得很透,基本符合现代社会女人的现状,而实际上,在现代社会,男人的角色也要发生一定的改变,既然男女都要参加社会工作,那么男女也都要负家庭的责任。当然,女人问题的解决,一方面可以是人为的,女人可以选择待在家里;另一方面是社会的,社会给予女子留家以合理的政策支持。不管怎么样,在现代社会中,女性不再以"三从四德"为准绳,不再以家为本,她拥有了选择的自由和心灵的自由。

二、中国基本道德不变

　　冯友兰在学习西方工业化社会物质文明与精神文明的同时,试图保持中国传统道德的地位。冯友兰的共相殊相理论其实质是中国本位的,是对清末人所谓"中学为体,西学为用"的发展。他认为,如果从"体用一源"、"体"决定和制衡着"用"的角度看,"中体西用"论是不通的,读五经四书是不会读出枪炮来底。但是如果说"组织社会的道德是中国人所本有底,现在所须添加者是西洋的知识、技术、工业,则此话是可说底。不过我们不说是西洋底知识、技术、工业,而说是某种文化底知识、技术、工业而已"①。在这里,冯友兰认同了"体为主、用为辅"的体用内涵。他从共相殊相的角度出发,对"中体西用"又有所发展,他所说"体"是指中国的组织社会的道德,所说"用"是"某种文化底知识、技术、工业"②。张之洞之所谓"体"是中国的道德和封建制度,其主要目的在于维护中国封建统治;所谓"用"主要是指西方的坚船利炮,是从单纯的器物层面来说的。冯友兰则更进一步,他所谓"体"仅在于文化的传承方面,认为中国社会的基本道德不应该变;所谓"用"是工业类文化的知识技术等。冯友兰批判张之洞的"中体西用"是从体用一源来说的,他所提倡的"中体西用"是从体用二源来说的。

　　冯友兰认为中国的基本道德不能变,因为中国的国风最注重道德的价

---

① 冯友兰:《贞元六书》(上),中华书局,2014 年,第 399 页。
② 冯友兰:《贞元六书》(上),中华书局,2014 年,第 399 页。

值。"在过去我们在这种国风里生存,在将来我们还要在这种国风里得救。"中国尊重道德的国风与中国社会组织的坚固即中国民族的永久存在,是有密切关系底。① 冯友兰认为,儒家墨家的严肃加道家的超脱才是中国的国风。冯友兰所坚持的中国基本道德传统突破了"清末人"坚守的儒家伦理一家之言,还涵盖墨家和道家文化,其坚守的基本道德是中华文化的精华,是对中国基本精神的容纳,其坚守的目的是立足于文化传承,而不是封建统治。

冯友兰还认为,工业化社会的发展离不开基本道德的传承。"有些道德,是因某种社会之有而有底,如一民族或国家,自一种社会转入另一种社会,则因原某一种社会之有而有底道德,对于此民族或国家,即是旧道德;因另一种社会之有而有底道德,对于此民族或国家,即是新道德。"②工业化社会会带来新的工业文明、新的道德遵守,但是中国已有的所有社会通用的基本道德不应该改变。"某种社会制度是可变底,而基本道德则是不可变底。"③比如,"忠于职务、忠于纪律、忠于法律"是被人称为所谓现代化精神者,而其所蕴含的基本道德就是组织社会的基本道德,是中国原本就有的,一个社会没有信用,没有遵守,就不可能存在,中国社会绵延流长,其本身就已经有了维护组织存在所应有的基本道德。比如,中国的"五常"——"仁、义、礼、智、信",中国的儒家、墨家、道家的智慧是在长期的社会风化中形成的,都是维护社会存在的道德范畴,是应该保留的。冯友兰这里的"基本道德"其实质就是中国的文化精华,和其后来提出的抽象继承精神一致。

冯友兰所谓基本道德不变,主要还是要保持文化的民族特性。它认为文化具有民族特性,不仅仅在于言语上的不同,更重要的是历史上的延续,感情上的满足。不同语言可以阐述同一个哲理,不同的民族可以有同样的哲学派别,民族哲学之所以是民族的,"其显然底理由是因为某民族的哲学,是接着某民族的哲学史讲底,是用某民族的言语说底"。这种接着民族的历史讲,用民族的语言讲的哲学,能够给人在感情上以慰藉,"于一民族在

① 冯友兰:《贞元六书》(上),中华书局,2014年,第390页。
② 冯友兰:《贞元六书》(上),中华书局,2014年,第394页。
③ 冯友兰:《贞元六书》(上),中华书局,2014年,第399页。

精神上底团结,及情感上底满足,有很大底贡献"①。

基本道德不变的理论依据是和冯友兰关于民族性是"习"的认识相一致的,所谓民族性是"习"而不是"性",是在某种社会熏陶而成的,民族的特性也是会随着社会的变化不断进化的。冯友兰向来对中国民族文化充满自信,并竭力为其辩护和抗争。针对有人认为的中华民族劣根性,冯友兰说,民族是优秀或下劣者,都是针对某民族于当时的情况说的,并不是说一个民族生来就优秀,而且永远优秀。

三、保持中国的文艺花样

除了坚持以中国基本道德为"体"外,在保持中国文化特殊性问题上,冯友兰还提出了要保留、保护中国的文艺花样。冯友兰认为:"一民族所有底事物,与别民族所有底同类事物,如有程度上底不同,则其程度低者应改进为程度高者,不如是不足以保一民族的生存。但这些事物,如只有花样上底不同,则各民族可以各守其旧,不如是不足以保一民族的特色。"②中国为了求生存,就要学习高一阶段社会的实业和文化,但是在习得的同时,中国还要保存自己民族的文化特色。冯友兰认为清末民初的人往往不能很好地处理保持民族特色和引进西方文化的矛盾:"新派要用火车代牛车,枪炮代弓箭,同时亦要用洋式房子代中国式房子,洋式衣服代中国式衣服,以为不如此不足以保中国的生存。所谓旧派反对用洋式房子代中国式房子,洋式衣服代中国式衣服,同时亦反对用火车代牛车,枪炮代弓箭。"③"新派"就是"全盘西化派",他们要工业类文化与特殊个体文化全部拿来,不但要用代表现代工业文明的火车代替旧时牛车,还要用展现西方民族文化的洋房子、洋衣服代替中式房子和衣服。"旧派"就是"中国本位文化派",为了固守中国传统,连代表西方工业类文化的枪炮和火车也拒绝学习。冯友兰认为,他们如果知道火车与牛车、枪炮与弓箭的不同是交通工具与战争工具在程度上

---

① 冯友兰:《论民族哲学》,《三松堂全集》(第5卷),河南人民出版社,2001年,第273页。

② 冯友兰:《贞元六书》(上),中华书局,2014年,第336页。

③ 冯友兰:《贞元六书》(上),中华书局,2014年,第336—337页。

的不同,而洋式房子与中国式房子、洋式衣服与中国式衣服是房子与衣服花样上的不同,穿中式衣服与坐洋式火车两者并不矛盾,他们就知道,他们的争执是不必要的。这里冯友兰对"中国本位文化"论是有误解的,认为本位文化论者连西方的枪炮和火车也不要学。

根据上文所述,中国本位文化论者只是要保存中国文化特色而已,他们赞同向西方学习,但是同时要保存中国该保留的民族特色。冯友兰也没有料到,在工业化社会里,因为经济的决定作用,连同他们的衣服样式、房子样式也会同样发生改变,这是学习西方工业化与保存中国民族特色之间难以逾越的困难和矛盾,经济基础决定上层建筑的历史唯物论作用下,要保持文化的民族性需要专门的精神力量和文化干预。

冯友兰区分了两种不同性质和程度的文化,并运用"质""文"的概念对两者的地位进行界定,从而为处理好两种文化的关系打下了理论基础。"清末人常用'体''用'二观念以谈文化。我们于此,可用'文''质'二观念,以说明我们的意思。一个社会的生产方法、经济制度以及社会制度等,是质。它的艺术、文学等,是文。"[①]"文"是文华、辞采的意思,"质"是指事物内部的质,与形相对。"质"对应于"体"而不同于"体","文"对应于"用"而不同于"用"。"质"是指的本质、根本,"文"是指的文辞、附属性。这里的质文关系不是传统体用决定与被决定的关系,而是与体用主辅关系相似,却又不完全相同的文质关系,它们是质为本、文为附的关系,但是文质又各自有功能和作用,各有重要性。"质"是指文化的主要部分,"文"是文化的重要部分。冯友兰认为,"从类的观点看,除了属于其类底一性质外,其余底这些性质,都不是主要底;但从个体的观点看,则其余底这些性质都是重要底"[②]。"从关于质底类的观点看,文是不主要底。但从一个体,一社会,或一民族的观点看,文却是重要底。"冯友兰以"工程师张三"为例,说明了质与文的不同性质和功能,对于张三为工程师而言,会算术是其主要的特点,高矮胖瘦、性格特征则没有什么影响,但是对于其为张三而言,高矮胖瘦、性格体质则是主要判断标准。就中国要成为工业化社会来说,中国应该学习西方的工业化道

---

① 冯友兰:《贞元六书》(上),中华书局,2014年,第338页。
② 冯友兰:《贞元六书》(上),中华书局,2014年,第333页。

路,但就中国之为中国来说,中国艺术文学等方面的民族特点就成为判断中西不同的重点。从学习西方以促进中国发展来看,西方的经济社会制度等工业类文化是主要文化,从保持中国民族特色方面来看,中国固有的艺术文学是重要文化。

建立在文化质文理论基础上的冯友兰,批判民初也就是新文化运动中的某些新文学家,所谓改革新文学,就是专在西洋文学中找新花样,这些新文学底作品,非学过欧洲文学底人,不能看懂。冯友兰认为:"一时代的大作家,即是能将一时代的平民文艺作得最好者,惟因如此,所以他的作品,才是活底,才是中国底。""只要从中国人的历史、中国人的生活中生出来底文艺,才是中国底。"新文化运动本身没有错,但是新文化运动者如果抛弃中国固有历史,脱离中国民众生活实际,专学西方的花样,所做的文学是贵族的,没有生命力的。中国的文学因人生活的现代化,也可以趋向现代化,但是现代化不是欧化,而是要产生符合中国实际和平民生活的文艺。冯友兰还批评:一些人请人吃饭,他不写"谨订于某月某日某时洁樽候光",而写"某某先生太太有荣幸(或有快乐)请某某先生某某太太吃饭,于某月某日某时";写信的时候,不写"某某先生大鉴",而写"亲爱底某先生",下款不写"弟某某",而写"你忠实底朋友";等等。这些完全改变中国语言方式的说法,"并没有不得已底理由","这种欧化是不必要的",站在民族的立场上说,这种欧化是要不得的。

针对上述中国文艺西化的现象,冯友兰特别强调了保持中国文艺花样民族特性的依据和重要性。冯友兰在其著作中,很多时候区别了"底"与"的"的用法,"底"主要用于文学艺术哲学等,其内涵意义在于是民族"固有而专属"的,"的"主要用于科技自然文化,其内涵意义在于"所有而非专属"的①。中国民族文艺作为中国"固有而专属"的文化,是中西的重要区别,也是中华儿女的情感寄托之所在,理应传承和发展。随着中国现代化进程的加快,中国文艺在保存自己民族特色的同时,也要跟着时代的变化逐步现代化,但是"现代化并不是欧化。现代化可,欧化不可"。中华民族要珍惜自己

① 张昊雷:《德体技用——"中体西用"与"西体中用"之外的第三条路》,《思想政治教育研究》,2017年第4期,第114页。

的文学艺术及其花样,并不断促进其生长发展。

　　冯友兰所建立的文化论突出了经济力量的决定作用,他既想解决中国文化的现代化道路问题,还想保持中国文化的民族性,其体系存在一定的内在矛盾。从广义来说,文化涵盖有道德、制度、文艺等多个层次的内容,在冯友兰的文化体用观中,至少出现了三个层次的文化:基本道德、社会文化、文艺花样。冯友兰认为,经济基础决定上层建筑,工业经济会产生工业文化,工业经济所产生的工业文化是否包含有人的基本道德方面? 是否涉及文艺花样? 从经济决定作用来看,是应该包含的。冯友兰认为"普通所谓艺术文学,占普通所谓精神文明的一重要部分",也承认了艺文是人的精神文明的一部分。黄遵宪有感于轮船飞驰之速,在诗文《今别离》中写道:"虽有万钧柁,动若绕指柔。岂无打头风,亦不畏石尤。送者未及返,君在天尽头。"一个简单的轮船乘坐体验已经影响到他对于交通运输技术、对大自然、对人与人离别感情等方面的看法,广泛的工业文明肯定也将在人们的各层次文化中产生它的影响。冯友兰也指出:"人若只有某种生产工具,人只能用某种生产方法;用某种生产方法,只能有某种社会制度;有某种社会制度,只能有某种道德。"①也就是说,工业知识和技术必然而然产生相对应的社会制度,工业化底社会制度必将产生相应的道德。中国改革开放四十余年的工业化进程,对中国经济、社会、家庭、道德等方面的影响超过了历史上任何时候,已经证明了工业经济的强大决定力量。那么,在工业化的过程中,冯友兰要坚持中国传统的基本道德,坚持中国传统的文艺花样,是存在困难和矛盾的。

　　这个困难和问题实质上就是文化体用如何能够二元的问题,也是严复所谓"牛之体、马之用"的问题。关于这个问题的解答,随着时代的不断推移,人们尝试给予不同的解答。贺麟认为要创造性地发展中国物质与精神,"中国的新物质文明须中国人自力去建设创造。而作这新物质文明之体的新精神文明,亦须中国人自力去平行地建设创造。这叫做以体充实体,以

---

　　①　冯友兰:《贞元六书》(上),中华书局,2014 年,第 303 页。

用补助用"①。就是说要以中国之体为体,中国之用为用,只是要借鉴西方体用,以补充中国之体用。中国之体是可以吸收西方体用的有益养料的。这是以一个发展的角度来看文化问题的,如果说,在引进工业文明的道路上,发展和创造中国的文化,是可以说的。维护中国文化而不固守旧有文化,在已有文化的基础上进行发展,这应该是更好地维护中国文化,也是解决体用二元问题的理性思维。在文化发展的历史过程中,文化的教育、传承离不开人的作用,特别是决策者将对文化发展有着很大的影响。如果不单一地、绝对地看待经济的决定作用,将实践的重要参与者"人"纳入考虑范围,那么冯友兰文化体用观中的矛盾也可以释然。

----

① 贺麟:《文化的体与用》,载罗荣渠主编《从"西化"到现代化》,北京大学出版社,1990年,第665页。

第五章

大变革下的坚守：冯友兰对中国传统文化的守护（1949—1976）

新中国从根本上推翻了帝国主义、封建主义和官僚资本主义的压迫和剥削，中国人民从此站起来了！新中国的成立为实现中华民族独立自强的梦想奠定了基础，中国共产党领导的新中国翻开了中华民族崭新的历史篇章，祖国大地万象更新，人民翻身做了主人。新中国成立初期，中国共产党在马克思列宁主义和毛泽东思想指导下，努力开展新民主主义文化建设，也就是"民族的形式、科学的内容、大众的方向"的新文化，党对旧知识分子实行了"包下来"和团结、教育、改造的政策。

冯友兰作为民国时期重要的文化人物，在文化领域有着较大的影响。解放战争后期，他凭着一腔爱国热情及对祖国建设贡献力量的赤子之心毅然决然从美国回到大陆。他对中国共产党及新政权是充满好感的。共产党的革命及建设成就鼓舞着这位哲人，他积极参加国家建设进程，认真进行自我改造。在思想改造的过程中他力图保持独立的思考能力，积极推动中国传统文化的继承和发展，他所提出的"抽象继承法"不仅在20世纪50年代引起激烈争论，还一直影响到后来的哲学研究。他作为新中国文化的代表，积极在国际上为新中国发声，但是作为"旧知识分子"的标签性人物，他同样无法逃脱"文化大革命"的摧残。

第一节　新中国成立初期的文化政策

经过了千辛万苦、经历了巨大牺牲的中国共产党人,在以毛泽东为核心的党中央的正确领导下,坚持以为人民服务为宗旨,以民族独立和国家富强为奋斗目标,以建立共产主义社会为远大理想,与帝国主义、封建主义和官僚资本主义进行艰苦卓绝的斗争,最终取得了抗日战争和解放战争的胜利,建立了人民的政权。在新的政权体制下,要巩固工农联盟为基础的、工人阶级领导的人民政权,就要继续进行文化的建设和宣传,宣传新文化,批判旧文化,为新政权的巩固发展奠定基础。

1949 年新中国成立,标志着中华大地上一个旧时代的结束和一个新时代的开启,"中国的社会结构和它的前途命运,在这以前和这以后发生了根本的变化"①,这种划时代的变化集中起来说就是民族的独立、人民的解放和国家的统一,这划时代的变化根本体现在统治性质的变化上,中国共产党的领导改变了过去的封建统治、官僚资本主义统治模式,实现了人民当家作主,并将马克思主义这一人类社会最先进的文化作为统治的指导思想。

面对种种复杂和困难的情况,中国共产党人凭着顽强的革命意志,全面应对军事、政治、经济、外交等方面的难题,同时开启了新的文化建设。新中国成立初期的文化建设,其指导思想就是改造旧文化,建设新文化。一方面是除旧布新,清除封建主义、买办主义、资本主义思想,改造旧文化,争取一切爱国知识分子,为人民服务;另一方面是确立马克思主义在文化建设中的指导地位,发展民族的、科学的、大众的文化。

(一)大力宣传马克思主义

为确立马克思主义的指导地位,用马克思主义思想教育干部群众,新中国组织翻译和出版了一批马克思主义经典著作,比如启动《马克思恩格斯全

---

① 金冲及:《二十世纪中国史纲》(下),社会科学文献出版社,2009 年,第 691 页。

集》《列宁全集》《斯大林全集》的翻译出版工作、出版马克思著作单行本《共产党宣言》《资本论》《国家与革命》,毛泽东亲自主持编辑出版《毛泽东选集》。同时在全国范围内开展马克思主义唯物辩证法的宣传普及工作,在党中央和毛泽东的号召下,从中央到地方,全国各部门各行业掀起了学习热潮,通过宣传学习和普及,马克思主义关于"劳动创造人类""阶级和阶级斗争""人民群众创造历史""国家是阶级统治的工具"等观点得到普及,全国人民受到马克思主义启蒙教育,并逐步确立唯物主义世界观。

(二)"百花齐放 百家争鸣"

20世纪50年代初期,毛泽东给中国戏剧研究院题词:"百花齐放,推陈出新",给《历史研究》杂志提出"百家争鸣"的办刊方针。毛泽东在最高国务会议上郑重宣布了"双百"方针:"在艺术方面的百花齐放的方针,学术方面的百家争鸣的方针,是有必要的。"毛泽东确定"双百"方针是发展科学文化的方针,同时又界定了实行方针的范围:在人民内部,在宪法之内。

毛泽东提出"双百"方针后,思想文化界反响十分强烈。1956年5月26日,根据中央的指示,陆定一代表中共中央在中南海怀仁堂向1000多位文艺界和科学界人士对这个方针作了初步的、比较系统的阐述。他指出:"文艺工作,如果一花独放,不论那朵花怎么好,也是不会繁荣的。""我们所主张的'百花齐放,百家争鸣'是提倡在文学艺术工作和科学研究工作中有独立思考的自由,有辩论的自由,有创作和批评的自由,有发表自己的意见,坚持自己的意见和保留自己的意见的自由"。"在人民内部,有宣传唯物主义的自由,也有宣传唯心主义的自由。"[①]陆定一的话在文艺界和科学界引起了轰动,毛泽东批示将修改后的报告公开发表。6月13日,《人民日报》发表陆定一的《百花齐放,百家争鸣》文章,向全国公布。

毛泽东在不同的场合谈及"双百"方针,1957年3月8日,在《同文艺界代表的谈话》中,毛泽东说:"我们采取有领导的百花齐放、百家争鸣。现在还没有造成放的环境,还是放得不够,是百花想放而不敢放,是百家想鸣而

---

① 《建国以来重要文献选编》(第8册),中央文献出版社,1993年,第301、303页。

不敢鸣。"①认为知识分子当中不拥护社会主义,对社会主义持敌对态度的人是少数,而对马克思主义特别熟悉,站稳工人阶级立场的也是少数,大部分的知识分子都是非常爱国的,所以不用担心,放心进行争鸣,"要看到知识分子是两头小、中间大这个基本状况,这就是为什么要采取百花齐放、百家争鸣政策的缘故"②。

在党中央及毛泽东的推动下,"双百"方针得到初步贯彻,广大知识分子备受鼓舞、心情雀跃,逐步放开内心的思想顾虑和束缚,文艺批评和文艺理论探讨逐渐活跃,文艺创造开始呈现百花齐放的趋势,科学界、社会科学界开始摆脱教条主义的束缚,形成了思想解放的局面,促进了思想的探讨,这也为后来的整风运动埋下了伏笔。

(三)"古为今用 洋为中用"

中国共产党人注重对古今中外优秀文化遗产的吸收和应用。新中国成立之后,在从新民主主义向社会主义过渡时期,国家建设急需外来的经验和援助,提出了"向外国学习"的口号。在"一五"计划期间,为了在尽可能短的时间改变中国面貌,全国掀起了一个学习苏联的高潮,"苏联的今天,就是我们的明天"是当时中国家喻户晓的一个口号。在向苏联学习的热潮中,出现了教条主义倾向,照搬苏联经验,"人家的短处也去学"。1956 年 4 月 25 日,毛泽东在《论十大关系》中表明对外国文化的态度:"一切民族、一切国家的长处都要学,政治、经济、科学、技术、文学、艺术的一切真正好的东西都要学。但是,必须有分析有批判地学,不能盲目地学,不能一切照抄,机械搬用。他们的短处、缺点,当然不要学。"③面对苏联斯大林所犯的错误,毛泽东认为,对苏联不能跟风。"我们要学的是属于普遍真理的东西,并且学习一定要与中国实际相结合。"要避免教条主义。"外国资产阶级的一切腐败制度和思想作风,我们要坚决抵制和批判。"④

在对待民族文化方面,毛泽东一向重视对古代文化遗产的学习。他说:

---

① 《毛泽东文集》(第 7 卷),人民出版社,1999 年,第 253 页。
② 《毛泽东文集》(第 7 卷),人民出版社,1999 年,第 254 页。
③ 《毛泽东文集》(第 7 卷),人民出版社,1999 年,第 41 页。
④ 《毛泽东文集》(第 7 卷),人民出版社,1999 年,第 42、43 页。

"中国古典著作多得很，现在是分门别类地在整理，用现代科学观点逐步整理出来，重新出版。"①毛泽东承认外国的近代文化比我们高，但是认为，对待外国文化，不能一概排斥，不能教条主义，不能"全盘西化"，要将理论中国化，尊重中国的民族性，他认为，向古人学习和向外国人学习都是为了现在的现实中的中国人。在1960年召开的第三次文代会上，中共中央和国务院发表祝词，将批判继承文化遗产的方针概括为"批判地继承和吸收，取其精华，去其糟粕，推陈出新"。

1964年，毛泽东在中央音乐学院学生陈莲给他的信件中作了"古为今用、洋为中用"的批语，至此，"古为今用、洋为中用"作为简洁而体现政策性的文化方针被广为传颂。共产党人这种善于学习和吸收、注重创造和发展的文化政策无疑是正确的，但是随着"左"的思想发展，传统文化和外国文化被打上"封、资、修"的标签，遭到全面批判。

新中国成立初期，中国共产党在文化政策上提出了一系列正确的方针和举措，推进了文化的繁荣发展，面对新的建设任务和复杂多样的国内国际局势，共产党人在巩固胜利果实、发展社会主义与打击敌对势力方面基本坚持正确的路线方针政策，但是在摸着石头过河的道路上，不时出现忽左忽右的现象，而又时常走向"左"的一面。

从对电影《武训传》的批判到批判胡适唯心主义思想和批判胡风思想，毛泽东怀疑资产阶级思想侵入了无产阶级队伍。这些批判大多掌握在正常的范围内，并在中华人民共和国成立初期对于思想改造起到了促进的作用。但是也有消极的影响，比如，对电影《武训传》的批判："它的目的是借此提倡用马克思观点研究历史人物，是有积极意义的；但存在片面性、粗暴和上纲过高，开了用政治批判来解决学术问题的不好的先例。"②

在"百花齐放，百家争鸣"方针提出后，文化思想界日趋活跃，一些正直、坦荡的知识分子，本着"肝胆相照，荣辱与共"的善良愿望，诚恳地向共产党提出了许多批评和建议。同时，也有极少数的右派分子，乘机散布了反对共产党的领导和反对社会主义制度的言论。当时，国际上也出现了反共反社

---

① 《毛泽东文集》（第8卷），人民出版社，1999年，第225页。
② 金冲及：《二十世纪中国史纲》（下册），社会科学文献出版社，2009年，第773页。

会主义的风潮,波兰和匈牙利两个社会主义国家甚至出现共产党人和爱国者遭到杀害的情况,这引起了中央和毛泽东的注意。

1957年,中共中央发出《关于整风运动的指示》,这场整风运动,是为了贯彻落实正确处理人民内部矛盾的方针而发的。主要是批评干部中存在的主观主义、官僚主义、宗派主义思想作风和工作作风。大部分干部能够以中肯的态度,对社会及党政工作、党员干部中存在的问题进行善意的批评,但是也出现一些偏激的甚至是错误的言论,社会上本来存在的极少数对社会主义制度有敌对情绪的右派分子错误估计了苏共二十大和波匈事件后的国际形势和社会上人民内部矛盾上升的国内形势,乘机发表攻击中国共产党和社会主义制度的言论。一些地方有人组织群众,进行全国性的串联,某些报刊也传播了一些煽动性的言论,局势发展很紧张。毛泽东为此撰写了《事情正在起变化》一文,又过了两个星期,对右派的反攻开始了。

文化教育领域成为反右扩大化的重灾区。反右派运动运用"大鸣、大放、大辩论、大字报"等"大民主"的方式,开展"拔白旗""插红旗""兴无灭资",批判知识分子的所谓"白专道路",严重混淆了思想认识、世界观、学术问题与政治问题的界限,动辄将学术、艺术问题上升为世界观与政治问题,冠以"资产阶级的""唯心主义",甚至是"反动的""反党反社会主义"的大帽子。

经过短暂的调整,"左"的势力依然凶猛,1962年,随着中苏关系恶化、中印边境冲突、美蒋滋扰大陆等国际环境出现的紧张状况,中央对阶级斗争估计过于严重,中共八届十中全会部署在全国范围内开展一场普遍的社会主义教育运动。批判运动规模越来越大,火力越来越猛。在文艺界、哲学社会科学界出现了过火的意识形态批判。4月30日,中共中央批转了文化部党组和中国文联党组织报送过来的经过修改的《关于当前文学艺术工作若干问题的意见(草案)》。草案是对纠正"大跃进"以来"左"的错误经验的总结,主要内容为进一步贯彻执行"百花齐放,百家争鸣"的方针。

但好景不长,在"四人帮"的阴谋和煽动下,"文化大革命"发动。在意识形态领域批判不断升级的背景下,江青以《海瑞罢官》作为突破口,在林彪、康生的支持下,在文艺界掀起了批判浪潮。虽然周恩来、邓小平等老一辈革命领导人力图进行纠正和调整,但是"文化大革命"终究是给中国的教育、文化等带来了灾难,国家的教育文化事业百花凋零、百业停滞。

第二节　冯友兰对马克思主义理论的认识与实践

冯友兰在 20 世纪 30 年代接受了唯物史观,对马克思主义有了初步的好感,并在中华人民共和国成立后选择留在大陆。朝鲜战争的胜利、西藏的和平解放、淮河的有效治理更加使冯友兰感受到共产党领导的"奇绩",也使得冯友兰更加赤诚地学习马克思主义。冯友兰努力学习马克思主义理论,并积极主动地接受知识分子的改造,亲身参与到了土地改革等实践活动中去。

一、在新中国建设实践中感悟马克思主义

解放战争期间,冯友兰正在美国访学,主要在宾夕法尼亚大学和夏威夷大学讲授中国哲学史。冯友兰感到,"我在国外讲些中国的旧东西,自己也成了博物馆里面的陈列品了。心里很不是滋味"[①]。听闻祖国马上要解放,冯友兰想起了王粲《登楼赋》的诗句"虽信美而非吾土兮,夫胡可以久留?"于是在中美交通断绝之前想方设法回国。过海关时,他将永久居留证留在了美国。解放战争结束后,冯友兰选择留在大陆,他说:"何必要走呢,共产党来了之后,也是要建中国的,知识分子还是有用的。"[②]他认为,"无论什么党派当权,只要它能把中国治理好,我都拥护"[③]。冯友兰担任临时清华大学校务会议主席,组织留下来的师生维持校内秩序,保护学校财产,听候接管。

---

① 冯友兰:《三松堂自序》,人民出版社,2008 年,第 107 页。
② 冯友兰:《三松堂自序》,人民出版社,2008 年,第 109 页。
③ 冯友兰:《三松堂自序》,人民出版社,2008 年,第 109 页。

（一）与共产党的接触

冯友兰最初也不认为有什么需要改造的,他说:"在解放的时候,听见说旧知识分子,必需改造。改造是长期的而且是痛苦的。我心中很不以此说为然。第一,我不觉得有什么改造的必要。第二,即使要改造,我只要一转念间,就可以改造了。"①"无产阶级领导的社会到来,我可以随时加入,而我还是我。如同我可以随时换一套衣服,而我还是我。"②冯友兰没有认识到阶级思想之间的差别有多大,也不认为有什么阶级差别。

此后,冯友兰经历了所有知识分子所经历的一切,然而也有因为他个人身份而与其他一般知识分子有所不同的地方。在中国共产党领导人民进行艰苦卓绝地抗战、以艰苦战争的形式寻求民族独立的时候,冯友兰作为中华民国的知名教授在大后方进行学术研究,在自己的职业范围内贡献学术力量,享受着应该享受的声誉和地位,虽然他也曾经历空袭和战争困境,却不了解敌我斗争的残酷性和无情性,作为旧社会知识分子,他站在旧的阶级立场上,有的是对中国旧文化的眷恋,却无法想象人民民主专政政权的真实状态,无法真切了解工人阶级政权的实质和内涵。

一切都那么不同,中华人民共和国成立后,徐特立曾派车接冯友兰到他家里谈话,并给予了在徐老家里"住了一夜"的待遇。徐老与冯友兰谈自己过去的经历,并对他说:"有人说你唯心。咱们谈谈,谈明白了,以后就可以共同工作了。"③冯友兰并不明白徐特立代表的是共产党,谈话是"组织"的谈话,还以为是要自己去参加中小学教科书委员会呢。"我是用旧经验了解当时的新事物。这样了解当然是不正确的,所以反应也必然是错误的。"④清华遭到空袭之后,党中央、毛主席打电报进行慰问,冯友兰并没有大张旗鼓地进行宣传,只是把来电在学校布告栏里一公布完事,还有在"签名"问题上、

---

① 冯友兰:《参加土改的收获》,《三松堂全集》(第14卷),河南人民出版社,2001年,第404页。

② 冯友兰:《参加土改的收获》,《三松堂全集》(第14卷),河南人民出版社,2001年,第404页。

③ 冯友兰:《三松堂自序》,人民出版社,2008年,第114页。

④ 冯友兰:《三松堂自序》,人民出版社,2008年,第115页。

"思想"问题上表现出来的对政治的无知，冯友兰认为："我搞了几十年哲学，还不知道什么是思想？"①表现了他与共产党的隔膜。他说："当时我同共产党接触的时候，虽然说的都是一样的字眼，可是各有各的了解，往往答非所问。"②冯友兰的经历也充分说明了共产党在建国初期对知识分子进行思想改造的必要性。

冯友兰对共产党的领导是佩服和赞赏的，他不仅耳闻而且亲眼见到共产党军队"秋毫无犯"之铁的纪律，由衷感到佩服，认为共产党的军队是"王者之师"，③还认为共产党代表全国人民的意志和愿望，是"有威"的，"50 年代，共产党毛主席的指示，确实有威，这个威并不是孟轲说的'以力服人'的那种威，而是'以德服人'的威"④。所以，冯友兰以积极的态度参与社会主义革命和建设过程中。冯友兰在中华人民共和国成立之初向毛泽东写信表态，要用马克思主义观点重新写一部中国哲学史，毛泽东很快亲笔回复，认为欢迎进步，但是"不必急于求效，可以慢慢地改，总以采取老实态度为宜"⑤。冯友兰对于毛泽东的很快回信还是异常激动的，他将回信一直压在书桌下面。冯友兰决心要用自己的知识和才华为新中国服务，1949 年 6 月，他在《哲学家当前的任务》一文中，认为哲学家应该为新中国建设而担当起理论宣传的任务。他说："中国共产党已经摧毁了在中国建立新世界底军事上政治上的阻碍，而要改变这个历史的古国底旧世界以建立新世界。中国哲学家底当前的任务是充分参加这个改变世界底事业。任何一个人当然都有这种任务，但哲学家有他底特殊的任务，那就是'充分地解释这个世界'。"⑥他认为哲学家应该充分地解释世界，正确地解释世界，从而参与改造世界的过程。

（二）新社会的教育进展

作为一名教师，冯友兰对马克思主义的指导思想的感悟首先源于他对

---

① 冯友兰：《三松堂自序》，人民出版社，2008 年，第 115 页。
② 冯友兰：《三松堂自序》，人民出版社，2008 年，第 116 页。
③ 冯友兰：《三松堂自序》，人民出版社，2008 年，第 112 页。
④ 冯友兰：《三松堂自序》，人民出版社，2008 年，第 141 页。
⑤ 蔡仲德：《冯友兰先生年谱长编》，中华书局，2014 年，第 501 页。
⑥ 冯友兰：《三松堂全集》（第 13 卷），河南人民出版社，2001 年，第 3 页。

新式教育的观察和与旧教育的对比。冯友兰发现，在新的社会里，"每个人都有他的不同的地位，但是所有的人都向着一个目标，这个目标就是，以建设新社会为人民服务"①。对于教育也是一样，教育要面向广大群众，新时期的教育重点向广大工人群众开放，让每个人都有受教育的机会。在综合性大学，教师和学生的学术活动也要以"为人民服务"为目的。这与旧社会完全不同，在封建社会里，人们"以读书为在政治上社会上求得特权的方法。读书可以得到一个人的出身，可以显妻荫子，光宗耀祖"②。封建社会人们读书主要是为功名利禄。在民国时期，人们读书是个人本位的，"专凭一个人自己的兴趣，或终身研究学术，或学习本领，求个人的成功"③。"不为任何人服务，他的学术也不为任何方面服务。"④经历了新社会，冯友兰才明白，这种只为个人的读书观是一种幻觉，一种超阶级的幻觉，这种思想是资产阶级个人自由主义的思想。

　　新社会的教育，注重理论与实践的统一。作为从五四时期过来的人，冯友兰发现，五四时期的大学倡导"为学术而学术"的风气，蔡元培当时倡导学术至上，倡导对纯粹理论的研究，认为职业学校性质的专门学校才是为某种技术做准备的。当时上大学的人，"为学术而学术，不求致用，也不是为将来的职业的准备"⑤。学生们崇尚学习纯粹理论，大学里重理论轻技术。冯友兰认为这种思想是与传统封建社会的"劳心者治人，劳力者治于人"的思想一致的，是理论脱离实践的表现。鸦片战争以来，人们开始承认西洋超过中国的地方，主要在于船坚炮利、开矿设厂等，着重于学习实业技术，认为技术是实用的、功利的，是物质文明的东西，不涉及精神文明。民国时期又崇尚

<hr />

　　① 冯友兰：《对于中国近五十年教育思想进展的体会》，《三松堂全集》（第14卷），河南人民出版社，2001年，第180页。

　　② 冯友兰：《对于中国近五十年教育思想进展的体会》，《三松堂全集》（第14卷），河南人民出版社，2001年，第180页。

　　③ 冯友兰：《对于中国近五十年教育思想进展的体会》，《三松堂全集》（第14卷），河南人民出版社，2001年，第180页。

　　④ 冯友兰：《再论"为学术而学术的学风"》，《三松堂全集》（第14卷），河南人民出版社，2001年，第191页。

　　⑤ 冯友兰：《对于中国近五十年教育思想进展的体会》，《三松堂全集》（第14卷），河南人民出版社，2001年，第181页。

"学术",轻"事功",这两方面都有理论与实践相对立的倾向。新社会则提出了理论和实践合一的口号。"新教育的思想,以马列主义为根据,其根本的出发点,是'劳动创造世界'。从社会发展史上看,因劳动的需要而有技术,因技术的需要而有理论。理论是为技术服务的。"①技术和理论是合则双美,离则两伤。技术本身并不只是工具,还具有精神价值。在理论指导下,技术会发挥更好的作用。不可能有离开理论的实践家,也不可能有离开实践的理论家。结合自身的专业,冯友兰对哲学的用处有了新的认识:"以前我以为哲学是不与政治社会发生直接关系的。他离这种关系越远,他就越'纯粹'。……它的理论越'细密',它就越'专门'。"②"现在我觉得,哲学的主要任务,是改造人及改造世界。因此它必须应用到政治社会上去。"③

习得理论与实践相统一理论的冯友兰,在1958年的"大跃进"潮流中,发表了《树立一个对立面》,文章针对当时出现的质疑哲学系及其存在价值的声音,论述了哲学及理论工作的必要价值。冯友兰指出:"一个马克思主义者,一定是既能掌握理论,又能把理论运用到实际工作中的人。"④只是因为职业分工不同,存在专搞或多搞理论工作和专搞或多搞实际工作的人。"从一个人的学问和修养说,他必须是一个理论联系实际的人。"要将所学习的理论与实际联系起来,解决实际问题。"从社会上的职业分工说,我们又需要系统地钻研经典著作,掌握文献资料,联系科学,分析概念和范畴等等的人。"⑤专门从事理论工作的人也要和实际联系,能够解决一些专业的实际问题。理论与实际不能脱离开来,否则培养的人才是错误的,让人笑话的。

在新社会里,解决了集中开展学生生活方式教育的难题,这里的生活方

---

① 冯友兰:《对于中国近五十年教育思想进展的体会》,《三松堂全集》(第14卷),河南人民出版社,2001年,第183页。

② 冯友兰:《一年学习的总结》,《三松堂全集》(第14卷),河南人民出版社,2001年,第399页。

③ 冯友兰:《一年学习的总结》,《三松堂全集》(第14卷),河南人民出版社,2001年,第399页。

④ 冯友兰:《树立一个对立面》,《三松堂全集》(第14卷),河南人民出版社,2001年,第194页。

⑤ 冯友兰:《树立一个对立面》,《三松堂全集》(第14卷),河南人民出版社,2001年,第194页。

式教育主要是指除智育之外的德育、政治教育等。冯友兰认为，"照旧日封建社会的教育思想，教育的目的是要训练为统治阶级服务的人才"①。上学读书的人一般都通过私塾教育，一方面要学习赶考所用的敲门砖，也就是经学一类的东西，另一方面要学习"为官作宦"的生活方式，能够接受教育的人是少数。在民国时期，废私塾，设学校，当时的学校主要传授知识，教师都是知识的贩子，"生活方式的教育，主要的是靠先生与学生之间的直接接触与感化。可是接触不能普遍地实行于集体生活的学校中"②。冯友兰原来认为，有限的教师对大量的学生进行生活方式的教育，也就是政治教育，这是不可能实现的，一个教师若要照顾许多学生的生活方式问题，需要"亚里士多德的学问，加上苏格拉底的热情"。学生德育问题是一个社会风化的问题，与学校的关系不太大。而在新社会的政治教育中，"有了马列主义作为生活的指南，大家都有所遵循了。学生的生活不是靠教师指导，而是靠群众互助"③。在马列主义思想指导下，学生在集体活动中有组织地开展自我教育和自我批评，集体生活恰好有利于实现生活方式的教育，集体和个人两者没有矛盾。冯友兰认识到之前的思想是个人自由主义的，是没有统一思想指导所致的。

（三）参加土地改革

冯友兰55岁与夫人一起积极报名参加了1949年冬天在北京郊区进行的土地改革。展现了冯友兰积极学习和参与新社会的态度，当时村里人就感叹："这么大的年龄都来了。"冯友兰在参加"土改"的过程中，积极思考和参与相关工作，对马克思主义、毛泽东思想有了直观的认识。他后来还作为"土改"专家到河南指导土改工作。

首先，对阶级和剥削的认识。经过参加土地改革，冯友兰了解了"剥削

---

① 冯友兰：《对于中国近五十年教育思想进展的体会》，《三松堂全集》(第14卷)，河南人民出版社，2001年，第185页。

② 冯友兰：《对于中国近五十年教育思想进展的体会》，《三松堂全集》(第14卷)，河南人民出版社，2001年，第185页。

③ 冯友兰：《对于中国近五十年教育思想进展的体会》，《三松堂全集》(第14卷)，河南人民出版社，2001年，第186页。

的真实意义,也了解了农村划分阶级的标准,这个标准就是看剥削和剥削的程度,受剥削和受剥削的程度"。还认识到,"'剥削'是马克思主义的一个重要概念","社会的种类虽然有多种,但主要的只有两种:一种是阶级社会,也就是有剥削的社会;一种是无阶级社会,也就是没有剥削的社会"①。仕宦家庭出生的冯友兰,以前看《施公案》《彭公案》等小说,对其中所说的那些私设刑堂、随便打人杀人、霸占田产、抢夺妇女的恶霸并没有现实的感受,通过参加土改,他有了切身的感受,也增进了与农民阶级之间的感情。在中华人民共和国成立前冯友兰对于老家几十年没有什么变化,并没有什么感觉,也不知道什么阶级感情之说。土改后对于家乡没有实行土改的地区深感不平,认为所有的地方都要进行土改,解放贫下中农。冯友兰慢慢地也培养了反封建的情绪,"看见农民翻了身,也替他们欢喜"②。

冯友兰阶级立场发生了变化,也同时对自己思想产生的阶级根源有了进一步的认识:"我以前虽然在知识方面,自以为不是怎样的不开明,而且在有个时候,自以为是'左倾',但是真情实感还是倾向于地主方面。这就决定我以前的立场。"③冯友兰逐渐认识到了自己思想的差距和阶级的根源,他认识到,农民及农民出身的军人,立场是明确坚定的,因为他们原来的阶级立场本来就是新社会的阶级立场,至少是近于新社会的立场。而旧知识分子大都是从地主或资产阶级出身的。旧知识分子要想完全去除他们旧日所有的思想与生活习惯需要付出很大的努力并长期学习。

其次,对群众路线的了解。冯友兰在土地改革中遇到了分胜利果实的问题,当时村里的胜利果实不多,政策上不能用平均的办法,而是用调剂的办法。"在我们没有走过群众路线的人,觉得这个办法,实行起来,可真是困难极了。专凭工作组的几个人,怎么能够知道,在许多贫雇农中,谁果真需

---

① 冯友兰:《三松堂自序》,人民出版社,2008 年,第 117—118 页。

② 冯友兰:《对于共产党的认识底转变》,《三松堂全集》(第 14 卷),河南人民出版社,2001 年,第 446 页。

③ 冯友兰:《一年学习的总结》,《三松堂全集》(第 14 卷),河南人民出版社,2001 年,第 397 页。

要地,谁果真会种地。"①而这些问题,工作组依照中央的指示,采取的是依靠群众的方法,工作组"组织群众,检阅队伍",由群众自己组织去实施,群众充分发挥自己的智慧,采取了"自报公议"的办法进行,也就是让有土地的人自己报自己有多少土地、房屋、农具、全家人口等,由全体群众来监督是不是正确。后来,冯友兰在参加河南省人民代表大会时,对"从群众中来,到群众中去"的路线有了更进一步的体会,在制定大会的报告时,中国共产党采取提前开预备会的形式,听取各方面的报告,形成的草案提请到群众里进行讨论。"党政方面的政策本来是集中群众的意见,而做出的规定。经过会议,是把政策再交给群众讨论修正,使之成为群众自己的决议,成为自己的行动。"②群众路线不仅是解决问题的好办法,还是教育群众的好办法。群众通过参与受到教育,认识到自己的主人翁地位,认识到共产党的政策。

最后,对辩证法的认识。在土地改革中,冯友兰走出书本和纯粹理论工作,对实际工作有了更多的认识,通过实际工作对辩证法有了感性的认识。比如按照"土改"规定,要通过发动群众,清除土匪恶霸,减租减息和分配土地等项步骤来进行,冯友兰就产生了疑问:"现在既然是人民掌握了政权,为什么不下一道命令,把全国的土地,一下分配了,而还要经过许多步骤呢?"③冯友兰经过实际了解和参与,才了解到这是一个实际的问题,是有河南经验在先的。在中华人民共和国成立前的"土改"中,是以武力解决的方式进行的,在中华人民共和国成立后,虽然全国形式上已经达到了统一,但是在基层,政权还掌握在土豪劣绅手里,"一道命令"解决不了土改问题,纯粹武力也不利于群众教育,冯友兰认识到,事物都是发展的,也是相互联系的。土改不是一件孤立的事情,而是和政治军事等方面相联系的。"这一套办法,在这个阶段,是正确的,就是真理。等到革命发展到另一阶段,在一切方

---

① 冯友兰:《土改工作中的群众路线》,《三松堂全集》(第14卷),河南人民出版社,2001年,第412页。

② 冯友兰:《参加河南省人民代表会议的体会》,《三松堂全集》(第14卷),河南人民出版社,2001年,第423页。

③ 冯友兰:《参加河南省人民代表会议的体会》,《三松堂全集》(第14卷),河南人民出版社,2001年,第420页。

面,就有与之相应的另一套办法。"①

在土地改革中,冯友兰还逐渐实现了从"共相殊相"的分离到"具体的共相"的转变,认识到共相和殊相是无法完全分离开的,共相寓于殊相之中,共相与具体是结合在一起的,一般与个别也是结合在一起的,比如说"贫农"这个类就有许多不同的表现形式。通过参加"土改",冯友兰一改之前关于思想改造的单纯遐想,认识到了自己思想的差距:"其实我自己觉得,我对于新社会的认识,还有很大的隔膜。这种新旧价值混乱的思想,必定也还不少。"②

冯友兰进一步将新社会的思想与自己之前的思想作比较,认识到"我以前的思想习惯,使我总想有一种永恒不变的以为依靠"③。而实际上,真理作为一个思想系统,是活的。冯友兰之前曾经做过"不变的道德"的演讲,还主张在工业化社会里保护中国已有基本道德不变,而现在则以发展的眼光看待思想的发展演变。冯友兰将共产党改造人与改造社会的理论及方法与中国旧哲学进行比较,发现两者"就像现代科学医学与中古式的医学之比"④。之前的政治思想是自然的朴素的,没有科学认识和指导的,所以是落后的,而马列主义则是发现了人类社会发展的普遍科学规律,所以在改造人和改造社会方面有更大的效果。冯友兰发现,把新中国的道德标准放在人生四境界中对比,新社会的道德要求至少都在"道德境界"之上。总之,冯友兰认识到,新中国的政治、思想、文化都要比旧社会先进,中华民族确实实现了从古到今的进步。

二、马克思主义理论学习与新理学自我批判

冯友兰在 20 世纪二三十年代已经部分接受了唯物论,中华人民共和国

---

① 冯友兰:《参加河南省人民代表会议的体会》,《三松堂全集》(第 14 卷),河南人民出版社,2001 年,第 422 页。

② 冯友兰:《参加河南省人民代表会议的体会》,《三松堂全集》(第 14 卷),河南人民出版社,2001 年,第 424 页。

③ 冯友兰:《一年学习的总结》,《三松堂全集》(第 14 卷),河南人民出版社,2001 年,第 397 页。

④ 冯友兰:《一年学习的总结》,《三松堂全集》(第 14 卷),河南人民出版社,2001 年,第 399 页。

成立后,他除了生活实践上的感受外,还积极学习马克思主义理论,对马克思主义的理解更加全面和深入。冯友兰之前对马克思主义的认识主要是基本观念的基础认识,表现在对"世界是物质的、发展变化的"辩证唯物论和"经济基础决定上层建筑"历史唯物论的认识方面,通过学习毛泽东的《实践论》,冯友兰对马克思主义认识论又有了较深的理解。

在《〈实践论〉——马列主义底发展与中国哲学传统问题底解决》一文中,冯友兰认识到,毛泽东的《实践论》是对于"认识自然及社会中的事物发展底必然规律"的"一个唯一正确的方法",是"辩证唯物论底认识论底结晶",是对马克思列宁主义的发展。① 毛泽东的认识论是建立在中国革命实践基础上的,是"以中国整个的革命实践,充实了丰富了辩证唯物论底认识论"②。毛泽东的实践论主要包含四个方面的内容:强调理论的基础是实践;认识反过来为实践服务;判断认识或理论是否正确依客观社会实践的结果而定;实践与认识互相推进,循环向高一级发展。冯友兰认为毛泽东的这篇文章科学地解决了中国哲学中的一个重要的传统问题,就是"知行问题"。中国哲学从宋朝开始到民国时期,对知行关系问题进行了不断深入的讨论,一直到孙中山的"知难行易",理论上逐步发展,但是由于历史和阶级的局限,没有找到全面科学的解答,他们大多只看见知行关系的一个方面。毛泽东的《实践论》从生产活动出发,从中国革命实践中来,注重人的社会性和历史发展,他讨论的知行关系是实践的、变动的,是辩证唯物的认识论,它"以马列主义底内容,表现于中国底民族形式,这种表现是马列主义底发展,同时也是中国哲学底提高"③。冯友兰认为,毛泽东的《实践论》既是对马克思主义的发展,也是对中国哲学的发展,它解决了马克思主义发展与中国哲学传统的问题。在这里,冯友兰已经注意到了马克思主义与中国传统哲学的关系问题,这也是他在中华人民共和国成立后探讨中西文化关系的重点。

---

　① 冯友兰:《〈实践论〉——马列主义底发展与中国哲学传统问题底解决》,《三松堂全集》(第13卷),河南人民出版社,2001年,第7、8页。

　② 冯友兰:《〈实践论〉——马列主义底发展与中国哲学传统问题底解决》,《三松堂全集》(第13卷),河南人民出版社,2001年,第10页。

　③ 冯友兰:《〈实践论〉——马列主义底发展与中国哲学传统问题底解决》,《三松堂全集》(第13卷),河南人民出版社,2001年,第25页。

在《学习〈实践论〉的收获》一文中，冯友兰深刻地认识到，马克思主义的认识论是以实践为根本的，"它以实践为认识底根本，认识是依赖于实践的，是为实践服务的，是待实践考验的"①。《实践论》所树立的认识论是学术研究的唯一正确标准，学术工作者要用这个方法，朝着这个标准，"检查自己底过去，端正工作底方向"②。

冯友兰对自己过去的思想进行了检查。他首先检讨了自己的阶级立场，认为自己之前的思想没有站在人民的立场，好像是走错了方向，只是"企图建筑一些空中楼阁的反动哲学"。自己过去写的中国哲学史，当时所用的方法是资产阶级历史学的方法。"我以前所写的哲学史，只是把各时代底思想家底思想，排列起来"，现在才了解到："不对于各哲学家底思想，作阶级分析，就不能了解哲学史底'内部矛盾'，不能'了解它的规律性'，不能'了解这一过程与那一过程间的内部联系'。"③冯友兰认识到马克思主义认识论与资产阶级的不同："资产阶级历史家认为历史就是过去事情底堆积，历史家底任务，就在于研究过去究竟有些什么事情。"④是对经验材料进行事实记录和逻辑分析，并不从研究所得的事实中推出什么结论。而马克思主义的认识论是要在丰富的感觉材料和实际经验基础上进行认识和归纳。为材料而材料的认识论是走在半路上的认识论，所获得的思想和认识是不完全反映事物本质的。

冯友兰认为，自己之所以在之前犯这样的错误，是因为当时认为："我们没有办法，来确定某一家底哲学，是绝对正确的，或绝对不正确的。"⑤认为，如果一个哲学家的哲学系统在逻辑上是自相一致的，就是一流的哲学

①　冯友兰：《学习〈实践论〉的收获》，《三松堂全集》（第13卷），河南人民出版社，2001年，第27页。

②　冯友兰：《学习〈实践论〉的收获》，《三松堂全集》（第13卷），河南人民出版社，2001年，第27页。

③　冯友兰：《学习〈实践论〉的收获》，《三松堂全集》（第13卷），河南人民出版社，2001年，第29页。

④　冯友兰：《学习〈实践论〉的收获》，《三松堂全集》（第13卷），河南人民出版社，2001年，第29页。

⑤　冯友兰：《学习〈实践论〉的收获》，《三松堂全集》（第13卷），河南人民出版社，2001年，第30页。

家,哲学就是一种"公说公有理婆说婆有理"的学问,我们只能从逻辑和系统上对于它进行评价,不存在一种确定正确与否的标准。通过学习《实践论》,冯友兰认识到,之前的看法"完全是脱离实际,专在'知'底范围内打圈子的看法,完全是资产阶级及小资产阶级的知识分子底看法"①。他认识到,对于哲学,"有一个最高的,与最后的标准,以决定其是错误或正确,那就是实践"②。冯友兰认识到历史是可以评价的,因为"讲历史是现在的事",实践的标准可以让人们对过去的思想作批评和估价,这种评价也使历史工作者在改造世界方面能够起到作用。

冯友兰认为,《实践论》为广大学术工作者提出了一个要求,就是要将丰富的感觉材料加以改造,经过去粗取精、去伪存真、由此及彼的过程,这需要学术工作者付出很大的劳苦。对于这种学术上的劳苦,冯友兰通过学习,提高了觉悟,认为"比起战斗英雄在战场上的劳苦,比起劳动英雄在工场里的劳苦,这些劳苦算什么呢?"③体现了冯友兰对劳动阶级产生了更加深厚的情感。在解放初期,面对共产党的"威",冯友兰对马克思主义理论的学习和认识是发自内心的感触,他所阐述的马克思主义的观点也是真诚的。

冯友兰在自己所了解和掌握的马克思主义理论的指导下,对自己之前的主要著作"新理学"体系《贞元六书》和中国哲学史著作进行了批判,撰写《"新理学"底自我检讨》《过去哲学史工作的自我检讨》《批判我底"抽象继承法"》《新理学的原形》等文章。冯友兰在20世纪50年代初期对自己著作的批判不能说是伪作,只能说是在对马克思主义了解不深的情况下,利用马克思主义的基本原理对之前的著作进行的批判,在批判的过程中,他有时还敝帚自珍,尝试保留自己的看法和见解。在20世纪50年代后期及20世纪六七十年代,冯友兰的自我批判就不能认为是求真和求诚的态度了,而是应付和应景的。

---

① 冯友兰:《学习〈实践论〉的收获》,《三松堂全集》(第13卷),河南人民出版社,2001年,第31页。

② 冯友兰:《学习〈实践论〉的收获》,《三松堂全集》(第13卷),河南人民出版社,2001年,第31页。

③ 冯友兰:《学习〈实践论〉的收获》,《三松堂全集》(第13卷),河南人民出版社,2001年,第31页。

在 1950 年的《"新理学"底自我批判》中,冯友兰利用马克思主义原理对自己著作的批判和解读,对于我们了解冯友兰旧思想与马克思主义思想的碰撞是有价值的。冯友兰说:"从 1933 年起,我一直相信马、恩的历史唯物论是正确的,不过一直到解放前,我一直相信我可以在历史研究方面持唯物论,而在本体论方面不必持唯物论。"①这是真实的,冯友兰在《秦汉历史哲学》中详细阐释了自己对于历史唯物论的吸收,但他在《新理学》中却建立了"理""气""大全"等一些超存在的概念。

他批判了《新理学》中"理"先于"气"存在、"共相"超于"殊相"而存在、"共相"独立于"殊相"而存在的观点。"在《新理学》那本书中,我所注重的,不是一般与个别底统一,而是它们的对立。"②冯友兰逐渐认识到共相与殊相是无法两分的,而是合二为一的,一个共相总是寓于殊相之中,这为后来冯友兰从"理在事先"向"理在事中"转变打下了基础。

冯友兰批判自己之前所建立的基于逻辑的纯粹的理论系统。在民国时期,冯友兰认为哲学就是要讲抽象、讲概念:"以前我很喜欢'形式的'这三个字。……这样只肯定有理,而对于理底内容,并不要知道。"③而现在,冯友兰认为:"以前我以为哲学家的任务,就是'静观'万物,在自己的思想中,将其加以分析。""新哲学底任务不仅要解释世界,而且要改造世界。"④通过学习,冯友兰知道了理论与实践的统一。

冯友兰批判《新原人》,在那本书中,冯友兰认为人的境界决定于人对世界的理解,在于人的"觉解",根据人的觉解的不同,将人的境界分为天地、道德、功利、自然四个层次,而这四个境界的不同完全取决于人的理解的不同,在乎人的理念,冯友兰还认为哲学凭借抽象的思维和概念可以提高人的

---

① 冯友兰:《"新理学"底自我检讨》,《三松堂全集》(第 14 卷),河南人民出版社,2001 年,第 922 页。

② 冯友兰:《"新理学"底自我检讨》,《三松堂全集》(第 14 卷),河南人民出版社,2001 年,第 923 页。

③ 冯友兰:《"新理学"底自我检讨》,《三松堂全集》(第 14 卷),河南人民出版社,2001 年,第 925 页。

④ 冯友兰:《"新理学"底自我检讨》,《三松堂全集》(第 14 卷),河南人民出版社,2001 年,第 924 页。

境界。而现在冯友兰认识到,"其实像劳动创造人类,及劳动创造世界,这一类的与实际联系的道理,一样可以提高人的境界。而且可以在实际的工作中提高人底境界"①。但是冯友兰认为《新原人》有其存在的价值,他说:"其中的主要意思,我现在还觉得是代表中国旧哲学底优良传统,在新社会中还是有用的。"②

冯友兰认为《新原道》是"从辩证的观点指出了中国哲学发展,但不是从唯物论的观点"③。《新世论》"讲修养方法,也是就个人立论,从个人出发"④。对于《新事论》,冯友兰认为,"现在看起来,虽有许多的缺点,但总不能说是主张复古或开倒车"⑤。

经过学习,冯友兰对自己的阶级局限有了更深的认识,并进行了深刻的自我剖析。冯友兰剖析自己在20世纪30年代因为发表唯物主义论点被国民党关押审查,却最终没有"变过来"的原因是,"我害怕改变我底'正常'生活。这种'正常'生活,当然就是旧社会中一般士大夫的生活"⑥。这个剖析是切合自身实际的,冯友兰本质上是一个有着封建"士大夫"思想的、保守的知识分子,他不想也不愿意公然与政府对抗,不想放弃安逸的生活和较高的名誉地位。

冯友兰还试图为自己找到可以在新社会立足的观点,他说:"在以前我

---

① 冯友兰:《"新理学"底自我检讨》,《三松堂全集》(第14卷),河南人民出版社,2001年,第927页。

② 冯友兰:《"新理学"底自我检讨》,《三松堂全集》(第14卷),河南人民出版社,2001年,第925页。

③ 冯友兰:《"新理学"底自我检讨》,《三松堂全集》(第14卷),河南人民出版社,2001年,第927页。

④ 冯友兰:《"新理学"底自我检讨》,《三松堂全集》(第14卷),河南人民出版社,2001年,第927页。

⑤ 冯友兰:《"新理学"底自我检讨》,《三松堂全集》(第14卷),河南人民出版社,2001年,第929页。

⑥ 冯友兰:《"新理学"底自我检讨》,《三松堂全集》(第14卷),河南人民出版社,2001年,第929—930页。

不会有阶级观点,但是民族观点确是有的。"①自己所建立的"新理学"体系之所以落后,在于"中国近代史变化得太剧烈,太快了"②。"新理学"在开始的时候,是有它的进步性的,它的民族主义性在对日抗战时期相当地起了鼓动的作用,要不然也不会在某一时能有相当的流行。

在后来的《过去哲学史工作底自我批判》中,冯友兰对自己的批判较之前更加绝对,没有丝毫的自我怜悯,"我过去的中国哲学史工作,满足了当时的资产阶级思想阵营底这些需要。我用新实在主义底客观唯心主义跟中国封建社会底统治思想更密切地结合起来,使它在人民革命面前垂死底时候,来了一个'回光返照'"③。这与当时的思想批判、思想过关的历史背景是分不开的。在后来的《新理学的原形》等文章中,从文章名字就能看到作者观点的不客观,整篇文章没有冯友兰的真切想法和客观探讨,不足论矣。

三、在国际文化活动中传播马克思主义

在20世纪50年代,冯友兰作为知名教授参加了一些国际文化活动,重新对比中西文化,他站在新中国的角度将中国的社会主义制度和马克思主义理论向西方介绍,冯友兰的介绍是以民族的自豪感和无比的优越心理进行的,在新的历史阶段上,冯友兰不再纠结于学习西方的什么及如何学习,而是充满自信地认为中国已经建立了先进的社会主义制度,这是西方应该学习的地方。

1951年,参加赴印度缅甸的文化代表团时,冯友兰了解到了中、印独立解放方式的不同,"中国走的是武装革命的道路,印度走的是和平过渡的路"④。对比两种解放方式,他认为武装革命的道路虽然有流血牺牲,但是却更促进社会的改革和快速发展,和平道路看似平稳,却丧失了让社会急速进

①　冯友兰:《"新理学"底自我检讨》,《三松堂全集》(第14卷),河南人民出版社,2001年,第930页。

②　冯友兰:《"新理学"底自我检讨》,《三松堂全集》(第14卷),河南人民出版社,2001年,第931页。

③　冯友兰:《过去哲学史工作底自我批判》,《三松堂全集》(第14卷),河南人民出版社,2001年,第934页。

④　冯友兰:《三松堂自序》,人民出版社,2008年,第120页。

步的动力。冯友兰详细对比了中印的建筑、宗教等文化，感受到中国大一统及灿烂文化的宝贵，他认为，这是我们子孙万代都要继承的遗产。

1956 年，冯友兰参加了在瑞士日内瓦举办的国际文化交流会，在会上作了《中国文化的三个主要传统》的演讲，强调"新中国的和平政策、民主制度、科学研究"是中国传统的继续和发展。冯友兰通过参会感受到，西方的资本主义文化受到了中国社会主义文化的冲击，"中国社会中现有的主要矛盾是进步的生产关系和落后的生产力的矛盾。资本主义国家中，现有的主要矛盾正是相反，是落后的生产关系和先进的生产力的矛盾"①。对于西方学者在国际会议中的讲演，冯友兰认为"谈过去的多，谈将来的少；引经据典的多，结合实际的少"②。显然是将中国一日千里的发展变化与西方的局于理论思辨的哲学现状进行对比的感受。

冯友兰 1956 年参加巴黎罗耀蒙哲学讨论会，作了题为《马克思主义在中国的发展》的发言，在文中，冯友兰谈了自己对马克思主义的理解和认识，也向与会者介绍了马克思主义在中国的发展情况。他说，在中国，"我们的全体人民，正在以极高的热情和极高的速度，建设社会主义社会……马克思主义在中国得到广泛的传播和进一步的发展"③。他介绍说，像自己那样从一个唯心主义的哲学家转向马克思主义，"在新中国，这并不是稀奇的事情"④。马克思主义在中国的广泛传播使得许多同事都转向马克思主义。"作为一个职业的哲学家，马克思主义对于我的说服力，在于它在改造世界的事业中所发生的作用。"⑤中国共产党所实施的各项政策的成功，使得冯友兰深刻理解了马克思所说的名言"哲学家们只是用不同的方式说明世界，而

① 冯友兰：《参加两次国际会议的观感》，《三松堂全集》（第 13 卷），河南人民出版社，2001 年，第 81 页。

② 冯友兰：《参加两次国际会议的观感》，《三松堂全集》（第 13 卷），河南人民出版社，2001 年，第 82 页。

③ 冯友兰：《马克思主义在中国的发展》，《三松堂全集》（第 13 卷），河南人民出版社，2001 年，第 97 页。

④ 冯友兰：《马克思主义在中国的发展》，《三松堂全集》（第 13 卷），河南人民出版社，2001 年，第 97 页。

⑤ 冯友兰：《马克思主义在中国的发展》，《三松堂全集》（第 13 卷），河南人民出版社，2001 年，第 97 页。

问题在于要改造世界"，认识到自己之前所主张和宣传的唯心主义哲学是一种"不结果实的花朵"。① 马克思主义就是要改造世界，我们将在社会主义、共产主义建设事业的实践中，对马克思主义有更好的理解。冯友兰认识到，马克思主义不是死的教条，而是活的行动指南，"它是不断地以新的革命经验，新的科学知识丰富自己，使自己不断地发展"②。中国共产党革命的过程中也曾犯过这样的错误，但是在毛泽东同志的领导下，开始了马克思主义中国化的进程，毛泽东的《实践论》《矛盾论》就是反教条主义、理论联系实际的著作。在中华人民共和国的建设过程中，以毛泽东同志为核心的中共中央，将马克思主义的普遍原则与中国革命和建设实际相结合，促进了中国的发展和进步。冯友兰介绍了马克思主义在中国学术界的传播发展情况，冯友兰认为："马克思主义的科学的哲学史，是要以客观的态度，揭示哲学史的真相。"③但在中国却曾走过弯路，那就是"研究哲学史不是从哲学史的具体事实出发，而是从一种原则或公式出发"④。经过"百家争鸣"和批评与自我批评，中国的学术研究将走向正规。"在新中国的革命和建设的事业的过程中，我们随时都在理论上和实践上跟教条主义作斗争。"⑤

1957 年，冯友兰参加了华沙的国际哲学会议，在会上，马克思主义者与非马克思主义者之间产生了尖锐的争斗，中国的学者对于西方的实用主义进行了批判。冯友兰认识到，"马克思主义在世界上的势力，是增长了"，⑥马克思主义所讨论的是与社会联系很现实的实际问题，而西方哲学还局限于

---

① 冯友兰：《马克思主义在中国的发展》，《三松堂全集》（第 13 卷），河南人民出版社，2001 年，第 97 页。

② 冯友兰：《马克思主义在中国的发展》，《三松堂全集》（第 13 卷），河南人民出版社，2001 年，第 98 页。

③ 冯友兰：《马克思主义在中国的发展》，《三松堂全集》（第 13 卷），河南人民出版社，2001 年，第 102 页。

④ 冯友兰：《马克思主义在中国的发展》，《三松堂全集》（第 13 卷），河南人民出版社，2001 年，第 103 页。

⑤ 冯友兰：《马克思主义在中国的发展》，《三松堂全集》（第 13 卷），河南人民出版社，2001 年，第 103 页。

⑥ 冯友兰：《关于一个国际哲学会议——华沙会议》，《三松堂全集》（第 13 卷），河南人民出版社，2001 年，第 111 页。

细节的哲学讨论,冯友兰认为:"我们讲的是马克思主义哲学,着重研究自然、社会和人生中的发展规律。这些研究,在他们看起来都是大而无当,漫无边际的问题。他们所研究的,是他们所谓专业性的问题,在我们看起来,都是钻牛角尖。"①双方没有共同语言,"答非所问,驴唇不对马嘴",冯友兰表现出了对西方经院哲学的不认同。

　　抗美援朝胜利后,冯友兰撰写了《论美国底思想武器》一文,运用历史唯物主义的方法对中美进行分析,他在文中认为,社会是向前发展的,在一百年前,中国比美国落后,在他们谈资产阶级自由的时候,我们还在讲封建社会的忠君孝亲、三纲五常。"可是现在翻转过来了。他们底物质武器,虽然还能维护相当的优势。可是他们底思想武器,他们底'生活方式',比我们所有的马列主义及生活方式,整整地落后了一个历史阶段。"②中国已经走在了前面,美国社会阶段落后了。抗美援朝战争已经使世界人民看到了马克思主义理论指导下中国共产党的力量,看到了进步社会的力量。他说:"他们必然想着,专靠物质武器就可以像以前一样为所欲为。可是他们要知道:思想掌握了群众,就成了物质的力量。这句真理大概美国底统治阶级是不会认识的。"③完全是马克思主义的味道。通过这样的中美相比,冯友兰认为,美国只在物质方面暂时还领先于中国,美国精神则是该进博物馆了。美国人所谓的美国精神就是"自由",但是现在中华人民共和国建立后,中国人民独立解放了,获得了自由,而且中国人的自由超过了美国的自由,因为中国人的自由是全体人民的自由,而不仅仅是资产阶级的自由,美国的资产阶级自由是对封建主义的胜利,中国的自由是对资产阶级的胜利,所以是历史的进步,美国的精神和自由现在是该进博物馆的时候了。

----

① 冯友兰:《三松堂自序》,人民出版社,2008 年,第 133 页。

② 冯友兰:《论美国底思想武器》,《三松堂全集》(第 14 卷),河南人民出版社,2001 年,第 433 页。

③ 冯友兰:《论美国底思想武器》,《三松堂全集》(第 14 卷),河南人民出版社,2001 年,第 433 页。

第三节　中国哲学遗产的"抽象继承"

"中华人民共和国成立,初步解决了中国向何处去的问题。但中西文化冲突这一更为广泛的问题,还未解决,且显得更为复杂。"①这一时期文化冲突不仅仅是中西文化,还有唯心主义与唯物主义,中国传统文化与马克思主义,中、西、马三个层面的文化激荡相互交织。关于马克思主义是不是西方文化,学界存在着长期争论,但是毋庸置疑的是,马克思主义是来自西方的文化,只是作为共产党指导思想的马克思主义早已是"中国化"的马克思主义,属于中西结合的产物。1949 年至 1978 年,中国处于相对封闭的环境中,在中西马文化关系中,马克思主义与中国传统文化的冲突显得更加突出,冯友兰意识到了马克思主义中国化过程中的矛盾冲突,更致力于弘扬中华优秀传统文化。正像王鉴平所认为的那样:"解放后,冯友兰对中西文化冲突的思考,集中表现在如何对待传统哲学、传统文化的态度上。"②

一、重视整理祖国的哲学遗产

面对泱泱几千年的中国文明,冯友兰十分珍惜,他在 1950 年就提出了要"重视整理祖国的哲学遗产"。他认为,随着社会主义经济的快速发展,文化建设的高潮也将开始,新文化建设是在历史的基础上进行的,不能隔断历史。中国几千年积累下来的唯物主义哲学思想,是中国古代哲学的一个主要组成部分,同时也是中国现代哲学思想发展的一个历史来源。"我们要懂得中国的今天、昨天和前天,要清理中国文化发展过程,就必须对于中国哲学遗产作科学的整理和研究。"③通过整理,吸收其精华,弃其糟粕。通过整

---

① 王鉴平:《冯友兰哲学思想研究》,四川人民出版社,1988 年,第 19 页。
② 王鉴平:《冯友兰哲学思想研究》,四川人民出版社,1988 年,第 20 页。
③ 冯友兰:《重新整理祖国的哲学遗产》,《三松堂全集》(第 13 卷),河南人民出版社,2001 年,第 59 页。

理,弄清楚我们要继承的遗产有哪些内容,从而为社会主义文化建设打好基础。

中国人民是中国古代文化珍贵遗产的继承人。哲学工作者的任务就是要将这些遗产进行重新阐释和整理,以便于人民的了解和学习继承。要做好遗产的整理工作,冯友兰认为哲学工作者应该认真学习辩证唯物主义和历史唯物主义,批判资产阶级唯心史观。要做好遗产的整理工作,可以开展以下几个方面的工作:注释和今译古典哲学著作,编纂资料;编著中国哲学全史,主要包括中国哲学的基本问题研究、中国哲学史的重要思想家和流派研究;对汉族以外的其他民族哲学史的研究。通过这些工作,"把占世界人口四分之一的人民的三千年的哲学思想发展的全貌,向全世界揭示出来"①。

冯友兰自己率先示范,开始了《中国哲学史新编》(以下简称《新编》)的撰写工作,在写作过程中,冯友兰以马克思主义理论为指导,坚持唯物主义与唯心主义的对立和统一、坚持逻辑与历史的统一、坚持观点和资料的统一。他的主观意图是"写一部以马克思列宁主义、毛泽东思想为指南的中国哲学史"②。他认为哲学史的内容就是要讲唯物主义与唯心主义之间的斗争、讲辩证法和形而上学之间的斗争。但是,冯友兰在写作过程中尽量反映中国哲学史的具体详细内容,为唯心主义保留了一定的地位,他认为,唯心主义和唯物主义是哲学斗争的两个对立面,既然是对立面,就有对立也有统一,两个方面互相交织在一起,并且互相转化。所以,在讲唯物主义思想的时候,不能不讲唯心主义思想的内容。

他在给自己制定的七个写作"清规戒律"中,一方面突出了"哲学"的内容:"直接参加哲学战线的思想讲,不是直接参加哲学战线上的思想不讲",这些直接参加哲学战线的思想必然是唯物主义或唯心主义的,必然反映了当时的阶级斗争并且为当时阶级斗争的思想工具;"与哲学战线直接有关的东西讲,不是直接有关的东西不讲或少讲";"在哲学战线上有代表性的

---

① 冯友兰:《重新整理祖国的哲学遗产》,《三松堂全集》(第13卷),河南人民出版社,2001年,第61页。

② 冯友兰:《中国哲学史新编试稿·绪言》,《三松堂全集》(第7卷),河南人民出版社,2001年,第6页。

成体系的思想多讲,不成体系的思想少讲"。另一方面也力图对中国哲学遗产进行阐释,也就是整理和保护:①"哲学史中的唯物主义哲学要多讲,唯心主义哲学也不能少讲",他认为唯物主义与唯心主义两者互相交缠在一起,并非各不相干,有的人认为要尽量少讲唯心主义,这种观点是错误的,"问题不在于多讲或少讲而在怎样讲法";②"哲学家的阶级立场和社会作用要多讲,但他对于哲学问题的解决和辩论,也就是说,关于他的理论思维,也不能少讲",哲学家是通过对哲学问题的提法、解决和辩论而为其阶级服务的,"哲学史要决定哲学家的阶级立场,也要研究和分析哲学家的理论思维的内容。不然的话,就好像仅只给他作阶级鉴定";③"规律要多阐发,知识也要多介绍"①。他认为,历史主要是揭示社会现象发展的客观规律和发展过程,但是这些内容中很大一部分就是知识,冯友兰所谓知识,其实就是思想材料、理论观点、辩论方法等,这些都是中国哲学遗产的一部分。冯友兰认为这样处理有助于在马克思主义指导下,保留中国哲学遗产的大部分,避免了单一纯粹的唯物主义唯心主义路线斗争,避免将中国哲学史简单化、教条化。

在这个时期,受环境的影响,冯友兰根据当时对马克思主义的理解,将哲学史看作唯物主义与唯心主义斗争的历史,这就为如何处理中国遗产中的封建糟粕、唯心主义带来了困难。冯友兰的《中国哲学史新编(试稿)》,一方面要遵从马克思主义的指导,突出阶级斗争和唯物主义与唯心主义之间的斗争,另一方面又想保留中国的哲学遗产。在踌躇犹豫中,冯友兰最终没有完成《新编》的全部编写工作,只留下了部分试稿。

在对中国旧派哲学家的哲学思想进行唯物唯心划分的时候,有些学者将部分思想家绝对化为唯心的,冯友兰撰文指出,对于孔子老子墨子的思想应该进行实事求是的分析。特别是对于孔子研究,冯友兰是怀着敬意和温情的,他主张:"必须把孔子本人的思想和以后发展的儒家(孔子主义)思想分割开来,把孔子的思想在孔子时代所发生的作用和影响,和以后特别是汉

---

① 冯友兰:《中国哲学史新编试稿·绪言》,《三松堂全集》(第7卷),河南人民出版社,2001年,第7、8页。

朝以后发展的儒家的思想在以后时代所发生的作用和影响分别开来。"①冯友兰是珍惜以孔子为首的中国传统思想和文化的。冯友兰说孔子："他的名字所曾经象征的封建制度是一去不复返了。可是他的名字,在现在和将来,还要是中国历史中的可敬爱的名字之一。"②

在与国际文化界进行交流的时候,冯友兰也为中国的传统文化代言,并宣传共产党在中国文化方面的正确政策。在国际会议上,当听到有部分资本主义国家的学者认为"中国完全跟着苏联走,把旧文化一概不要了"③,冯友兰会在合适的场合进行辩解,阐述自己的观点。在欧洲参会期间,当被电视台记者问到:"新中国是否将中国的旧传统全部抛弃了?"冯友兰回答:"新中国是在社会和经济方面有根本的革命,但并不是把旧传统一概都不要了。我们对于旧文化是首先加以分析,抛弃其中无用的部分,其中有用的部分,为人民所喜爱的部分,则不但不抛弃,并且加以发扬光大。"④他还向国外介绍中国在文化方面实行的"百花齐放、百家争鸣"的政策,介绍国内文化发展的情况,驳斥国外学者对于中国文化政策的不当认识,实际上也是冯友兰关于要整理保护中国文化遗产思想的表达。

二、抽象继承法的提出与讨论

冯友兰作为全国知名学者,参加了宣传贯彻"双百方针"的会议,对"双百方针"有着较深刻的认识。1957年3月,在全国政协二届三次会议上,他还作为教育和科学工作者代表做了发言,坚决拥护"百花齐放,百家争鸣"的政策。他认为:"在这种英明的政策的保证和鼓励下,我国一定会有一个文

---

① 冯友兰:《关于孔子研究的几个问题》,《三松堂全集》(第13卷),河南人民出版社,2001年,第70页。
② 冯友兰:《关于孔子研究的几个问题》,《三松堂全集》(第13卷),河南人民出版社,2001年,第77页。
③ 冯友兰:《参加两次国际会议的观感》,《三松堂全集》(第13卷),河南人民出版社,2001年,第83页。
④ 冯友兰:《参加两次国际会议的观感》,《三松堂全集》(第13卷),河南人民出版社,2001年,第83页。

化高潮和经济建设的高潮配合起来,使我国早日进入社会主义的社会。"①受"双百方针"的鼓舞,冯友兰大胆地提出了自己关于哲学遗产继承问题的看法。冯友兰坦言,在1950年代,他所提出的比较有价值的问题有两个,一个是"抽象继承法",一个是"树立一个对立面"。

(一)"抽象继承法"的提出

20世纪50年代,哲学界围绕中国哲学史中唯物主义与唯心主义斗争问题、哲学的阶级性与继承性问题等进行了广泛的讨论,当时出现一种现象,就是人们往往对中国古代哲学持否定态度的多,持肯定态度的少,冯友兰针对此种现象进行了讨论,并发表了《中国哲学遗产底继承问题》一文。文章说:"我觉得我们应该对中国的哲学思想,作更全面的了解。"②怎么做全面的了解,冯友兰提出了一个理论,那就是一个哲学命题具有抽象意义和具体意义两种意义。之前的资产阶级往往只注重命题的抽象意义,是不对的,但是现在出现了一种只注重命题的具体意义的倾向,也是不对的。冯友兰认为,在了解哲学命题的时候,"我们应该把它底具体意义放在第一位,因为这是跟作这些命题的哲学家所处的具体社会情况有直接关系的。但是它底抽象意义也应该注意"③。

什么是命题的具体意义和抽象意义? 冯友兰以"学而时习之,不亦说乎"为例,认为具体意义是指在不断学习《诗》《书》《礼》等传统书籍的过程中感到快乐,抽象意义是指无论学习什么,都要及时经常温习,这是很快乐的事情。如果按照具体意义来理解,这句话对现在的意义不大,如果按照抽象意义来理解,这句话用来指导现在的学习还是很有用的。冯友兰认为,许多古代哲学命题的抽象意义都是本身具有的,比如说"天下为公"中的"天下",古人是指"天以下的地方",这在当时具体是指中国领土,因为在当时人的概念中,天下就是中国所在的地方,他们没有意识到其他地方的存在,但

---

① 冯友兰:《"百花齐放,百家争鸣"政策保证我国学术正常发展》,《三松堂全集》(第14卷),河南人民出版社,2001年,第474页。

② 冯友兰:《中国哲学遗产底继承问题》,《三松堂全集》(第12卷),河南人民出版社,2001年,第94页。

③ 冯友兰:《中国哲学遗产底继承问题》,《三松堂全集》(第12卷),河南人民出版社,2001年,第94页。

是它的抽象含义是指凡天以下的地方都是"天下"。再比如"节用而爱人"中的"人"本身所具有的抽象含义和现在所用的意义一样。

有些命题的具体含义是没有进步作用的,比如说孟子的"人皆可以为尧舜",在封建社会是让普通百姓安于伦理纲常,在人伦上尽道,不做大逆不道、违犯伦理的事情,具有一定的反动作用。但是如果考虑其抽象含义,有"人人平等"的意思,则又具有进步的意义。冯友兰说:"事实上孟子、王阳明、禅宗底思想成为戊戌变法、辛亥革命底一部分的理论武器。"①中国哲学史的丰富材料中,有很大一部分讲修养方法与待人处世方法,也是在抽象意义上很有价值的,是可以继承的。

冯友兰从马克思主义理论中,找到命题的两种意义的依据。他指出,黑格尔的哲学本身是唯心主义的,他的辩证法是和唯心主义联系在一起的,马克思、恩格斯、列宁都认为黑格尔的哲学中有"合理的内核",即辩证法思想,如果取辩证法的抽象意义,将其用来与唯物主义联系在一起,就很有意义。所以冯友兰认为,把哲学命题分为具体意义和抽象意义,并有效继承抽象意义的做法并非特殊。"许多哲学史家本来就是如此做的。"②实际上,人在很多时候如果不运用命题的抽象意义,很多时候就不能思维。所以,我们要自觉地去注重中国哲学史命题中的抽象含义。

在抽象意义和具体意义的关系处理方面,冯友兰认为,如果过于在具体意义方面看,认为古代哲学遗产是封建的腐朽的东西,那么可继承的东西就很少了,如果过于在抽象意义方面看,那么可继承的就太多了。所以,"必须两方面都加以适当的注意,适当的照顾"③。

冯友兰认为,某些哲学中的抽象意义是对所有阶级都适用的,比如"仁义"二字,庄子所讲的故事"盗亦有道",一个叫跖的人是一个大盗,他在组织盗窃和分赃的时候,讲求仁义和平均平等,所以"盗"业兴旺。这说明"仁义

---

① 冯友兰:《中国哲学遗产底继承问题》,《三松堂全集》(第12卷),河南人民出版社,2001年,第98页。

② 冯友兰:《中国哲学遗产底继承问题》,《三松堂全集》(第12卷),河南人民出版社,2001年,第99页。

③ 冯友兰:《中国哲学遗产底继承问题》,《三松堂全集》(第12卷),河南人民出版社,2001年,第100页。

道德像刀枪等武器一样,谁都可以用"。所以,"哲学思想中有为一切阶级服务底成分"①。冯友兰的这个观点成为他被人批评的靶子。

(二)"抽象继承法"的广泛讨论

冯友兰关于命题的两个意义、继承命题的抽象意义的思想,后来被称为"抽象继承法",在当时引起了广泛讨论和批评,成为当时文化讨论一景。学者的批评主要集中在是否可以继承、继承什么、怎么继承、抽象继承与阶级性、抽象继承与马克思主义继承观、"批判继承法"自身的矛盾等方面,学者们在批判和讨论的同时,还提出了许多关于遗产继承问题的看法。

贺麟同样认为哲学遗产是应该继承的,但是他所持理由和冯友兰不同。他认为历史保存下来的哲学遗产是人们的财富,"哲学本身作为一种掌握真理的学术,它本身就是国家和人民的财富"②。历史上的哲学思想,不管是片面的、错误的、唯心的,还是全面的、正确的、唯物的,只要它被记载到史册中,就对人类文化有贡献,都是可以用来继承或批判继承的。"哲学史上的哲学体系,每每是文化的结晶,是时代精神的最高表现,是那一时代民族和阶级的生活经验、智慧和思想最高的总结。"③但是贺麟认为,可以继承的东西并不是一般的抽象的东西,而是最本质的、体现精神实质的东西。"继承孔子的'学而时习之',不是抽象的话,而是它的本质,它的精神实质。"④唯心主义中的"精神实质的东西"也可以为我所用。

张岱年也提出了精神实质说,但是在他这里,只有唯物主义的精神实质才能继承,与贺麟的广泛的精神实质论不一样。张岱年不认同冯友兰的"抽象继承",认为那是"不免接近于形而上学的看法"。张岱年认为,抽象的并不必然可以继承,具体的并不代表不能继承,"马克思主义重视科学的抽象,同时也不否认有一些不中用的抽象,如抽象的人性、抽象的不平等,抽象的自由等等"⑤。

---

① 冯友兰:《中国哲学遗产底继承问题》,《三松堂全集》(第12卷),河南人民出版社,2001年,第100页。
② 哲学研究编辑部:《中国哲学史问题讨论专辑》,科学出版社,1957年,第194页。
③ 哲学研究编辑部:《中国哲学史问题讨论专辑》,科学出版社,1957年,第193页。
④ 哲学研究编辑部:《中国哲学史问题讨论专辑》,科学出版社,1957年,第200页。
⑤ 哲学研究编辑部:《中国哲学史问题讨论专辑》,科学出版社,1957年,第344页。

杨洁民认为，我们在对待哲学遗产、对待古代哲学思想的时候，"是必须建立在科学的认知论和具体的历史观点上的"①。对某些命题是不是继承，不在于它是不是抽象的东西，而在于它是不是合理的、积极的，是否包含有客观真理的因素。

针对抽象意义和具体意义能否分开进行讨论，大部分学者都认为抽象意义和具体意义是不能分割开来的，抽象寓于具体之中。贺麟认为，抽象意义和具体意义是不能分开的，抽象的东西往往是寓于具体的形式中的，抽象不能离开具体。一些好的具体的特殊的东西也是可以继承的，比如，朱熹、王阳明的墨迹、手稿作为具体的东西也是应该好好保存并继承的。贺麟认为，冯友兰所谓一句好的话或一个好的概念由于是抽象的、一般的，就是可以继承的，这是形而上学的想法。汤一介认为，按照冯友兰的逻辑，"抽象的东西是不随具体的东西变化的，抽象的东西是在具体的东西之先存在的"②。这是一种将抽象与具体割裂开的看法，冯友兰所谓的抽象主要是指词汇方面的东西，词汇方面的东西是语言学上的问题，能为一切阶级服务，但是它不是道德本身的问题。对于哲学命题的继承，最终还是要取决于"具体意义"③。

燕鸣轩同样认为，"一个哲学命题固然有其抽象意义和具体意义的两方面，但作为正确的哲学命题讲，这两方面的意义仍是统一的；抽象意义寓于具体意义之中"④。如果把哲学命题的抽象意义看作体现真理的规律性意义或事物客观存在的规律性，则是可以理解的，对于哲学命题的继承是可以说得通的。燕鸣轩提出规律性、科学性、人民性、艺术性等哲学遗产继承的标准，因为这些是和"真""善""美"三方面的价值不可分的。

有的学者从马克思主义理论出发，探讨抽象继承法。关锋从唯物唯心两分批判冯友兰和贺麟，认为他们不分唯物和唯心，一般地谈继承哲学遗产，是一种不同程度混淆唯物主义和唯心主义、否定两者之间的斗争性和敌

① 哲学研究编辑部：《中国哲学史问题讨论专辑》，科学出版社，1957年，第409页。
② 哲学研究编辑部：《中国哲学史问题讨论专辑》，科学出版社，1957年，第367页。
③ 哲学研究编辑部：《中国哲学史问题讨论专辑》，科学出版社，1957年，第368页。
④ 哲学研究编辑部：《中国哲学史问题讨论专辑》，科学出版社，1957年，第384页。

对性的表现。关锋并不否认中国古代哲学中有很多"好东西",但是他认为具体命题本身却没有"比马克思主义哲学更好、以致可以现成拿来使用的'好东西'"①。

张恩慈、沈少周从阶级性来分析冯友兰的抽象继承法,认为"冯先生对哲学思想的阶级性理解的可能太僵硬了"②。冯友兰企图从任何一句话中都找出其阶级内容,从而造成继承的困难。实际上,思想继承与阶级继承是可以分开的,并不是每一项思想都要找出它的阶级性来。"哲学思想的继承性是由哲学本身发展的规律所决定的,哲学的发展对经济基础来说是有相对的独立性。"③阶级性则"可以决定对以前哲学的继承态度,也就是说,它决定着对以前哲学思想的取舍"④。哲学思想的继承主要是对思想材料和哲学原则的继承,而不是思想阶级的继承。

著名马克思主义理论家、哲学家艾思奇认为:"我们马克思列宁主义者对待过去文化遗产的态度是取其精华,去其糟粕。"⑤冯友兰提出的关于继承中国哲学遗产问题的意见是违背这个原理的。哲学命题中唯物主义和辩证法的因素是我们要肯定的,唯心主义与形而上学的因素则是我们要否定的。对于"学而时习之"的命题,之所以值得肯定并不是因为它具有抽象意义,而是因为它具有唯物主义的认知论的因素。

杨正典也坚持马克思主义的批判继承观,他认为,"继承就是一个从否定到肯定、从批判到吸收的认识过程"⑥,继承本身包含着扬弃和接受,"食古不化"的国粹主义与"数典忘祖"的虚无主义都是要反对的。对以往的哲学遗产要坚持马克思主义的观点和立场,批判地对待。他认为冯友兰所谓的从抽象和具体、形式和内容的角度对哲学命题进行分析未尝不可,但是"这样作的时候,必须以坚持党性原则为前提"⑦。

---

① 哲学研究编辑部:《中国哲学史问题讨论专辑》,科学出版社,1957 年,第 372 页。
② 哲学研究编辑部:《中国哲学史问题讨论专辑》,科学出版社,1957 年,第 402 页。
③ 哲学研究编辑部:《中国哲学史问题讨论专辑》,科学出版社,1957 年,第 398 页。
④ 哲学研究编辑部:《中国哲学史问题讨论专辑》,科学出版社,1957 年,第 399 页。
⑤ 哲学研究编辑部:《中国哲学史问题讨论专辑》,科学出版社,1957 年,第 438 页。
⑥ 哲学研究编辑部:《中国哲学史问题讨论专辑》,科学出版社,1957 年,第 323 页。
⑦ 哲学研究编辑部:《中国哲学史问题讨论专辑》,科学出版社,1957 年,第 327 页。

时任中共中央政治研究室副主任的胡绳作为马克思主义理论名家,在哲学遗产继承系列问题上,用马克思主义观点和方法给出了全面的指导性意见。关于冯友兰的抽象继承法。胡绳认为,"冯先生提出了一个值得认真考虑的问题,但是他所设想的解决问题的方法是趋向于一个错误的方向。其所以是错误的,就因为在应当实事求是地做具体分析的时候,却采用了一种最省力的办法"①。主观头脑的简单抽象是不能解决实际问题的。在哲学的根本观点以外,还有一般的思想资料的继承问题。

(三)冯友兰的回应

冯友兰提出"抽象继承"的问题,是针对当时哲学界认为中国古代哲学思想是唯心的、封建的、反动的因而给予否定的过多这一现象而提出的,他的目的是要指出中国哲学有很多遗产是可以继承的,但是他所提出的抽象继承法又陷入"超阶级""简单化""抽象与具体二分""过分肯定唯心主义思想"的旋涡。纵观哲学界的讨论,冯友兰的目的是达到了,大家通过讨论一致认为中国哲学的遗产是可以继承的,唯心主义的思想材料同样有可以吸收的价值,继承性和阶级性并不必然挂钩,人们又纷纷提出了继承哲学遗产的标准问题,如"民主性和科学性""真善美""合规律性""精神实质""合理性"等。但是在继承的方法上,人们对冯友兰的"抽象继承"指出了几个方面的缺陷:把继承问题简单化、容易化;抽象与具体割裂的形而上学;所有命题与阶级挂钩而导致超阶级理论;对唯心主义不是简单继承,而是要批判性继承;等等。同时人们也提出了一些正确的继承方法和继承原则:理论联系实际的方法、具体问题具体分析的方法、批判吸收的方法、唯物唯心区别对待、坚持党性原则;等等。

针对讨论,冯友兰又发表了《再论关于中国哲学遗产底继承问题》一文作为回应,围绕什么是继承、如何继承、继承什么三个问题与学者进行探讨。冯友兰认为,所谓继承问题,就是"在历史发展底各阶段中,各阶级向已有的知识宝库中,取得一部分的思想,加以改造,使之成为自己底思想斗争底武

---

① 哲学研究编辑部:《中国哲学史问题讨论专辑》,科学出版社,1957年,第516页。

器。在自己的事业中,发挥积极作用"①。在之前的社会中,继承本身并不存在问题,都是封建阶级继承封建阶级的思想遗产,可到了资产阶级民主革命之后,人们要吸收和继承资产阶级思想为我所用,这时候人们向西方资产阶级宝库中吸收营养不成问题,在中国的历史的知识宝库中,有没有可以为资产阶级所用的东西,也可以给予肯定的答复,因为资产阶级和封建阶级都是剥削阶级。可是到了社会主义建设时期,作为指导思想的马克思主义要取消一切剥削阶级,作为剥削阶级的资产阶级和封建阶级的思想对于工人阶级还有没有可以吸收的价值,就成了疑问。"在建设社会主义底事业中,中国过去的封建社会底知识宝库,是否还有可以继承的哲学思想,更成为疑问。"②有一个时期,大家认为古与今完全没有"相同之处",古代遗产完全没有可继承的地方。经过这次的讨论,大家已经都承认了继承的可能性和必要性。

关于如何继承,如何对于封建思想宝库进行分析、批判和改造,冯友兰对他的"抽象"方法再次进行细致阐述。他认为,"抽象"是一种方法,通过区别抽象意义和具体意义而确定继承与否。人们之所以对"抽象"有所误会,就像胡绳所说的是"一种简单的省力"的方法,主要原因在于把抽象想成了"形式逻辑式的抽象":"我所说的抽象,不是那种抽象"③。为了说明,冯友兰用"一般"与"特殊"两个词来代替"抽象"与"具体"。这里说的"一般意义",有胡绳所谓的"共同点"的含义,但是还有一种更"直接"的含义。冯友兰举例说,"万物都是气组成的","气"实质上就是"一种物质",注重"气是一种物质"就是注重这个命题的一般,而这个一般需要通过抽象的思维,所以称之为"抽象意义"。这种抽象是遵循一定客观规律的抽象,是需要实际调查研究的,不是主观想象。从"特殊意义"看,"气"是古代唯物主义者想象的一种东西,这种东西未必存在,不是真的,也没有继承的价值,但从抽象的

---

① 冯友兰:《再论中国哲学遗产底继承问题》,《三松堂全集》(第12卷),河南人民出版社,2001年,第120页。

② 冯友兰:《再论中国哲学遗产底继承问题》,《三松堂全集》(第12卷),河南人民出版社,2001年,第121页。

③ 冯友兰:《再论中国哲学遗产底继承问题》,《三松堂全集》(第12卷),河南人民出版社,2001年,第122页。

一般意义看,"气是一种物质"是唯物主义的,具有可继承的价值。冯友兰这里把"抽象"换成"一般",词语变化了,本质含义并未变化,"问题并没有得到实质性的解决"①。

冯友兰认为,区别"一般"意义和"具体"意义,并不是要把两者割裂开来,并不是说"一般意义能离开特殊意义而单独存在"②。如果把两者过于夸大以至于绝对化,当然可以导致割裂。"我过去的哲学底主要错误就在于此。"③一般意义和具体意义是不能完全分开的。冯友兰认同胡绳所主张的"必须把命题的一般意义和具体特征结合起来",但是冯友兰认为经过"抽象"之后的结合与原有的材料与观点之间的自然结合是不同的。在没有分析之前,观点和材料是自然地结合在一起的,没有分开,也不用主观结合。经过抽象分析之后,一般意义与特殊意义有了分别,然后再谈结合,"由本来的一起,经过分析,再归于结合",这是一个认识过程,辩证的认识过程,是一个否定之否定的过程。这种新的结合,对于哲学史研究和哲学遗产继承有着不同的意义。对于哲学史研究,我们通过分析,既了解了一个命题的一般意义,又了解了它的特殊形式所在。对于继承来说,我们通过分析,既通过一般以明白命题的可继承性,又通过特殊形式明白需要改进的地方。

冯友兰认为,分析了命题的一般意义和特殊意义,能够解决唯物主义与唯心主义之间存在转化和渗透的可能。比如说,抽象的"方"和"圆"之间是不可能转化的,但是作为具体的"方"的东西和"圆"的东西是有可以转化的可能的。同样,作为一种抽象的观点,唯物主义与唯心主义两者之间不能互相转化和渗透,但是体现唯物主义的具体体系和体现唯心主义的具体体系之间是可以互相转化和渗透的。

冯友兰在阐述清楚"抽象"方法的可能性和意义之后,他提出这个方法不仅适合于一般哲学命题,也适用于哲学史,在讲哲学史的过程中,对哲学

---

① 冯友兰:《三松堂自序》,人民出版社,2008 年,第 247 页。
② 冯友兰:《再论中国哲学遗产底继承问题》,《三松堂全集》(第 12 卷),河南人民出版社,2001 年,第 124 页。
③ 冯友兰:《再论中国哲学遗产底继承问题》,《三松堂全集》(第 12 卷),河南人民出版社,2001 年,第 124 页。

史中存在的思想材料进行分析,指出他的一般意义,对他的思想的真实内容进行了解,分析他是唯物主义的还是唯心主义的,不至于为表象所蒙蔽。

冯友兰说,在哲学工作中,人们都会用到这个抽象的方法。"这是我们研究哲学史底一种经常的工作。事实上我们在哲学史研究工作中,都是这样做的。"①我们在讲一个哲学体系的时候,也是这样做的,对他的观点和材料,分析命题的一般意义和特殊意义。所以,在分析一个哲学体系时,我们不妨运用抽象,"指出其中有观点,有思想材料,并且在一定范围内,把他们分别来看"②。作为一个大家在实际工作中都运用到的方法,通过讨论,可以促使大家在运用的过程中,更明确、更精密。

在区分一般意义和特殊意义时,冯友兰认为不能过于注重某一个方面。过于注重一般意义,而撇开或忽视特殊意义,就会造成古今的唯物主义都是一样的,没有区别的结论。过于注重特殊意义,而不注重一般意义,就会造成对古代遗产的全盘否定,认为古代的都是错误的。比如中医用阴阳五行来解释病因,如果从特殊意义来说,这是错误的,如果从一般意义来说,这是一种注重用物质的原因来解释病因的方法,是具有科学精神的。

关于继承什么的问题。冯友兰说,只有唯物主义的才可以继承,唯心主义的是不能继承的。对唯物主义分析它的一般意义和特殊意义,唯物主义的一般意义可以继承,对唯心主义分析它的一般意义和特殊意义,一般意义和特殊意义都不能继承,越分析越能揭露它的唯心性。古代哲学中的人民性、科学性、进步性的东西也就是唯物主义的东西。这在中国古代哲学中是很丰富的,有唯物主义"性"的东西从特殊形式上看,都是和当时代的社会历史文化相联系的,我们所要继承的是抽象的"性"的东西。冯友兰提出抽象继承法的本意是为了保护传统遗产,结果在被批判的现实面前,冯友兰将继承的对象进行了缩减,只剩下了唯物主义的东西。

对于马克思主义继承黑格尔辩证法观念的问题,冯友兰认为,这不是简

---

① 冯友兰:《再论中国哲学遗产底继承问题》,《三松堂全集》(第12卷),河南人民出版社,2001年,第124页。

② 冯友兰:《再论中国哲学遗产底继承问题》,《三松堂全集》(第12卷),河南人民出版社,2001年,第124页。

单的思想资料的继承,而是对黑格尔的思想资料进行了抽象和分析,分析出他的一般意义上的"发展"观念,摒弃其特殊意义上的"绝对观念",并将发展与物质性的东西结合起来,形成马克思主义的唯物辩证法,在这个过程中,马克思对黑格尔的辩证法进行了改造,抛弃了神、绝对观念等,把作为思维规律的辩证法"倒转过来",使之成为物质的辩证法。

关于有人认为冯友兰只看到哲学命题而不见哲学体系的批评,冯友兰辨道:"我们不是要离开哲学体系而只谈哲学命题,但哲学体系的中心思想往往是以哲学命题的形式表现出来的。"经过分析比较、回应,冯友兰最后得出结论:"我承认,专靠这个方法,未必能解决哲学遗产中的继承问题;但是,不用这个方法,就不能解决哲学遗产中的继承问题,也不能作哲学史研究工作。"①这个方法是哲学遗产继承的必要而非充分条件。

三、1980 年代的"抽象继承法"再评论

"抽象继承法"是 20 世纪 50 年代,在阶级分析、革命斗争、唯物唯心两立的机械的马克思主义理论语境下,冯友兰为中国古代哲学的遗产继承问题提出的方法论依据。他在论述"抽象继承"及回应哲学界同仁的讨论过程中,始终在马克思主义语境范围内进行讨论,他的分析和论述试图超出教条主义,但却没有也无法逃离大环境的马克思主义理论教条化。他的"抽象继承法"实际上是调和机械的马克思主义唯物唯心两分做法和传统文化思想生存之间的冲突和矛盾。他的抽象继承法是要对中国传统文化中的唯物主义因素进行继承,又对其中的唯心主义因素进行抽象提纯、转化和吸收。在运用马克思主义理论方面,他表面上似乎向胡绳等马克思主义理论家看齐,但在内心深处,他还是想对中国传统文化遗产进行维护。

"抽象继承法"虽然没有那么完美,但却是对中国传统文化继承的比较合实际的一种提法,是站在对中华传统文化保护的角度上,提出的一种理性解决方法。孔子提出"学而时习之",其意也许并不单指要学习传统的"四书五经",也许其本身就是对待学习的一种态度和方法,抽象继承法是对一味

---

① 冯友兰:《再论中国哲学遗产底继承问题》,《三松堂全集》(第 12 卷),河南人民出版社,2001 年,第 132 页。

排斥儒学等传统文化现象的理论反驳,抽象与具体的划分也确实能够解决在注译"天下"等词汇时遇到的具体问题。在教条的马克思主义语境下,在人们对传统否定过多的时候,抽象继承法确实试图起到一种让人醒来的作用。正如台湾学者翟志成所说:"冯友兰提出的'抽象继承法',希望能对此历史文化的大悲剧有所匡救,其良苦用心,是在任何情况之下都不应加以抹煞,也是任何人都无法抹煞的了的。"①试看今天,对中国哲学遗产的继承问题,仍未完全解决,抽象继承法争论之后,在中国历史上先后出现的各种全面否定传统文化的民族虚无主义思潮,都和简单地对待传统文化有直接关系,甚至有人认为,经历过多次批判和中国市场经济浪潮的影响,中国传统文化之根已被隔断。冯友兰文化观中隐含着的一些"一以贯之"的东西,"这就是依据实用性理性评判中西文化的高下优劣,坚持中国本位的文化立场"②。冯友兰这种对传统文化保护和继承的努力,值得后人尊敬。

20世纪80年代,在"文化热"来临之际,抽象继承法再次成为讨论的热点,彰显了"抽象继承法"因学术独立而存在的文化价值和学术价值,"抽象继承法"之所以再次受到关注,主要还在于它是20世纪50年代唯一一个与"批判继承法"并存的方法论。"在中国共产党立国以后,毛泽东的'批判继承法',便被大陆学者奉为圭臬,无人敢越雷池半步。冯氏的'抽象继承法',既是第一次,恐怕也是唯一的一次对毛泽东提法的标新立异。"③

冯友兰后来在谈到"抽象继承法"时说,"批判继承"说的是继承的对象问题,"说的是继承要有所选择,于我有利的就继承,于我有害的就抛弃"④。"抽象继承"说的是继承方法的问题,是解决怎样继承的问题。"批判继承选择了继承的对象以后,就有个怎么样继承的问题,它讲的是继承的方法。"⑤批判继承和抽象继承是关于文化继承的两种角度,两者并不完全对立矛盾。实质上,抽象继承和批判继承都是方法问题,而"抽象继承"侧重在于"继

---

① 单纯、旷昕:《解读冯友兰》(海外回声卷),海天出版社,1998年,第107页。
② 羊涤生:《冯友兰及其"抽象继承法"》,载陈岱孙、季羡林等著《冯友兰先生纪念文集》,北京大学出版社,1993年,第457页。
③ 单纯、旷昕:《解读冯友兰》(海外回声卷),海天出版社,1998年,第84页。
④ 冯友兰:《三松堂自序》,人民出版社,2008年,第246页。
⑤ 冯友兰:《三松堂自序》,人民出版社,2008年,第246页。

承"，批判继承则侧重在于"批判"，冯友兰过于强调继承，将抽象、批判都作为"吸收"的前提和方法。

冯友兰在晚年推翻了自己关于"几个主要命题是哲学体系的中心思想、继承哲学体系就是要继承主要命题"的说法，他指出："把哲学的继承归结为对于某些命题的继承，这就不妥当。哲学上的继承应该说是对于体系的继承。"①离开了体系，那些命题就显得淡薄、空虚，而且对它会有不同的解释，比如说荀子的"天行有常"，如果离开了他自身的哲学体系，就不能得出它是唯物的结论，只有在荀子的哲学体系中去理解，才会得出正确的结论。

冯友兰更加主张"抽象"的意义。"只有抽象的才最有确定的意义，因为它本身就是那个意义。"②比如说"红"，特殊、具体的"红"的东西消失，并不能让抽象的"红"也消失，如果没有抽象的"红"的存在，就不可能有具体的红色东西的存在，冯友兰以柏拉图买面包的故事为例，如果没有抽象的"面包"的存在，就无法买到具体的某一个长的白的面包。冯友兰说："人若没有一种抽象的能力，就连话也不能说，说话总要用一些有一般意义的名词，这些名词的来源就是抽象。"③

冯友兰在晚年对"抽象继承法"也有所修正。"说一个命题有抽象意义和具体意义，这也是不妥当的。因为一个哲学命题所说的，总是一般性的原理，是一个抽象的东西。"④冯友兰改变了原来"一般意义"和"特殊意义"的分析法，更加着重抽象意义，认为所谓命题其实就是抽象的东西，只是人们对于命题的理解可以因为所处环境和所了解知识的不同而有不同的理解。一个一般的命题，总是寄托于一些具体的情况之中，一般寓于特殊之中，"我原来所说的具体意义，实际上是一个哲学命题在实际情况中的应用，或是人们对于它的不同了解"⑤。

冯友兰承认"抽象继承"含蕴着潜在的"超阶级"的观点，但是他认为，这

---

① 冯友兰：《三松堂自序》，人民出版社，2008年，第247页。
② 冯友兰：《三松堂自序》，人民出版社，2008年，第245页。
③ 冯友兰：《三松堂自序》，人民出版社，2008年，第246页。
④ 冯友兰：《三松堂自序》，人民出版社，2008年，第247页。
⑤ 冯友兰：《三松堂自序》，人民出版社，2008年，第248页。

和抽象继承是没有关系的,因为人们所能继承的只能是一般的东西,"你只能把它的一般性继承下来,至于其特殊性是不必继承也不可能继承的"①。在《三松堂自序》中,他重提"不变的道德"的概念,认为在 1940 年代,他谈"不变的道德"是以共相殊相理论为前提的,认为适合于所有社会的道德可以不变。再次分析抽象继承,冯友兰认为只要从逻辑方面就可以得出不变道德的结论。因为抽象继承是一种逻辑分析,从这逻辑出发,就可以讲清楚为什么继承,适合所有社会的道德为什么可以不变。他以"人"为例,他说"人是动物"这句话含有三层含义:从言语来说,"人"这个名词内涵含蕴"动物",这是从逻辑来说的;从人的思想中的概念来说,"人"这个概念含蕴"动物"的概念;从客观实在来说,人性含蕴动物性。在这三种说法中,"客观实在这方面是基本;概念必须合乎客观实在,才不是胡想;言语也必须合乎客观实在,才不是瞎说"②。从逻辑上,动物是在人之先。在分析社会的时候,同样地,要是某种社会,必须先是社会,某种社会含蕴社会,所以这种社会和那种社会虽然有所不同,但总都有同的地方,所以如果某种道德是适用于"社会"的,那么它就既适合于这种社会,也适合于那种社会,是可以不变的。

冯友兰的这种分析自己认为是侧重于语言逻辑,但是他阐述的其实还是共相殊相的道理,从正常的语言逻辑来看,应该是从社会到某种社会,从动物到人,社会内涵有某种社会,动物内涵有人,而不是某种社会含蕴社会,人含蕴动物。冯友兰晚年对抽象继承法的修正说明了他更加注重抽象、共相,是对自己 1940 年代所持理论的回归。

历史是无法隔断的,中国文化发展也不能隔断历史,冯友兰的抽象继承法在文化的继承和发展方面是有其理论贡献的。冯友兰不管是受新实在论的影响而接续共相殊相理论来谈抽象继承,还是从纯粹的逻辑来讲抽象继承,因抽象继承法而产生的关于文化继承问题的讨论无关对错,只关乎中国文化的继续和发展,关乎新文化体系的形成。就像有学者所指出的那样,"'抽象继承法'所说的'继承',并不是在思维中把哲学命题的抽象意义、一

---

① 冯友兰:《三松堂自序》,人民出版社,2008 年,第 248 页。
② 冯友兰:《三松堂自序》,人民出版社,2008 年,第 249 页。

般意义承继下来,摆在那里,就算完事,而是要将这抽象意义、一般意义跟新的具体意义、特殊意义相结合,以形成新的哲学命题,建构新的哲学体系"①。更确切地说,冯友兰的抽象继承是和他一贯的保护传统文化的观点相一致的,是和他一贯的注重逻辑推理思维相关系的。在社会主义现代化建设过程中,中西的矛盾问题仍然不可能在短时间内解决。"近年学术界对于国学研究的两种截然相反的态度,则更是证明不仅'继承什么'的问题没有解决,而且'怎样继承'的问题同样没有解决。"②抽象继承法还将继续被讨论下去。

第四节　马克思主义与中国哲学史研究

20世纪50年代,受苏联日丹诺夫关于"哲学史就是唯物主义与唯心主义之间的斗争史"论断的影响,国内关于哲学史的研究走向简单化和教条化。在"双百"方针的鼓舞下,学界展开了关于中国哲学史研究的讨论,这项讨论主要围绕"中国哲学史是不是唯物主义与唯心主义之间的斗争史、两者之间的斗争具体在哲学史中是如何体现的、怎样研究中国哲学史"等问题展开。关于中国哲学史研究的讨论是如果看待和运用马克思主义理论对待中国哲学思想问题的折射,是如何对待中国历史文化问题的探讨,讨论有助于明确用马克思主义指导中国哲学研究的正确方向。

冯友兰作为哲学史家,理所当然地参与到了中国哲学史研究的讨论之中。冯友兰关于中国哲学史的讨论,集中反映在他的《关于中国哲学史研究的两个问题》《关于中国哲学史研究的几个问题》《再论关于中国哲学史研究的几个问题》三篇论文中。

---

① 高秀昌:《冯友兰抽象继承法新论》,《中国哲学史》,2007年第3期,第126页。
② 李宗桂:《传统与现代之间》,北京师范大学出版社,2011年,第458页。

一、中国哲学史研究对象的讨论

关于中国哲学史的研究对象,有些学者不认同日丹诺夫的看法,认为中西不同,不能用马克思主义和西方哲学来衡量中国哲学,不承认哲学就是唯心主义与唯物主义的斗争,不愿意将中国哲学简化为仅仅是唯物主义与唯心主义之间的斗争。比较典型的是汪毅在《一个问题,一点意见》中的看法,他认为,我们为什么要采用西方的标准呢? 先秦哲学和希腊哲学的传统是完全不同的,西方的标准并不必然优于中国的标准。简单采用西方的哲学标准来写中国哲学史,只会忽略中国哲学的民族特点,使得中国哲学成为西方哲学的补充史。"为什么一个人认为'天'是物质性的,应该'物畜而制之',就有那末大的进步意义,而一个人认为'诚者天之道',人类应该'至诚'来'赞天地之化育','与天地参',就那么反动呢?"①用马克思主义经典作家对西方哲学评价的标准来要求中国古代的哲学家,是不切合中国历史实际的。所以在中国哲学史的研究中,哲学史工作者不仅有义务去分析一种哲学思想在当时阶级斗争中所起的作用,"我们还有义务来指出这样一种哲学思想在哪些方面丰富了哲学传统,值得后人继承下来"②。

有些学者承认哲学史中存在唯物主义与唯心主义之争,但是认为哲学史内容并不局限于这方面的内容。朱启贤认为:"肯定全部哲学的基本问题是主观和客观的关系问题,自然不等于断言全部哲学问题的范围应当限制在主观和客观的关系这一个问题的解答上;这是哲学的中心问题,并不是哲学的唯一问题。"③哲学中还应该包括自然观、历史观、认知论和逻辑理论等方面的问题。

大部分学者赞同哲学就是唯心主义与唯物主义的斗争,不能夸大中国哲学的特殊性。张岱年主张接受日丹诺夫关于哲学史的定义,肯定"中国哲学史就是中国的唯物主义与唯心主义斗争的历史"④。他针对汪毅的意

① 哲学研究编辑部:《中国哲学史问题讨论专辑》,科学出版社,1957年,第56页。
② 哲学研究编辑部:《中国哲学史问题讨论专辑》,科学出版社,1957年,第57页。
③ 哲学研究编辑部:《中国哲学史问题讨论专辑》,科学出版社,1957年,第96页。
④ 哲学研究编辑部:《中国哲学史问题讨论专辑》,科学出版社,1957年,第82页。

见,提出不能过分夸大中国哲学的特殊性。认为在哲学史研究对象上,中国没有例外。张岱年所承认的中国哲学的特殊性在于表现形式不同,中国哲学因为时间和条件的不同有其特殊的不同的表现形式。在中国,唯心主义的主要表现就是"心学",唯物主义在中国哲学中是有大量表现的,晋汉以后的唯物主义,尤其是宋代和明清的唯物主义,是封建时代之进步学者的唯物主义。任继愈认为,哲学史研究对象就是唯物与唯心、辩证法和形而上学的争论,除此之外,所谓哲学史中还有"进步"与"保守"之争的说法是另立标准,这种标准是不正确的,"提高到世界观高度的一些问题才是哲学史的范围以内的问题。其余的问题,不能算作哲学问题"①。另立标准,或者说中国哲学有它自己的特有对象的说法会引起对马克思主义哲学对象问题的怀疑。我们能够做的就是挖掘中国哲学中的唯物主义和辩证法元素和内容。②

冯友兰超出了一般人所论述的范围,扩大了中国哲学史研究的对象。他认为:"哲学史是唯物主义与唯心主义斗争的历史,也是辩证法观与形而上学观斗争的历史,同时也是唯物主义与辩证法观不断胜利的历史。"③冯友兰是诚心接受马克思主义的,他也善于"合"。④ 他所列举的中国哲学史的研究对象不仅是正统的、马克思主义的,而且是范围极广的,这个研究对象包含三个层次:唯物主义与唯心主义、辩证法与形而上学、唯物主义与辩证法的胜利趋势。一般学者只涉及第一个层次的内容。冯友兰认为哲学史关于宇宙的根本问题是宇宙归根到底是什么东西构成的,是物质的还是精神的,但是还有一个问题就是宇宙归根到底是怎么发展的,是辩证的还是庸俗的形而上的,所以"科学的哲学史也包括辩证法孕育、形成、发展以及和形而上学斗争的历史"⑤。

---

① 哲学研究编辑部:《中国哲学史问题讨论专辑》,科学出版社,1957 年,第 142 页。

② 哲学研究编辑部:《中国哲学史问题讨论专辑》,科学出版社,1957 年,第 144 页。

③ 冯友兰:《中国哲学史新编试稿》,《三松堂全集》(第 7 卷),河南人民出版社,2001 年,第 15 页。

④ 冯友兰多次在自己的著作中,引用黑格尔的"正""反""合"理论,并且认为自己的理论是对之前理论的"合",其实是对之前理论的一种综合和超越。

⑤ 冯友兰:《关于中国哲学史研究的几个问题》,《三松堂全集》(第 12 卷),河南人民出版社,2001 年,第 210 页。

　　冯友兰认为,在讲唯物主义和辩证法发展的历史过程中,不仅要讲唯物主义和辩证法,还要讲唯心主义和形而上学发展的历程,因为"它是经过曲折的道路,在同唯心主义和形而上学艰苦斗争中发展起来的"①。冯友兰关于中国哲学史研究对象的观点超出了日丹诺夫所指出的"唯物与唯心"的范围,借鉴了毛泽东关于宇宙发展法则有两种见解的主张,增加了关于宇宙发展认识论的内容,他所提的哲学史研究对象是宇宙论、认识论的合一。

　　在进一步的探讨中,冯友兰指出,哲学史的研究范围不仅仅局限于认识论和自然论,还包括政治论和社会论。一种流行的说法是,在马克思主义出现之前,所有的社会政治思想和历史观都是唯心主义的,所以在马克思主义出现以前,唯物主义与唯心主义的斗争是在自然观与认识论范围里进行的。冯友兰认为这种说法是受教条主义束缚了,在马克思主义理论出现之前,与阶级利益直接有关的社会政治思想与历史观中就已经存在唯心主义与唯物主义之争了。

　　冯友兰举例说,哲学史里有用人口增减或地理环境优劣说明历史之变化的。马克思主义也认为,人口与地理环境是社会生活的物质条件,所以说,人口增减和地理环境说并不是唯心主义的,而应该是一种机械的庸俗的唯物主义。在中国哲学中,先秦韩非认为人口增长的速度超过了生活材料的增长速度,人口的增加导致阶级社会的产生,管子认为水是自然界万物的本原,也是社会事物变化的决定因素,这些观点似乎都不能说是唯心主义的。冯友兰得出结论:"在历史观方面,在马克思主义出现以前,也有唯物主义思想,正如在自然观与认识论方面一样。"②性善与性恶之争是中国古代哲学中社会政治思想方面唯物主义与唯心主义斗争的范例,荀子所谓"性恶"论,认为人的道德品质是通过后期的教育学习得来的,这就是唯物主义的。孟子所谓"性善论"认为人的道德品质是先天就有的,则是唯心主义的。冯友兰将哲学研究对象扩大到政治社会范畴,为中国先秦的哲学思想提供了

---

　　①　冯友兰:《关于中国哲学史研究的几个问题》,《三松堂全集》(第12卷),河南人民出版社,2001年,第211页。

　　②　冯友兰:《关于中国哲学史研究的两个问题》,《三松堂全集》(第12卷),河南人民出版社,2001年,第85页。

研究的依据,也扩大了中国哲学史的研究内容。

冯友兰认为的中国哲学史研究对象比一般学者所涵盖的要多要全,比如他说哲学史中存在着辩证法和形而上学的斗争,政治社会思想中同样存在着唯物主义与唯心主义的斗争,唯物主义与唯心主义可以互相学习和吸收等。他所呈现出来的这种唯物唯心复杂斗争局面,为中国古代哲学的内涵丰富性提供了依据,也为继承中国古代哲学提供了理论依据。冯友兰尝试着以客观的、辩证的观点对待中国哲学史问题,但是他这种扩大了的哲学史研究对象仍然受着教条主义的束缚,并且掺杂着对马克思主义的半知半解。一部哲学史包含着唯物主义、唯心主义的内容,也包含着辩证法和形而上学的内容,但却并不必然是唯物主义战胜唯心主义、辩证法战胜形而上学的斗争和直线发展的过程,一部哲学史也并不局限于这些方面的内容。它有着复杂多样的表现形式和丰富多彩的内容,唯物主义与唯心主义、辩证法与形而上学之间的斗争或是激烈的碰撞,或是独自呈现,或是逐步发展的,或是停滞不前的。况且唯物主义并不必然代表先进阶级,唯心主义也不必然代表落后阶级,阶级斗争并不与唯心唯物斗争直接挂钩,两者有着复杂的关系,这一点在前面学者的有关论述中已经提及。更有学者指出:"用地理环境和人口增长来解释社会面貌和社会发展的观点,不是唯物史观。"[①]因为它根本没有在任何一点上,唯物主义地解释了社会本身。

二、正确估判唯心主义的价值

在中国哲学史研究范围的讨论中涉及如何估价唯心主义的问题,其实就是如何看待中国哲学遗产的问题,因为有人认为中国哲学历史都是封建的糟粕,是唯心主义的东西。如何估价唯心主义,就是如何估价中国哲学传统。由于本次讨论主要是在北京大学的哲学系教师之间展开的,大部分学者都倾向于从不同的理由给唯心主义一个历史的地位,这也反映了中国哲学史学者作为专业人员对中国哲学的正确认识。

杨宪邦认为,唯物主义关于物质决定意识、物质第一性意识第二性的观

---

① 哲学研究编辑部:《中国哲学史问题讨论专辑》,科学出版社,1957 年,第 456 页。

点是符合客观的,是正确的。唯心主义因为颠倒物质与意识的关系,所以是错误的,但是唯心主义"在它的总的体系之内,包括有合理的核心"①。比如黑格尔的辩证法,就是这样的合理核心,是可以批判地继承的。

王方名认为唯心主义和唯物主义之间存在着斗争性,但是,我们必须向唯心主义著作学习,因为,斗争要取得胜利必须知己知彼。"为了和唯心主义作斗争,最重要的却是要继承唯心主义的哲学遗产,要吸取唯心主义哲学理论中的合理成果。"②那种杜绝唯心主义哲学遗产的做法是"培养哲学战线上的跛足工作者的路线,是对待人类文化遗产的虚无主义的路线"③。另一方面,对待唯心主义哲学家,即令是一个反人民的唯心主义哲学家,"对他的历史功罪、哲学思想加以评价,仍要从历史条件加以说明才能使人理解,仍然不可以苛求前人;因为一切苛求前人的态度都是不科学的,不能使人理解的"④。

任华认为:"我们对唯心主义在哲学史中的地位没有很好的认识,多少采取了一种简单否定的态度。"⑤唯心主义的思想体系一般来说是不正确的,但历史上唯心主义者的思想、著作和唯心主义的体系不完全是一回事,应当适当分别看。马克思主义经典作家对待古人是异常尊敬的,我们对于古人的尊敬程度太少了。

张恒寿认为,中国人对待马克思主义,还存在着简单比附和贴标签的现象,这是有悖于马克思主义的。我们应该灵活运用马克思主义基本原理,分析对待具体情况,不能把复杂的问题简单化。"不要只是根据他的世界观或宇宙论,是唯心主义还是唯物主义,而直接得出他是代表反动阶级还是代表进步阶级的结论。"⑥要根据哲学家自己所站的社会立场及在历史上的表现来确定他的阶级立场。

冯友兰认为唯心主义是有自身价值的。他引用了列宁在《谈谈辩证法

---

① 哲学研究编辑部:《中国哲学史问题讨论专辑》,科学出版社,1957 年,第 115 页。
② 哲学研究编辑部:《中国哲学史问题讨论专辑》,科学出版社,1957 年,第 254 页。
③ 哲学研究编辑部:《中国哲学史问题讨论专辑》,科学出版社,1957 年,第 255 页。
④ 哲学研究编辑部:《中国哲学史问题讨论专辑》,科学出版社,1957 年,第 258 页。
⑤ 哲学研究编辑部:《中国哲学史问题讨论专辑》,科学出版社,1957 年,第 261 页。
⑥ 哲学研究编辑部:《中国哲学史问题讨论专辑》,科学出版社,1957 年,第 152 页。

问题》中的话:"从粗陋的、简单的、形而上学的唯物主义的观点看来,哲学唯心主义不过是胡说。相反地,从辩证唯物主义的观点看来,哲学唯心主义是把认识的某一个特征、方面、部分片面地、夸大地……发展(膨胀、扩大)为脱离了物质、脱离了自然的、神化了的绝对。"①冯友兰认为,对待唯心主义就要用第二种,即辩证唯物主义的观点来看待。冯友兰举例说,庄子认识到事物是经常变化的,事物所有的性质都是相对的,这是具有辩证法特征的,但是他把这一点片面过分发挥,就成为相对主义。"正因为唯心主义中也有其'合理的内核',所以它能在与唯物主义的对立中,除矛盾与互相排斥之外,还可以有统一或同一底一面。"②

　　冯友兰引用马克思的话:"从前的一切唯物主义的主要缺点:对事物、现实、感性,只是从客体的或者直观的形式去理解,而不是把它们当作人的感性活动,当作实践去理解,不是从主观方面去理解。所以,结果竟是这样,和唯物主义相反,能动的方面却被唯心主义抽象地发展了。"③唯心主义在人的认识发展过程中做出了贡献。冯友兰认为,近来人们对待哲学史,是用了形而上学的方法,把唯物主义与唯心主义之间的斗争简单化、庸俗化了。哲学史的内容是很丰富、很生动的。"我们研究哲学史。一方面要避免仅只罗列材料作一些繁琐的考订,但是另一方面,也要防止把历史的进程归结成一个空架子。"④

　　冯友兰引用马克思列宁的观点来说明唯心主义的价值,是对马克思主义教条主义者的反驳,也充分说明了中国哲学的研究价值,他认为,唯物主义与唯心主义之间的斗争并非两个截然对立的阵线,也不是像两条平行线一样没有交叉。唯物与唯心、辩证法与形而上学是互相影响、互相吸收,不断发展的。人们往往将唯物主义和唯心主义的斗争简单化了。而实际上每个时代每个民族哲学历史内容都是不同的:"这个斗争在各时代与各民族底

　　① 《列宁选集》(第 2 卷),人民出版社,1995 年,第 560 页。
　　② 冯友兰:《关于中国哲学史研究的两个问题》,《三松堂全集》(第 12 卷),河南人民出版社,2001 年,第 92 页。
　　③ 《马克思恩格斯全集》(第 3 卷),人民出版社,1956 年,第 3 页。
　　④ 冯友兰:《关于中国哲学史研究的几个问题》,《三松堂全集》(第 12 卷),河南人民出版社,2001 年,第 217 页。

哲学史里是围绕着不同的问题进行的,这是各时代各民族底哲学的特殊性。"①在中国哲学史的研究中,也要看到这种复杂性、丰富性,而不是将其简单化。他举例说,宋明道学在开始的时候是唯物主义的,到了程朱就倒向了唯心主义,而发展到王夫之则又建立了他的唯物主义。唯心主义的合理内核也有被唯物主义继承的一面,比如公孙龙的"白马非马"的辩论,庄子的"天下莫大于秋毫之末,而泰山为小;莫寿乎殇子,而彭祖为夭",有相对主义的一面,但也有合理的内核,有可以被继承的一面。

到了20世纪50年代末,冯友兰开始用教条的马克思主义分析中国哲学史研究问题,他大段引用马克思、列宁的原著,大量进行阶级分析和批判。他批判那些认为"每一个民族都有它自己的永恒的特性,有永恒的民族底特殊哲学"过分强调哲学民族性特殊性的观点为"封建哲学中的封建性最大的部分";他批判那些认为"中国只有一些道德的、伦理的观念"的思想为殖民地奴化思想,是要以这样的诬蔑打击殖民地人民的民族自信心;他批判那些"哲学就是哲学,不应该有中国的哲学或希腊的哲学"、不承认中国有自己的哲学的观点为资产阶级理论脱离实际的思想。这些批判是他试图与过去的思想划清界限,用阶级分析语言将之标签化,但是这些观点也并不完全是过去思想的对立面。冯友兰既坚持马克思主义,认为中国哲学是唯物主义与辩证法发生和发展的历史,具有哲学的通性,不能仅仅强调其民族特殊性。但同时他又认为中国哲学是"中国社会发展底血肉相连不可分割的部分"②。中国哲学不是西方哲学在中国,不是简单的马克思主义标签化,它含有超越伦理道德的丰富内容,具有中国民族的特色。

在这个时期,冯友兰吸纳和接受了马克思主义,但是他的吸纳和接受是片面的、生硬的,多数是套用苏联权威的马克思主义观。在对待中国哲学史研究上,他主张用马克思主义观点进行研究,主动接受马克思主义,并愿意将马克思主义与中国传统文化相结合。20世纪50年代初,他力图用辩证的

---

① 冯友兰:《关于中国哲学史研究的两个问题》,《三松堂全集》(第12卷),河南人民出版社,2001年,第88页。

② 冯友兰:《关于中国哲学史研究的几个问题》,《三松堂全集》(第12卷),河南人民出版社,2001年,第227页。

正确的马克思主义对中国哲学进行较为客观和详细的研究,希望能够在马克思主义的指导下更好地研究中国哲学史,他的《关于中国哲学史研究的两个问题》一文反映了这方面的思想。但是到了20世纪50年代末,面对国内马克思主义的严重教条主义和反右倾扩大化,冯友兰对马克思主义的理解和运用也不得不走向教条化,这在后两篇文章中有所显示。尽管如此,冯友兰仍然在文章中表达了既要坚持马克思主义观点,中国哲学史也是唯物主义与唯心主义、形而上学与辩证法的斗争史,又重视中国哲学历史内容的丰富性、多样性,在处理哲学问题方面的独特性,力图缓和马克思主义教条与中国哲学研究的冲突和矛盾。

三、中国哲学史研究的价值

冯友兰认为:"研究哲学史的一般原则,只给我们一个指南,当我们作具体的研究时,必须从各个民族各个时代的特殊问题出发。"①冯友兰在中国哲学史研究过程中,努力用所掌握的马克思主义原则和方法具体地对中国哲学史进行研究。他认为,马克思主义用来研究中国哲学史是很必要的,但是却不能将其简单化、教条化,将中国哲学史架空,中国哲学史是和中国的社会发展紧密结合的,其所探讨的问题具有独有性,是值得详细整理、探讨和继承的。

在中国哲学遭受普遍被批判和否定的大环境下,冯友兰充分肯定研究中国哲学史的意义。除了运用马克思主义语言解释中国哲学史外,冯友兰还运用一些通用的语言阐述中国哲学史研究的价值,意图促进中国哲学史研究的繁荣,最大限度地保留中国哲学的遗产。他认为中国哲学史研究可以达到以下几个方面的目的。

一是锻炼。冯友兰认为,任何科学知识都是一种概括和总结,哲学更是概括总结的概括总结,通过哲学史的研究可以锻炼理论思维能力,我们研究中国哲学史,就要将之前的思想进行重新思考和整理,"在重新想的过程

---

① 冯友兰:《中国哲学史发展底一个轮廓》,《三松堂全集》(第12卷),河南人民出版社,2001年,第64页。

中,我们的理论思维能力,就可以得到锻炼,得到提高"①。

二是了解。我们要了解一个人的思想情况,必须研究他的思想情况发生和发展的历史。一个人的思想不是一下子造成的,而是有他的发展历史,一个民族的思想也是有历史渊源的,"研究中国哲学史,就是要懂得中国在思想意识方面的'昨天和前天'"②。研究中国哲学史不能隔断历史。研究过去的历史并不是要学习古代的封建糟粕,而是通过学习鉴往知今,促进今天哲学的进步。

三是批判。在中国长期存在的封建社会里,有一套封建主义的思想,人民已经从革命的政治的角度对其进行了打击,但是"从哲学根本问题上对它进行批判,这一方面的工作还很不够"③。用马克思主义来研究中国哲学史,就是要将马克思主义作为武器对其进行彻底的批判。

四是继承。中国哲学史中有合理的可以被继承的因素,"像这些有人民性的东西,都是应该继承的"④。我们对人民性的东西,要像吃饭一样,吃下去以后,要消化吸收,成为身体的一部分,只有通过消化吸收,才能成为社会主义的一部分。

五是总结。每一门科学的发展,也都是人类认识的发展,不过每一门科学,仅只是人类认识的一部分。"哲学是各门科学知识的概括和总结,所以它的发展史就表示出来人类认识发展的全貌和要素。"⑤通过哲学史的研究,可以达到对于中国各门科学进行认识和总结的目的。就像毛泽东说的那样,我们对自己历史的了解还很有限,要认真进行研究总结,并从中得到经验教训。

---

① 冯友兰:《关于中国哲学史研究的几个问题》,《三松堂全集》(第12卷),河南人民出版社,2001年,第213页。

② 冯友兰:《关于中国哲学史研究的几个问题》,《三松堂全集》(第12卷),河南人民出版社,2001年,第213页。

③ 冯友兰:《关于中国哲学史研究的几个问题》,《三松堂全集》(第12卷),河南人民出版社,2001年,第213—214页。

④ 冯友兰:《关于中国哲学史研究的几个问题》,《三松堂全集》(第12卷),河南人民出版社,2001年,第214页。

⑤ 冯友兰:《关于中国哲学史研究的几个问题》,《三松堂全集》(第12卷),河南人民出版社,2001年,第215页。

　　冯友兰列举的这五项研究中国哲学史的用处,看似较少马克思主义教条的痕迹,很像是普通的学术总结,但是其中隐含的内容却是他关于马克思主义与中国传统文化关系的思考,这些思考有的与之前的思想有千丝万缕的联系,比如,他说"研究哲学史有助于锻炼人的思维"的观点是和他在民国时期关于"哲学功用在于提高人的思维水平和人生境界"的观点一致。有的思考则为 20 世纪 80 年代他的思想发展做了铺垫,比如,他关于"了解"和"总结"的观点是和后期"哲学营养"的观点一脉相承的,都认为历史是不能隔断的,现在是之前历史的延续和发展。冯友兰关于"批判""继承"的观点则是对马克思主义和毛泽东思想的吸收,也是对待中国历史的正确态度。

　　总之,冯友兰对于中国哲学史研究价值的总结,归根结底在于对中国文化历史的传承和延续,就像他说的那样:"中国现时的新文化也是从古代的旧文化发展而来,因此,我们必须尊重自己的历史,决不能隔断历史。"①历史已经成为过去,讲历史是现在的事情,怎样讲或讲得怎么样,将对社会主义建设产生影响。

---

　　①　冯友兰:《关于中国哲学史研究的几个问题》,《三松堂全集》(第 12 卷),河南人民出版社,2001 年,第 215 页。

第六章
新时期"文化热"背景下的冷思考:冯友兰对中国文化新发展的展望(1976—1990)

"文化大革命"给中国经济、政治、文化的发展造成了很大的创伤。粉碎"四人帮"之后,随着真理标准问题大讨论的进行、改革开放政策的实施,中华大地迎来了发展的春天,万物复苏,万象更新。人们思想逐渐解放,形成了一股文化的热潮。

此时,作为对国家充满热爱、对世情充满关怀的80多岁的老人,冯友兰仍然关注着中西文化冲突及中国文化发展问题。在生命的最后10年,冯友兰不仅对自己一生的文化和哲学思考进行了总结回顾,撰写了《三松堂自序》一书,在《哥伦比亚答词》中对自己的中西文化探索进行了凝缩式的阐述,还以"老牛反刍"的功夫和顽强的毅力撰写《中国哲学史新编》,以历史唯物主义的角度对中国文化进行重新梳理,使之成为中国文化新发展的养料。

第一节　改革开放后的新生

1978年年底,党的十一届三中全会召开,这是中国近现代历史上具有划时代意义的一件大事,全会做出了国家的中心工作转向经济建设的决定,实施了改革开放政策,确定了解放思想、实事求是的思想路线,会议的召开犹如春雷,震动了中华大地,不仅促进经济领域产生了深刻的变革,还在思想文化领域正本清源、拨乱反正,促进了思想的解冻和繁荣,出现了1980年代的文化热潮。冯友兰在晚年赶上了改革开放和思想解放的好时候,迎来了共产党知识分子政策的松动,重新获得了学术上的新生。

一、"解放思想、实事求是"思想路线的确立

"文革"结束后的初期,受"左"倾思潮的影响,当时的《人民日报》《解放军报》等发表社论提出了"两个凡是"。"两个凡是"不利于思想的解放,无法解除阻碍改革和发展的思想羁绊,粉碎"四人帮"之后,人们迫切要求对于"左"倾思想路线进行改正,还思想理论界一个明净的天空。邓小平不满意"两个凡是"的论调,在不同的场合,指出"两个凡是"不符合马克思主义、毛泽东思想的基本精神,认为应该正确看待毛泽东思想,要完整准确地认识毛泽东思想。

1978 年年初,相关刊物就出现了关于真理标准问题的讨论,《实事求是》《商业研究》先后刊登了胡晶祥、罗宪祯的同名文章《实践是检验真理的唯一标准》,文章阐述了马克思主义唯物辩证的认识论,申明要坚持实践的认识论,要坚持理论从实践中来,并从实践中得到检验。要正确对待毛泽东思想,杜绝本本主义,反对遇到问题"到毛泽东著作中找答案"。5 月,《光明日报》以"特约评论员"的名义刊发了经胡耀邦同志审定的文章《实践是检验真理的唯一标准》,新华社当天面向全国转发,在广大干部群众中引起强烈的反响,从而引发了关于真理标准问题的大讨论。邓小平同志认为:"目前进行的关于实践是检验真理的唯一标准问题的讨论,实际上也是要不要解放思想的争论。""一个党,一个国家,一个民族,如果一切从本本出发,思想僵化,迷信盛行,那它就不能前进,它的生机就停止了,就要亡党亡国。"[①]

1978—1979 年,开展了关于真理标准问题的大讨论,思想解放蔚然成风,人们逐渐达成了共识:真理是人对客观世界及其规律的正确反映,不能从主观世界中进行检验,马克思主义理论是正确的,但作为主观认知,并不是检验真理的标准,它不能解决和解释人们现在和将来所面对的一切问题和现实情况;经过实践证明是正确的理论可以用来指导实践,但是在具体的

① 中共中央文献编辑委员会:《邓小平文选》(第二卷),人民出版社,1994 年,第143 页。

情况中,理论是否适用,需要通过实践检验;要把毛泽东思想作为思想的指南而不是僵死的教条,了解它的精神实质而不是只言片语;只有解放思想,坚持实践的标准,才能破除实现"四个现代化"的思想障碍。[①] 真理标准问题的大讨论逐渐唤醒了人们的思想自觉,为正确思想路线的逐步实行打开了道路。

真理标准问题的讨论为 1978 年 12 月中共十一届三中全会的召开做了思想理论上的准备。党的十一届三中全会实现了思想的统一,重新确立了解放思想、实事求是的路线,把全党工作的着重点转移到了社会主义现代化建设上来,决定健全民主集中制和党规党法,提出进行改革开放的历史任务,提出开展"平反"活动和正确对待毛泽东思想等。特别是邓小平在闭幕会上作了题为《解放思想,实事求是,团结一致向前看》的讲话,旗帜鲜明地坚持马克思主义,斩钉截铁地宣传思想解放,并申明要保证民主集中制,健全法治建设,给广大群众吃了一颗定心丸。

邓小平说,解放思想的"一个十分重要的条件就是要真正实行无产阶级的民主集中制"[②]。既要集中统一领导,又要正确的集中;我们要创造民主的条件,要重申"三不主义":不抓辫子,不扣帽子,不打棍子;对于思想问题,无论如何不能采取压制、打击的手段;要相信大多数群众有判断是非的能力;要真正实行"双百"方针;要紧紧抓住合乎自己的实际情况这一条,建设有中国自己特色的社会主义。[③]

真理标准大讨论带来的思想大解放和中共十一届三中全会确立党和国家工作重心向现代化建设的转移,为文化领域的全面拨乱反正和文化建设的开拓创新奠定了基础。中共中央摒弃了"以阶级斗争为纲"的文化范式,不再提"文艺从属于政治"的口号,确立了文艺"为人民服务、为社会主义服务"的"二为"方向,恢复"双百""两用"的方针,同时在思想文化建设中旗

---

① 洪钧:《关于实践是检验真理的唯一标准的讨论综述》,《学术月刊》,1979 年第 1 期。

② 中共中央文献编辑委员会:《邓小平文选》(第二卷),人民出版社,1994 年,第 144 页。

③ 中共中央文献编辑委员会:《邓小平文选》(第二卷),人民出版社,1994 年,第 145 页。

帜鲜明地提出坚持四项基本原则,反对精神污染、反对资产阶级自由化,形成了社会主义精神文明建设的完整思想体系和理论框架,科教文化各项事业得到迅速的恢复和发展。

二、1980 年代的"文化热"

十一届三中全会后,我国改革开放逐步展开、对外交往迅速增加,文化视野骤然拓宽,在党的思想路线、政治路线、经济路线指引下,原来封闭僵化的思想文化领域逐渐走向了开放和活跃,出现了文化的热潮。文化热不仅表现在对外来文化的译介、中国文化的反思和再评估、文化理论的探讨、大众文化的传播,还有面对中外、新旧文化冲突的种种讨论。

"文化热"是国家思想文化政策从极紧逐步放松的必然产物,是改革开放大门打开之后经济发展在思想文化方面的必然反映,是学术复苏后文化繁荣与发展的外在体现。"文化热"大体经历了以"思想启蒙"和西方思想文化理论译介,传统文化阐释研究和"中西文化对比研究"大讨论为主要内容的两个阶段,这两个阶段以 1984 年为界限,在时间和内容上互有交叉。"文化热"中,一方面是文艺作品的层出不穷,人们对文艺需求的多样趋向;另一方面是学术文化的繁荣,主要表现在:出现了思想学术译著的丛书(刊)出版热;涌现了众多思想学术团体,开展各种学术活动;开展了文化系列问题大讨论。

文化大讨论在文学界首先小试锋芒。中央电视台等设立了关于文化的相关节目,《光明日报》《中国青年报》《文汇报》等报刊刊出专栏文章,《雨花》《读书》《作品》《青年论坛》《国情研究》《人世间》等刊物推出多种文学作品,影像作品、言情作品、朦胧诗、写实性作品等受到大众喜爱。文艺作品的普遍化、多样化,不同的表达和审美唤起了社会的激情,为文化讨论浇筑了社会的情感基础。

伴随着改革开放后技术和资本的汹涌而至,中国思想文化领域掀起了一股译介和学习西学的浪潮。"走向未来丛书"编委会、《新启蒙》杂志理论家群体、"文化:中国与世界"编委会、"二十世纪文库"编委会把不同学科、不同领域的西方近现代文化思想理论几乎悉数译介过来。在他们所翻译的丛书中,影响广泛的有"汉译世界学术名著丛书""面向世界丛书""走向未来丛书""走向世界丛书""文化哲学丛书""中国文化史丛书""中国近代文化史丛书""二十世纪西方哲学译丛""文化:中国与世界丛书""三个面向丛书""二十世纪文库"等,达几十种之多,且印数巨大,除了很少一部分是20世纪50年代和60年代的再版,绝大多数都是这一时期的新版书。

20世纪80年代中期,北京、上海等地先后建立起一批传统文化学术研究机构,北京大学建立了中华文化书院,北京师范大学设立了中国近代文化史研究室和东西方文化比较研究中心,清华大学设立了思想文化研究所,复旦大学历史系设立了中国思想文化研究室,中国社会科学院近代史研究所设立了近代文化史研究室,上海社会科学院设立了东西方文化比较研究中心,山东设立了中华孔子研究所、儒学研究所、山东大学传统文化研究所等多家儒学研究机构,全国其他地区也设立了地域性的传统文化研究机构。其中中华文化书院影响最广,它开展了短期或长期的培训班或研讨班,培训的内容以传统文化为主,兼顾中西文化比较,为这些培训班讲课的都是著名的中国文化专家,这些专家不仅有内地和香港的,还有美国、法国、澳大利亚的新儒家,书院为传统文化的传播做出很大贡献,培养了大批人才,打造了研讨传承中华文化的重要平台,还结集出版了"中国文化书院文库"。

这个时期的学术活动也呈现出了丰富多彩的局面,学术界接连召开了"文化史研究学者座谈会"、"中国近代科学技术落后原因"讨论会、"现代化与中国文化研讨会"、"中国文化与比较文化研究"、"国际中国文化学术讨论会"等学术研讨会。这些研讨会围绕"如何开展文化研究""文化研究与学者责任""中国文化传统的再估计""中国文化与西方文化的相互关系"等主要议题展开,充分反映了20世纪80年代学术界和思想文化界的关注焦点。

"文化大革命"时期破除"四旧",试图将中国传统的历史文化、道德风尚全部打倒,对中国的传统文化造成了很大的创伤。党的十一届三中全会之后,人们开始对传统文化重新估价和认识。关于中国文化的讨论,成为"文化热"中的重要组成部分,《中国文化史断想》《中国文化之谜》《国学集刊》《科学传统与文化》《比较文化论集》《中国传统文化的再估计》《中国文化研究集刊》等学术书籍、刊物和文化普及刊物纷纷出版,人们围绕中国文化的特征、结构、发展阶段、空间差异、层次区别,围绕中外文化交流、中国文化世界化和世界文化中国化等进行了深入广泛的讨论。人们对传统文化进行评论和审判,对中国文化的特点、优缺点进行再审视,对中国传统的"天人合一""自强不息""中庸""保守"等文化观念的内涵进行重新阐释,对中国传统文化如何现代化、如何发展进行激辩。参加讨论的群体包含有文化、历史、哲学、文学、美学、艺术等多个学科领域的专家和学者。既有中国学者,也有海外华侨,还有部分外国学者。

如果将 1840 年鸦片战争作为中国现代化进程的开端的话,其间经历了100 多年的艰难曲折,现代化却处于缓慢和被动的发展状态,改革开放和国家工作重点的转移是中国现代化进程的真正开始。1980 年代的"文化热"所面对的国际国内环境与之前有很大不同,一方面是国内长期的封闭环境得以改善,改革开放给国人打开了国际交流的大门;另一方面西方国家处于高度的发展阶段,却也面临着现代化的危机和困惑。在中国现代化的路程中,如何学习世界上先进的现代化经验,处理好中西文化关系、实现中国文化的现代化,理所当然成为其中的重要部分。在讨论中,涌现出了不同的派别和群体。一是以庞朴、汤一介、冯友兰为代表的中华文化书院派,主张重新审视中国传统文化的特点,分辨其优劣及特征,重新估价中国传统文化的价值,将传统文化中的优秀部分加以传承和发展,为现代化服务。海外第二代新儒家杜维明、成中英等也极力主张儒家文化的复兴和价值。二是以金观涛、刘青峰为代表的"走向未来"派,他们通过译介国外译著,"向大学生介绍当代西方社会科学方法、理论及思潮,包括某些自然科学的一般性理论"①。希望将系统论、信息论、控制论等引入中国,在中国培养和根植科学精神。三是以甘阳、刘小枫等为代表的"文化:中国与世界"编译群体,这一群体主要是西方哲学科班出身,他们学习西方的理论较多,主张向西方文化学习,但是又主张借鉴西方后现代理论,深刻认识现代化的负面价值,在中国现代化的进程中,注重吸收现代化的正面价值,避免负面价值。三个派别的学者提出了不同的理论和观点,力图调和和化解中西文化冲突矛盾,比

---

① 陈来:《思想出路的三动向》,载甘阳主编《八十年代文化意识》,世纪出版集团、上海人民出版社,2006 年,第 544 页。

如:李泽厚提出了他的"西体中用"说,主张以经济发展为根本,将西方的生产方式和生产关系等搬到中国大地上,将中国实际作为"用",被人认为是主张"西化"的代表。张岱年提出了他的文化综合创新说,主张对待中、西、马,要在马克思主义普遍真理的指导下,结合中国特色社会主义现代化建设的实际需要,对古今中外的文化系统之精华进行吸收和综合,创造出一种既有民族特色又充分体现时代精神的高度发达的社会主义新文化。甘阳以时间的过去、现在与未来的三维度为理论根据,提出要着眼于未来,以动态、发展的眼光看待中国文化等。

文化热发生的大背景是改革开放后西方文化的大量引入,经济发展带来的文化变化,其实质还是中西文化冲突的产物。有人将1980年代文化热与五四运动相媲美,认为它不是简单的批判传统文化,而是着眼于中国文化的发展。1980年代的文化讨论中,思想文化界对传统文化进行毫不留情批判的有之,特别是在讨论的后期,有部分学者走入资产阶级自由化的道路,但大多数学者能够从多样的学术角度、运用多元的学科理论,对传统文化进行更加多元的阐释、评判。相比五四运动关于文化的大讨论,这个时期的文化讨论没有了"救亡"的压力,多了一份"发展"的责任,没有了"非是即否"的绝对,添加了一份客观与辩证。就像有的学者说的:"近年在文化和文化史研究中间,自由辩论渐成风气,坚持与服从真理渐成清醒意识。"①

三、冯友兰在文化的拨乱反正中重获新生

文化领域的重镇是教育界,特别是高校,文化领域的拨乱反正是从否定教育的"两个估计"与"文艺黑线专政"论开始的,在共产党的领导下,国家逐批对冤假错案进行平反,为大批文化工作者恢复名誉,并根据时代发展的要求提出了文化发展的"二为"方向和教育发展的"三个面向"要求,尊重知识、尊重人才的气氛逐渐形成,文化的健康发展逐渐有了保证。

1977年5月24日,邓小平指出:"靠空讲不能实现现代化,必须有知

---

① 《复旦学报》(社会科学版)编辑部:《断裂与继承——青年学者论传统文化与现代化》,上海人民出版社,1987年,第9页。

识,有人才。""一定要在党内造成一种空气:尊重知识、尊重人才。"①这为新时期知识分子政策突破"两个估计"束缚打下了基础。在1978年全国科学大会开幕式上,邓小平对知识分子的成分问题进行了重新定位。他指出:"他们绝大部分已经是工人阶级和劳动人民自己的知识分子,因此也可以说,已经是工人阶级自己的一部分。"②知识分子和工人都是社会主义社会的劳动者,只是社会分工不同。邓小平特别指出要注重培养和选拔人才,要加强教育事业,为社会主义现代化事业选拔人才。1978年11月3日,中共中央组织部下发《关于落实党的知识分子政策的几点意见》,做出了"知识分子的大部分是好的"论断,从文件上承认了知识分子是工人阶级的一部分,给知识分子的表现给予了较高的赞誉,知识分子由被"团结、教育、改造"的对象变为社会主义建设事业的依靠力量。

1978年,中共中央批准了中共统战部、公安部关于全部摘掉右派分子帽子的请示报告,通过了《关于全部摘掉右派分子帽子决定的实施方案》,冯友兰也被摘掉了右派的帽子。

喧嚣过后,冯友兰在《三松堂自序》中真诚地反思了自己在批林批孔过程中撰写批孔文章的经过:在批林运动转到批孔之后,"我的心又紧张起来,觉得自己又要成为'众矢之的'了。后来又想,我何必一定要站在群众的对立面呢。要相信党,相信群众嘛,我和群众一同批孔批尊孔,这不就没有问题了吗"③。于是冯友兰撰写了批孔的文章,两篇发言稿公开宣读之后,就得到有关部门的支持,作为运动的典型公开发表。冯友兰反思:"我不知道,这是走群众路线,还是哗众取宠。这中间必定有个界限,但当时我分不清楚。"④20世纪80年代,冯友兰认清楚了两者的界限,他认为,两者中间的界限就是"诚伪之分"。在每次批判之后,总以为自己进步了一点,这是"诚",但是在被改造的同时得到吹捧,确有欣幸之心,这一部分思想就不是

① 中共中央文献编辑委员会:《邓小平文选》(第二卷),人民出版社,1994年,第41页。

② 中共中央文献编辑委员会:《邓小平文选》(第二卷),人民出版社,1994年,第89页。

③ 冯友兰:《三松堂自序》,人民出版社,2008年,第159页。

④ 冯友兰:《三松堂自序》,人民出版社,2008年,第160—161页。

"诚",而是哗众取宠了。冯友兰是勇敢的,他承认自己的哗众取宠之心和走过的极"左"路线,认为自己在"文革"期间的所作所为确实是有所不诚。冯友兰的自我反省确是真诚的,既反映了一位耄耋老人在风雨如晦的年代里为了求生存,自己为自己寻找的生存逻辑,也反映了人在强大的意识洪流中随波逐流的一面,更反映了在荣誉面前的人性弱点。

风雨过去,冯友兰珍惜改革开放大好时光,积极参加学术活动。在大的事件方面,冯友兰担任了中国文化书院的顾问和导师,是书院的主要发起人之一,他为培训班的学员授课并参加研讨。他还参与了中华孔子研究所的成立,并在成立大会上发言。1982 年,冯友兰接受哥伦比亚大学的邀请,赴美国接受荣誉博士学位,并参加在夏威夷大学举办的朱熹国际学术讨论会。就像《文汇报》记者郭志坤对先生的专访《有生之年,永不停笔》一文中说的那样,在生命的最后十年,冯友兰珍惜重新获得的学术生命,以乐观的、积极向上的态度参加学术活动、社会活动,笔耕不辍,不仅撰写了关于哲学、文化方面的一些单篇文章,还完成了《三松堂自序》的撰写,并坚持从头开始,重新撰写了百万字的《中国哲学史新编》。

1980 年,冯友兰以 80 多岁的高龄开始重新撰写中国哲学史,历时十年,完成了《中国哲学史新编》的撰写工作。在助手的帮助下,他坚持每天撰写一部分,十年如一日。在撰写后半部分的时候,他几乎耳目失其聪明,但仍然老而弥坚,在生命弥留的前夕,完成了著作,冯友兰在生命的最后时间,完成了自己要完成的文化使命。在这十年里,从年谱来看,冯友兰很多时间是在医院度过的,他用顽强的意志支撑着自己的身体进行写作。1990 年 1 月 25 日,在第七卷快要完成的时候,冯友兰在病床上对女儿冯钟璞(宗璞)说:"庄子说,生为附赘悬疣,死为决疣溃痈。孔子说,朝闻道,夕死可矣。张载说,存,吾顺事;殁,吾宁也。只争取治好这一次的病,写完《新编》,以后就不必治了。"[1]冯友兰超然于生死存留,他顽强地活着就是为了《新编》,为了中华文化的传承,彰显了一个世纪哲人的顽强意志和"为往圣继绝学"的使命感。

----

[1]　蔡仲德:《冯友兰先生年谱长编》,中华书局,2014 年,第 948 页。

　　很多人劝他在原来《新编》试稿的基础上接着写,冯友兰却坚持从头写,他强调一、二册的试稿也要重写,并且相比原来有所改进,"'保守倒退'与'革新前进'两条路线斗争为纲不能改,但要加上民族斗争这条线"①。先生强调他的新编"不同于一般的哲学史,不是我注六经,而是六经注我",必须从头写起。②

　　又有人劝他,在写作时把大意说说,让人代劳发挥一下就可以了。冯友兰坚持路要自己走,他说"这也是一法,可我做不来,我决心活到老,学到老,做到老"③。冯友兰以《西游记》中的唐僧自比,孙悟空可以一个跟头翻十万八千里,唐僧却不能跟着徒弟直接翻越到西天,而是要自己一步一步走到西天圣地,只有经过了九九八十一难,才得以修炼成佛。冯友兰认为:"自己的路只能自己走,唐僧只有一步一步走到西天,他才能成佛。""做学问也是如此,路要自己走,并且要走到底。"④冯友兰坚持要一点一点爬行,他说一些想法只有在写作的过程中才能涌现出来。他写《新编》乃是"情不自禁,欲罢不能",犹如"一个蚕,它既生而为蚕,就没有别的办法,只有吐丝,它也是欲罢不能"⑤。这是一个哲人"旧邦新命"的使命感使然。

　　冯友兰深刻反思"文革"时期在学术方面的教训,认为自己在过去对马克思主义的认识不够深刻,犯了人云亦云、不求甚解的错误,在 20 世纪 50 年代,向苏联的"学术权威"学习,"寻找一些马克思主义的词句,作为条条框框,生搬硬套"⑥。在 20 世纪 70 年代,"依傍党内的'权威'的现成说法,或者据说是他们的说法"⑦。这些做法都是不对的,是对中国哲学史研究工作的摧残。经过这两个过程之后,冯友兰深刻认识到了这是学术上的不诚,吸取这些教训,他重新认识学术工作,他说:"一个学术工作者,应该所写的就是

---

① 蔡仲德:《冯友兰先生年谱长编》,中华书局,2014 年,第 771 页。
② 蔡仲德:《冯友兰先生年谱长编》,中华书局,2014 年,第 819—820 页。
③ 蔡仲德:《冯友兰先生年谱长编》,中华书局,2014 年,第 430 页。
④ 蔡仲德:《冯友兰先生年谱长编》,中华书局,2014 年,第 429 页。
⑤ 蔡仲德:《冯友兰先生年谱长编》,中华书局,2014 年,第 431 页。
⑥ 冯友兰:《自传》,《三松堂全集》(第 13 卷),河南人民出版社,2001 年,第 329 页。
⑦ 冯友兰:《自传》,《三松堂全集》(第 13 卷),河南人民出版社,2001 年,第 329 页。

他所想的,不是从什么地方抄来的,不是依傍什么样本摹画来的。"①冯友兰决定以行动改正自己之前的错误,决心在《新编》的写作过程中"修辞立其诚",坚持只写"自己在现有的马克思主义水平上所能见到的东西,直接写我自己在现有的马克思主义水平上对于中国哲学和文化的理解和体会,不依傍别人"②。没有了苏联权威和党内权威思想的束缚,没有了"名缰利索"的限制,冯友兰以学得的马克思主义立场和观点,撰写自己所认为的哲学史和哲学观,在《新编》的最后,冯友兰真正感到了融会贯通,感到了"海阔天空我自飞"的自由,他说,我确是照我所见到的写的,有些非常可怪之论,如有人不以为然,因之不能出版,吾其为王船山矣。③

在人生的最后两年,他对自己的一生有意识地进行了总结。冯友兰在94 岁自寿联中,写下"阐旧邦以辅新命,极高明而道中庸",以概括自己一生的人生追求和哲学信仰,并将此联挂在了自己的三松堂里。95 岁时,他写下预寿联"三史释今古,六书纪贞元",是对自己一生哲学成就的精炼概括,成为他的墓志铭。冯友兰的一生,有辉煌也有挫折,有"左"也有右,有获人赞誉也有遭人批判,但是他对祖国的热爱、对中华文化的热爱却始终如一。20 世纪 80 年代,冯友兰在给外孙女冯蓓的信中说到,知识学问是"魂"外之物,"我所谓'魂',就是一个人的文化修养和精神境界,那才是一个人真正的'我'"④。他所说的文化之魂就是中华文化,他从不后悔自己在新中国成立后留在大陆,哪怕经历了风风雨雨,他说:"如果当时我在美国住下来,过几十年的安定生活,可能写出一些文章;但对于宇宙人生的大道理,以及中国文化的精华,决不能有像我现在所有的那样深的理解和体会,这是一生在象牙塔内的人所不能有的。"⑤作为一个贯通中西的哲学家,他始终关怀关注着中华文化,并为之奋斗不息、无怨无悔。

---

① 冯友兰:《自传》,《三松堂全集》(第 13 卷),河南人民出版社,2001 年,第 329—330 页。

② 冯友兰:《自传》,《三松堂全集》(第 13 卷),河南人民出版社,2001 年,第 330 页。

③ 冯友兰:《中国哲学史新编(第七册)·自序》,《三松堂全集》(第 10 卷),河南人民出版社,2001 年,第 485 页。

④ 冯友兰:《致冯蓓》,《三松堂全集》(第 14 卷),河南人民出版社,2001 年,第 722 页。

⑤ 冯友兰:《致冯蓓》,《三松堂全集》(第 14 卷),河南人民出版社,2001 年,第 723 页。

第二节　中西文化对比的新时代

十一届三中全会的召开在中国历史上具有里程碑的意义,它开启了中华民族崛起的新征程。以经济建设为中心、改革开放、思想解放、拨乱反正这几个关键词对于亲身经历过这一过程的人来说,那种身心的解放和愉悦感不可名状。冯友兰很欣喜能看到这一天,他看到了苦难的中华民族终于迎来了发展的春天,这是一个新的时代,在新的时代里,中西文化对比有了新的主题,中国文化也迎来了新的发展机遇。

一、"旧邦新命"与文化现代化

改革开放之后,国家重提"实现社会主义现代化建设"的宏伟目标,全国上下,齐心协力,共同奔向四个现代化的目标前进。"现代化"成为人们关注的新热点,随着文化热的兴起,人们开始从理论上关注中国的现代化进程、现代化之路、中国文化的现代化等问题。有学者指出,"近代的文化讨论热衷反思传统文化价值、中西文化比较,都是整个民族对现代化的自觉意识在文化上的反映"①。当时的学人围绕中国文化现代化、现代化与传统文化等展开了热烈的讨论,凸显了文化现代化的主题。

在 20 世纪三四十年代,冯友兰对时代的定位是"贞元之际",也就是认为中国正走在从弱转强的路上,那个时候他认为文化的使命就是实现类型的转化,从农业类文化转为工业类文化。中华人民共和国成立后,冯友兰经常用"旧邦新命"来形容中国文化问题,但是在 1949—1978 年,中国文化处于封闭的环境中,并没有实现新命的条件,反而是倍受摧残。改革开放后,冯友兰认为文化发展的时代机遇到来了,他重提"旧邦新命"论:"我经常想起儒家经典《诗经》中的两句话:'周虽旧邦,其命维新。'就现在来说,中国

① 陈来:《思想出路的三动向》,载甘阳编《八十年代文化意识》,上海人民出版社,2006 年,第 546 页。

就是旧邦而有新命,新命就是现代化。我的努力是保持旧邦的同一性和个性,而又同时促进实现新命。"①"旧邦新命"对于文化来说,就是要在拥有几千年文明的中国大地上,发展新的文化,建立新的文化体系。中国拥有的几年的历史文明,这是"旧邦"的灿烂和辉煌,这个旧邦要适应新的环境,"在这块古老的土地上建设新的物质文明和精神文明"②,这就是"新命",具体到20世纪80年代就是要实现文化的现代化。冯友兰认为在这样一个历史悠久的大国,如何在社会主义新时代发展新的文化,这是作为一个哲学家的责任。"怎么样实现'旧邦新命',我要做自己的贡献,这就是我的'所以迹'。"③

怎么实现"旧邦新命"？冯友兰致力于保护旧邦的统一性,就是在实现文化的现代化过程中,不能破坏文化的传承性,对旧文化要有所继承。他认为,要继承中国传统文化精华,不能断然抛弃传统文化,要看到文化发展的历史性和连续性,文化的历史是一种存在,不能无视也不能抛弃。对于文化现代化,冯友兰继续了他在《新事论》中的观点,认为文化的现代化应立足于经济的现代化,经济的现代化是文化现代化的基础,他曾经赠送李泽厚迁新居堂联"西学为体,中学为用;刚日读史,柔日读经"。就是表达对于李泽厚注重经济基础的赞同。李泽厚提出的"西体中用"论,认为要在中国大地上引进西方的经济基础,并在此基础上产生西方式的现代文化,他只把中国实际作为"用"。

冯友兰接续"五四"所发扬的科学与民主精神,认为实现现代化的重要内容即是科学与民主,特别是要在民主方面下更大的功夫。他认为,人们在学习西方的过程中,提出了科学与民主的口号,"半个世纪已经过去了,科学的重要已为人们所承认,……究竟什么是民主,人们还没有一致的了解"④。

---

① 冯友兰:《三松堂自序》,人民出版社,2008年,第319页。
② 冯友兰:《〈三松堂学术文集〉自序》,《三松堂全集》(第13卷),河南人民出版社,2001年,第409页。
③ 冯友兰:《〈三松堂学术文集〉自序》,《三松堂全集》(第13卷),河南人民出版社,2001年,第409页。
④ 冯友兰:《建设新文化是这一代人的历史使命》,《三松堂全集》(第14卷),河南人民出版社,2001年,第284页。

所以在文化现代化的进程中,要重点对于民主进行发扬。冯友兰的这一感受既是符合历史实际的,也和他"文革"的亲身经历有关。鸦片战争以来,中国处于半殖民地半封建社会,救亡是主要的历史任务,中国人向西方学习一直着重在物质文明方面,从"师夷之长技以制夷"到"中体西用",新文化运动之后,"科学"与"民主"两个目标相比,科学显得更迫切一些,在资本经济发展过程中也较容易传播,科学的精神逐渐深入人心。然而"民主"这一涉及政治和意识形态的东西,却始终没有建立完整的制度和体制,或者即使建立了民主制度却也没有很好地执行和落实。

冯友兰阐释了自己所认为的"民主"。他认为"民主"有两种含义:一是少数服从多数,一是多数容忍少数。这来源于中国传统文化的智慧,庄周在《齐物论》中主张"不齐齐之",就是"以不齐齐之",要尊重事物的不同,鸭子腿短白鹤腿长,各有所长,各有所短,不能强迫"一刀切"。在传统哲学中,还主张分别"和"与"同",就是要求同存异,和而不同。冯友兰认为,对于民主来说,"少数服从多数"就是要使得多数人的利益有保障,"多数容忍少数"就是让少数人的利益也有所表现,从而大家心情舒畅,达到一个"和"。"多数容忍少数"不会影响到行动的一致性,因为它不是指的行动方面,而是指的思想方面,"'多数容忍少数'只能使人民更加团结,国家更加统一"①。

"旧邦新命"是冯友兰对1980年代中国文化发展阶段的认识,他既注重对中国传统文化的继承发扬,又着意于文化的现代化,两者相比,他对中国传统的继承问题作出了更多的贡献,对于文化的现代化,他只提出了对"民主"的简单认识,并没有深入的思考。这与当时的文化新人是有区别的,新青年一般侧重于对西方现代理论的吸纳和现代化的深入探讨。文化热的先锋甘阳在1985年所写的《八十年代中国文化问题讨论五题》一文中说:"八十年代中国文化讨论的根本任务,是要决定性地完成这个历史转折,真正建立中国现代文化系统,也就是说,彻底实现'中国文化的现代化'。"②他借鉴西方的现代理论,将现代社会分为前现代、现代和后现代,并将1980年代的

---

① 冯友兰:《纪念新文化运动》,《三松堂全集》(第14卷),河南人民出版社,2001年,第286页。

② 甘阳:《古今中西之争》,生活·读书·新知三联书店,2006年,第25页。

中国归为"现代社会",甘阳认为实现文化的现代化主要是实现从伦理性社会向知识性社会的转变,因为前现代社会的基本结构是以伦理关系为根基的,其文化也是伦理的,现代化社会的基本结构则是以职业分工关系为根基的,其文化系统是知识系统的。"从前现代文化转向现代文化,实际即是要从伦理本位的文化系统转到知识本位的文化系统。"①

关于科学与民主,甘阳认为,中国的现代化需要培养的现代文化系统仍是一种以"科学理性精神"为整体特征的文化。甘阳认为,冯友兰曾经在20世纪初叶对于中国为什么没有科学,能不能产生科学,给出了"能之而不为"的结论,但问题的实质不在于"能不能",而在于"要不要"。甘阳认为,对于科学精神应该回答三个问题:第一,"有没有"科学精神;第二,"要不要"培育和发扬;第三,"怎么要",如何着手。"如果'要',那么'不能'也得'能'、'不为'也得'为'!"②

以甘阳为代表的文化新人注重向西方学习,将西方的理论运用到中国现代化中。甘阳认为:"要想切实地理解和评价'中国的文化讨论'之进展和成果,也就不能仅仅只看它对'中国文化'的反省和讨论有什么进展,同时还应看它对'西方文化'的认识和思考有什么进展。"③甘阳是走在现代化的前列的,他主张中国文化的现代化,但是他已经超前地从西方的理论中认识到了现代化不仅有正面价值,还具有负面性。他说:"现代化的进程并不只是一套正面价值的胜利实现,而且同时还伴随着巨大的负面价值。"④中国目前的状况是现代社会的正面价值比如民主法治还没有真正达到,其负面价值比如拜金主义则已经显现出来了。现代化问题研究专家罗荣渠更是从世界史的角度对西方现代化思潮及进程、中国的现代化进程进行了对比和研究,从经济、政治、历史、理论等方面进行了更加深刻的讨论,他认为:"在现代化启动阶段,非经济因素特别是政治因素具有占先性;在转变阶段则是经济与技术因素具有占先性,而在现代化后期特别是社会整合阶段,则是文化

---

① 甘阳:《古今中西之争》,生活·读书·新知三联书店,2006 年,第 27 页。
② 甘阳:《古今中西之争》,生活·读书·新知三联书店,2006 年,第 38 页。
③ 甘阳:《八十年代文化意识》,上海人民出版社,2006 年,第 8 页。
④ 甘阳:《八十年代文化意识》,上海人民出版社,2006 年,第 8 页。

因素、生态因素等上升到重要地位。"①不能把极其复杂的大转变进程简单化、公式化。

二、中西文化论争主题的转换

改革与开放,不可避免地引起中外文化和新旧文化的正面遭遇,也不可避免地引起关于文化的争论。1980 年代产生的文化热潮,和五四时期一样,它是古与今、中与西的较量。改革开放使得西方的物质文化和精神文化泥沙俱下,在现代化的进程中,中西文化碰撞得更加激烈。"古今、中西的较量,仿佛已不再能简约为新旧之争,而有了更为复杂的内容和更为错综的关系。"②

1980 年代的中西文化之争是在没有救亡压力的时代背景下进行的,是在改革开放的大环境下进行的,思想解放的人们对西方思潮有了更多的接触,人们有意识地运用马克思主义理论对待中西文化之争,所讨论的范围更宽泛,讨论的问题更细致、深入,讨论的视角更加多样,整体上说,人们能够更加客观地对待中西文化,能够以辩证的、发展的眼光看待文化发展。

人们开始认识到,文化是一个复杂的整体,不是一个可以简单处理的东西,也不是一个可以简单分割、择优而取的东西,这与 1930 年代的文化单元说、元素说等截然不同。耿云志的观点具有代表性,他认为,文化的优劣不好选择,也不能简单选择,"人们都会说,我们学习外国,只应学它好的东西,对我们有用的东西,而不应学它不好的,于我们无用的东西。谁能说这话不对呢? 但是,两种文化交流,断不会像跑一趟商场去买一双鞋子那样容易,何况,即使买鞋子,也不见得每次都十分合意"③。文化的简单取舍是很困难的,世界上的事物,都是具体的,不是抽象的。好的、坏的,是从具体事物中抽象出来的价值判断。事实上,纯粹好的东西和纯粹坏的东西并不多见。面对西方文化,我们往往好的坏的一块引进,想只要纯净的好的西方文

①　罗荣渠:《现代化新论》,商务印书馆,2004 年,第 528 页。
②　庞朴:《文化的民族性与时代性》,中国和平出版社,1988 年,第 61 页。
③　复旦大学历史系:《中国传统文化的再估计——首届国际中国文化学术讨论会(一九八六年)文集》,上海人民出版社,1987 年,第 480 页。

化,是不可能的。"如果只许吃纯净的营养,不许吃一点杂质,那就像夏洛克的不许带一滴血的一磅肉一样,无法得到。我们吸收外域的文化也是这样。"①

　　冯友兰作为一名中西文化问题争论的老将,他已经经历了 20 世纪前期中西文化论争的过程,对新时代中西文化论争有与众不同的看法。他认为,改革开放后,在建立新的文化体系的时代,关于中西文化矛盾问题的讨论已经发生了论战主题的变化。他说:"在'五四'时代,人们所注意的是在西方文化中有哪些成分是我们所要吸收的;现在人们所注意的是中国旧文化中有哪些是我们所要继承的。"②冯友兰的关注点不在于 20 年代中西文化的具体纷争,而是以一个宏观历史的角度,将 80 年代的文化论战与五四时期进行对比,他认为,在五四时期,人们侧重对中国传统文化的批判和对西方文化的吸收,但是向西方学习什么,怎么学习的问题一直没有解决,所以才会有中国本位文化问题论争、科学与人生观之争等。改革开放之后,向西方学习什么已经不成问题,马克思主义也已经成为国家统治的指导思想,现代化的目标已经确定,发展道路的问题已经解决,所以,冯友兰认为向西方学什么的问题已经解决。"'五四'运动提出了民主与科学的口号,同时又引进了马克思主义,话就说到家了。剩下的问题是怎样实行,革命就是实行。"③

　　向西方学习什么的问题解决之后,就是实行的问题,而在实行的过程中,就有一个如何与中国传统文化结合的问题,中国的传统文化如何用来助推社会主义现代化的问题,所以,冯友兰得出了中西文化冲突主要集中在怎么样对待传统文化的问题上,主要讨论在现代化的进程中怎样对待传统文化,如何继承传统文化。冯友兰认为,对待传统文化应该坚持批判继承的方针,不能只谈批判,不谈继承,但是继承也应该在"批判"的基础上进行继承,是继承的辩证法,是五四精神的发扬。冯友兰认为:"现在谈东西文化的

---

　　①　复旦大学历史系:《中国传统文化的再估计——首届国际中国文化学术讨论会(一九八六年)文集》,上海人民出版社,1987 年,第 481 页。

　　②　冯友兰:《关于中西文化问题的一点意见》,《三松堂全集》(第 13 卷),河南人民出版社,2001 年,第 442 页。

　　③　冯友兰:《立足现发扬过去展望未来》,《三松堂全集》(第 13 卷),河南人民出版社,2001 年,第 473 页。

比较,和'五四'时代打倒孔家店,虽然在形式上有所不同,但在精神上却是一致了。"①现在的工作是五四精神的继续。一般人认为五四运动在于对传统文化的批判,而冯友兰主张继承,这如何与五四精神一致呢?冯友兰认为,五四对传统的批判是为了社会的发展和振兴中华,对传统的批判是对其中糟粕部分的批判,它提出"民主与科学"的号召,是对文化的公平讨论,而"文革"时那种一味批判、没有继承、没有民主和讨论自由的情况则是对五四精神的歪曲。冯友兰说:"五四时代和我们今天都是要振兴中华,从这一点说,现在的讨论是五四精神的真正继承。"②

三、"终结"与"开始"

冯友兰的与众不同之处,在于他作为一个世纪老人,几乎经历了文化冲突在中国发生的全过程,从五四新文化运动到改革开放文化的现代化,这是中国人民开始从文化的视角展开救亡和振兴中华的过程。冯友兰另一个不同之处,在于他是一位对中国古代哲学有着深厚的造诣,又对西方文化有较深理解的哲学家,他看待问题,总是往根本处看、往宏观处看。冯友兰还有一个不同之处,在于经过了三十年的马克思主义理论学习和熏陶,他已经真正接受了马克思主义。这三个不同,使得冯友兰对中西文化论争及新时代有不同的超出常人的理解,这种理解只有对他一生的著述和思考反复研读、反复体会,并将之放到时代的长河中进行考量,才能"心知其意"。

对于改革开放后的时代变换,冯友兰引用丘吉尔在第二次世界大战接近尾声时的一句名言"不是收尾的开始,而是开始的收尾"来阐述,他认为改革开放后的新中国也是到了"开始的收尾"。中国近代社会的第一次转变是春秋战国时期,实现了从奴隶社会到封建社会的转变,第二次大转变是从19世纪中叶鸦片战争开始,就是要实现从封建社会到现代社会的转变,这个转变要持续一段时间,大概需要两个世纪,如果不走弯路的话,到21世纪才

---

① 冯友兰:《关于中西文化问题的一点意见》,《三松堂全集》(第13卷),河南人民出版社,2001年,第442页。

② 冯友兰:《〈中国哲学史新编〉回顾及其他》,《三松堂全集》(第13卷),河南人民出版社,2001年,第456页。

有可能完成。"从鸦片战争到'文化大革命',都是开始,大转变的开始。粉碎了'四人帮',党的新领导推行现在的政策,可谓走上了正路,到了开始的收尾。"①也就是说,改革开放政策实施后,我们从封建社会向现代社会的转变已经到了快要实现的时候,但是这还没有到结尾的时候,还需要一段时间和历程。冯友兰是将封建社会和现代化社会作为社会转变的阶段进行思考的,他忽略了辛亥革命已经结束了封建社会,新中国的成立已经将中国社会往前推进到了新阶段,也许这些都被他看成了"开始"的阶段性成果,他的标准和目标是现代化社会。

对新历史阶段的文化问题,冯友兰同样采用了丘吉尔的幽默。他说:"以前的调解不同文化的种种努力都不过是一个开始。我们现在的努力虽不是终结的开始,但它可以是开始的终结。"②这是他对 1980 年代的中国文化的历史定位。与历史发展阶段定位相一致,冯友兰认为,五四新文化运动、东西文化之争、新旧文化之争、科学与人生观之争、中国本位文化论争、文化继承问题论争等都是一个"开始",这个"开始"是调解中西文化、中国文化与马克思主义等不同文化之间矛盾冲突的努力,现在中国已经建立起了以马克思主义理论为指导的新的哲学体系,中国人民已经做出了文化的选择,不同的文化在中国的矛盾冲突也解决了,这是一个"终结"、文化矛盾的终结。但是"开始"的问题得到解决,进入了结束状态,"终结"的问题还没有完全解决,就是马克思主义与中国实际相结合,创造中国化马克思主义理论体系的问题还没有解决,需要新的文化人去尝试解决。

实质上,从时代来看,"开始的收尾"与"收尾的开始"是有重叠的,是一个事物的两面,都意味着现代化快要实现。从文化来说,"开始的终结"和"终结的开始"也是重叠进行的,马克思主义中国化的进程是文化冲突的结束,也是新文化建立的开始,其指向都是新的广泛哲学体系的建立。甘阳曾有过和冯友兰相似的观点,他认同冯友兰关于中西文化为古今之异的看

---

① 冯友兰:《"是几时孟光接了梁鸿案?"——答〈光明日报〉特派记者问》,《三松堂全集》(第 13 卷),河南人民出版社,2001 年,第 446 页。

② 冯友兰:《哥伦比亚答词》,《三松堂全集》(第 13 卷),河南人民出版社,2001年,第 368 页。

法,并且指出:"百年以来中国历史走过的路程,在某种意义上都还只是中国现代化的准备阶段;只有今日,中国的现代化才算真正迈开了它的历史步伐。"这和冯友兰"开始的收尾""收尾的开始"有些相似。甘阳还认为,"今日中国现代化与中国传统文化之间已不复具有直接的政治冲突的性质,但却具有另一种更为广阔、更为深刻、更为复杂的总体性全方位冲突",就是"文化冲突","亦即具有几千年历史的中国传统文化与正在形成中的中国现代文化之间的冲突"①。他认为1980年代文化的真正的问题,不是中国传统文化与西方文化的异同,而是中国传统文化需要怎样的转变,才能符合现代社会的要求,这是文化讨论的中心,这也与冯友兰关于文化的核心是传统文化的继承问题相似。甘阳作为北京大学哲学系的晚辈后生,不知道是不是受了冯友兰的影响,但是甘阳从一开始的反传统到后来的接受传统,为传统在现代化进程中寻求位置经过了几年的历程。

不管是"开始的终结"还是"终结的开始",1980年代是建立新的广泛文化体系的时代,冯友兰是有其理论依据的。他认为:"每当国家完成统一,各族人民和睦相处的时候,随之而出现的就是一个新的,包括自然、社会、个人生活在内的广泛哲学体系。中国现在政治稳定、民族团结,正在建设物质文明和精神文明,也必定需要一个包括新文明各方面的广泛哲学体系,作为中国文化的中心思想和理论基础。"②冯友兰是将改革开放新时代与汉代等古代大一统统治相类比的,在晚年,冯友兰一再强调自己越来越认识到汉代文化的重要意义,可能就是这个道理。冯友兰认为,毛泽东思想作为中国的马克思主义就是新的哲学体系的雏形,随着社会的变化,它需要不断发展。

冯友兰所谓新的广泛的哲学体系,就是"中国的"马克思主义,随着改革开放的深入,中国经济的飞快发展,中国与世界的联系更加紧密,中国这个文明古国必将在发展中产生新的更有力量的时代文化。他说:"马克思主义

---

①　甘阳:《古今中西之争》,生活·读书·新知三联书店,2006年,第34页。
②　冯友兰:《对于中国文化前途的展望》,《三松堂全集》(第13卷),河南人民出版社,2001年,第400页。

会发展为中国的马克思主义,毛泽东思想也会发展。"①此句话有两层含义:
毛泽东思想是马克思主义理论与中国实践相结合的产物,它在今后会发展;
马克思主义与中国实践相结合,还会产生新的理论,冯友兰似乎预见到了二
代、三代及之后的党中央领导集体在马克思主义与中国实践相结合的过程
中会产生新的理论成果,预见到了中国特色社会主义理论体系的逐渐建立
和发展。同样有预见性地,冯友兰把毛泽东思想与中国特色社会主义理论
体系进行了区分。

冯友兰认为,建设一个新的广泛的哲学体系,要注重保持中国的特
色,这与他关于中西文化的时代争论主题转变为对传统文化的继承问题这
个认识是一致的,新的文化体系的建立就是要继承中国的旧文化,保持中国
文化的特色,这是一种内在的永远无法避开的问题。冯友兰认为:"中国特
色并不是随便加上去的,并不是像我们制造一个东西以后,随便可以涂上什
么颜色,也不像人穿衣服,可以随便穿上一件。中国特色不是涂上去的,是
内在的。"②建设有中国特色的社会主义必定要有中国的特色,是马克思主义
与中国实际的结合,是马克思主义与中国古典哲学的结合,这是冯友兰尝试
解决马克思主义与中国传统文化关系的立足点。冯友兰说:"要建设精神文
明,必须把中国的古典哲学作为其来源之一。"③他运用了共相殊相说,认为
"事物都是共相和殊相的统一,共相寓于殊相之中"④。马克思主义所代表的
社会主义的共相要在中国实现,就要寓于中国的已有文化和已有社会实际
中。在九十大寿接受访谈时,冯友兰说:"中国建设社会主义,必定要把马克
思主义原理和中国实际相结合,所以中国的社会主义社会必定有中国特
色,这个特色是由中国这块土地上的内部因素决定的,它必然要发生作

① 冯友兰:《对于中国文化前途的展望》,《三松堂全集》(第13卷),河南人民出版
社,2001年,第400页。
② 冯友兰:《〈中国哲学史新编〉回顾及其他》,《三松堂全集》(第13卷),河南人民
出版社,2001年,第457页。
③ 冯友兰:《答〈中国哲学史新编〉责任编辑问》,《三松堂全集》(第13卷),河南人
民出版社,2001年,第435页。
④ 冯友兰:《〈中国哲学史新编〉回顾及其他》,《三松堂全集》(第13卷),河南人民
出版社,2001年,第457页。

用,就看人们自觉还是不自觉。"①人们一旦认识到这个问题,就要自觉地进行中国文化与马克思主义文化的结合。"历史的要求是不自觉的,人们对这些要求的认识和理解,就使他们由不自觉进入自觉。"②冯友兰对中国的新文化体系建设充满了信心,他认为,真正的中国人已经造成伟大的过去,这些中国人将要造成一个新中国,比世界上任何一个中国都过之无不及。"当时我没有怀疑,现在没有怀疑,将来也是不会有怀疑的。"③

第三节　中国传统文化的继承

当冯友兰对20世纪80年代中西文化的论争主题做出了向"中国的传统文化有哪些可以继承"转变的判断时,在当时的文化界实际上存在着一支强大的反传统潮流。冯友兰强调对中国传统文化的继承也可能与这股思潮有关。

一、中国传统文化的历史作用与现代价值

冯友兰认为,在中华民族的形成和发展过程中,中国传统文化发挥着积极的作用。他说:"中华民族是历史的产物,其形成的过程,经过了数千年的时间,经过了曲折反复的道路。在这个过程中,'中国的'哲学起了一定的积极作用,而且也就是这个发展在思想上的反映。"④冯友兰对待文化一向以唯物的态度视之,早在20世纪初,冯友兰在与泰戈尔的对话中就指出,中国的传统文化作为一种客观"存在",是无法磨灭的。到了20世纪80年代,冯友

---

① 冯友兰:《〈中国哲学史新编〉回顾及其他》,《三松堂全集》(第13卷),河南人民出版社,2001年,第457页。
② 冯友兰:《答〈中国哲学史新编〉责任编辑问》,《三松堂全集》(第13卷),河南人民出版社,2001年,第435页。
③ 冯友兰:《自传》,《三松堂全集》(第13卷),河南人民出版社,2001年,第330页。
④ 冯友兰:《从中华民族的形成看儒家思想的历史作用》,《三松堂全集》(第13卷),河南人民出版社,2001年,第254页。

兰又以一个哲学史家的态度看待传统文化,认为传统文化对于中国历史的发展发挥着客观、实际的作用。

(一)儒家思想在巩固专制主义中央集权方面的作用

冯友兰认为,一个民族在一个时期都有其统治的思想,儒家是中国长达两千年的封建社会的统治思想,为维护封建集权做出了历史贡献。在人类社会的发展演变过程中,总是充满着阶级斗争和民族斗争,阶级斗争和民族斗争是融合在一起的。在春秋战国时代,中国正处于从奴隶制社会向封建制社会转型的阶段,当时孔子的思想是"从周"和"为东周",从社会历史发展和阶级的观点来看,他是一个阻碍历史发展的思想家。但是,"从民族观点看,孔子后来又成为中国封建社会在思想、文化方面的最高代表,'至圣先师'。他的形象和言论,在中华民族形成的过程中,起了很大的积极作用。这也是不能否认的,也不应否定的"①。到了战国末期,各诸侯国的地主阶级夺取了政权,开始作为统治阶级的时候,就到奴隶主的统治思想和意识形态中寻找"统治术",孔子出生为儒,也就是奴隶主阶级的意识形态、典章制度文物资料的专家。在奴隶主阶级没落的时候,孔子将"周礼"保存了下来,并通过讲学的方式,传授周礼。"当时的新的统治阶级要借鉴于奴隶主阶级的统治老百姓的制度、方术和理论,它可以依靠的当然以孔子及其学派为最合适了。"②地主阶级为了维护自己的政权,反对老百姓的反抗,于是创造了"孔子杀少正卯"的故事,故事中孔子主张杀掉对于统治者批评和反抗的少正卯,从而孔子的思想又成为可以为统治阶级所用的思想。冯友兰认为,秦始皇就是因为不懂得统治的方术,"焚书坑儒",结果秦朝"二世而亡"。汉朝继承和发展了孔子的儒学,撰写《春秋公羊传》等儒家经典,运用儒学进行统治,促进了政治的统一和民族的融合。

(二)儒家思想在民族融合方面的作用

孔子说:"夷狄之有君,不如诸夏之亡也。"(《论语·八佾》)如今对此句

---

① 冯友兰:《从中华民族的形成看儒家思想的历史作用》,《三松堂全集》(第13卷),河南人民出版社,2001年,第256页。

② 冯友兰:《从中华民族的形成看儒家思想的历史作用》,《三松堂全集》(第13卷),河南人民出版社,2001年,第257页。

的理解,有一种是"夷狄有君主,(因为他们没有礼仪)还不如华夏之国没有君主"。也就是说,孔子认为夷狄和中国的区别主要在礼仪文化的高低上,如果有文化的君子到夷狄之国居住,则能够将礼仪文化带到那里,提高那里的文化水平,文化水平提高了,就和华夏之国一样了。"远人不服,则修文德以来之。"①应对夷狄的办法就是要提高他们的文化,"这个办法,对于民族融合有很大的积极作用"②。韩愈曾说:"孔子之作《春秋》也,诸侯用夷礼者则夷之,夷之进入中国者则中国之。"这也就是人们通常所说的,中国文化具有强大的包容力,中国历史上的南北朝时期、元代、清代的少数民族统治者到中原之后,也被汉族儒家文化折服,用儒家思想作为统治思想。

董仲舒作为公羊家,发扬儒家传统,建立了一套包括自然、社会和人生在内的广泛的哲学体系,作为汉朝统治的理论根据。他以"公羊春秋"为基础,提出了"春秋三世"说,东汉末年的何休进行发挥,提出了历史进化的三阶段说,据乱世、升平世、太平世,在"太平世"的阶段,"天下远近大小若一"。汉朝的《礼记·礼运》中说"大道之行也,天下为公",又说:"故圣人耐(能)以天下为一家,以中国为一人者,非意之也。""天下为公"也就是社会"大同",这个思想很受后人的推崇,康有为、洪秀全都用,特别是孙中山更是喜欢说"天下为公"。

从这些历史事实都可以看出儒家文化对于中华民族的大团结起着很重要的作用。孔子所以受到历朝历代的供奉就是因为他在政治统治、思想统一、民族团结上所起的作用。但是有人认为,传统文化之所以在中国的历史上起着积极的作用,能够融合佛教及少数民族的文化,其原因在于当时的中国文化相比于夷狄的文化来讲,是先进的文化。清朝末年以来,中国传统儒家文化遭遇了西方现代文化,节节败退,与现代文化相比,传统文化有很多的劣根性,那么在建设现代化的时代,中国传统文化还有其价值吗?冯友兰认为,是有价值的,他延续抽象继承的观点,认为中国传统文化中还有一些理论体系是可以为现代化发展所用的。

---

① 臧知非:《论语》,河南大学出版社,2008年,第228页。
② 冯友兰:《从中华民族的形成看儒家思想的历史作用》,《三松堂全集》(第13卷),河南人民出版社,2001年,第260页。

（三）儒家思想对现代化的价值

建设中国特色社会主义的进程中,面临很多阻力,其中之一就是市场经济条件下产生的不正之风,"一种不正之风去掉了,又有另外一种不正之风",歪风层出不穷,不能停止,这就像一个人身上的某一个部位长了一个疮,外科手术割除之后,又在别的部位长出来,"这种疾病仅仅靠政治、法律手段是解决不了的,就得从根本上采取措施"[1]。只有给这种风气送上一些"内服药",才能将体内的毒素根本清除,从而达到根除的目的。什么"内服药"管用呢? 冯友兰认为可以从传统文化的为人之道中找资源。

比如义利之辨。有人用"义利之辨"来解决现在的不正之风,就有一定道理。有报纸上写有这样一句话,"搞不正之风的人,就是见利忘义的人。"义与利是宋明理学的概念,理学所讲"义利之辨",就是要做一个正直的人,要分清楚什么是义、什么是利,用宋明道学的讲法,义理之分就是公私之分,"为私的就是利,为公的就是义"[2]。要纠正不正之风,就要做一个利、义分明,公、私分明的人。我们要抵制不正之风,就得讲义利之辨,冯友兰进一步指出,我们讲义利之辨,并不是要企业都不追求经济效益,而是要分清楚是为公为私。将义利之辨运用于现代化建设的具体问题处理上,冯友兰认为是"中国古代哲学现代化"的一个例子。

比如《周易哲学》。冯友兰认为:"《周易》哲学可以成为宇宙代数学。"[3]代数学作为数学的一种,没有数目字,主要是一些用符号表示的公式,这些公式相当于一些空套子,《周易》本身也不讲具体的万事万物,只讲阴阳变化组合,也是一些空套子,任何事物都可以套进去。"一阴一阳之谓道",《周易》不具体讲这些矛盾,而只用阴阳两个符号来代表,就是和代数一样的道理。《周易》有两个基本原则,一个是"流行",一个是"对待"。"流行"就是

---

[1]　冯友兰:《如何研究孔子之我见》,《三松堂全集》(第13卷),河南人民出版社,2001年,第420页。

[2]　冯友兰:《如何研究孔子之我见》,《三松堂全集》(第13卷),河南人民出版社,2001年,第420页。

[3]　冯友兰:《孔丘·孔子·如何研究孔子》,《三松堂全集》(第13卷),河南人民出版社,2001年,第412页。

"大化",就是说整个宇宙就是一个大过程,一个大流行;而"对待"就是两个对立面的矛盾统一。

《周易》的"流行"和"对待"与辩证法有相通之处:阴阳这两个符号,可以解释成为奇偶、正负、动静、肯定与否定等,展示的是事物的两个对立面;"流行"就是事物的发展,就是正与反、肯定与否定交互错综的过程,这跟辩证法的否定之否定相似,都讲事物的发展变化。但是,冯友兰认为,"流行"没有发展的意思,没有指出"历史的发展,每经过一次否定之否定,它就比原来的肯定高了一层",只有在"对待"和"流行"之外加上"发展",《周易》才成为比较完整的辩证法的代数学。这就需要近代人的努力。

"一阴一阳之谓道,这个总公式。用的就是'二进位法',电子计算机的运算也是'二进位法'。"①冯友兰当时还没有掌握充分的资料证明,莱布尼茨看过《周易》并受《周易》启发,但是他提出了"启发"和"印证"两个概念,他认为,如果莱布尼茨是看到《周易》而受启发的,那么说明受到了《周易》的影响,如果他不是看《周易》而启发,而是自己发现了"二进制",那与《周易》也是一种暗合,两者都是客观真理的表达,就是"印证"。不管"印证"还是"暗合",都不能否认《周易》的作用,而且《周易》还比莱布尼茨早了两千多年,充分展现了中华民族的智慧。

冯友兰从《周易》与代数、辩证法、"二进制"内容有一致之处,证明了中国古代文化是有内在价值的,现代人不能抛弃,只能发展它。他认为:"从这个方面研究《周易》,可以使中国的革命理论带有中国的特点,也可以使中国的革命理论也以中国的古典哲学为其来源之一。"②这是一个很自然的、水到渠成的过程。从中国古典哲学中找来源,发展古典哲学,其目的就是保持中华民族的特色,就是不断中华民族之根。"历史和传统就是我们文化延续下来的根和种子。"③一旦断续,将无法再衔接上。

---

① 冯友兰:《孔丘·孔子·如何研究孔子》,《三松堂全集》(第13卷),河南人民出版社,2001年,第413页。

② 冯友兰:《孔丘·孔子·如何研究孔子》,《三松堂全集》(第13卷),河南人民出版社,2001年,第416页。

③ 费孝通:《文化与文化自觉》,群言出版社,2016年,第260页。

他认为,现代的中国人拥有有利的条件来发展完整的辩证的宇宙代数学。"第一是,马克思主义辩证法的指引;第二是,古代中国人已经打下了基础;第三是,我们所亲身经历的中国现代史中的肯定和否定互相错综的急剧变化和发展。"①比如说改革,把它放在整个中国现代史的过程中,就是中国现代史中的否定之否定;比如现在的对外开放,与之前的被迫开放及封闭发展相联系,也是一种中西关系的否定之否定。在清朝末年,帝国主义"打进来",中国被迫对外开放,沦为半殖民地半封建的社会,这是第一阶段;中华民族抗日战争,实现民族的解放,将帝国主义"赶出去",这是第二个阶段;改革开放又将外国资本"请进来",这是否定之后的否定,经过了这个过程,我们由被动变为主动。

中国文化不仅对于现代社会有积极作用和重要意义,还对未来社会有重要的意义。冯友兰认为,"中国建立的社会主义社会要受中国的历史传统和地理环境等条件的制约",就像中国人的肤色是黄色的一样,是不以人的意志为转移的,所以中国古典哲学作为中国历史传统的一部分必将对中国的未来社会发生作用。比如说,中国的和平外交政策,对现代社会来说,为"四化"建设创造了一个良好的环境,对未来说,和平外交也是"仇必和而解"的体现,是未来和谐世界建设的指南。

中国的古典哲学还可以为未来文化的发展提供营养。冯友兰认为,马克思主义的产生有三大来源,其中之一就是德国古典哲学,中国未来文化的发展也就是说中国的马克思主义也需要中国的古典哲学作为来源之一,这是有实践例证的。比如中国的马克思主义——毛泽东思想就具有两个来源:一是西方传来的马克思主义,一是中国的古典哲学。"正因为它有中国古典哲学的来源,它的中国特色才有着落。"②毛泽东与其同时代的革命者一样,都阅读有大量的中国古典书籍,吸收了其中的营养。举例来说,中国古代哲学家,从孔子到王船山,注重探讨一般与特殊的关系,所谓"正名""有

---

　①　冯友兰:《孔丘·孔子·如何研究孔子》,《三松堂全集》(第13卷),河南人民出版社,2001年,第415页。

　②　冯友兰:《立足现在发扬过去展望未来》,《三松堂全集》(第13卷),河南人民出版社,2001年,第474页。

无""理事""名实"等都是这个问题,毛泽东的少年时代是王船山的《船山遗书》在湖南流行的年代,王船山所讲的"理在事中",在毛泽东后来反复发挥的"一般寓于特殊之中"得以呈现,比如毛泽东在《中国革命战争的战略问题》一文中讲到了"战争""革命战争""中国革命战争"就是这个道理。"于是王船山所总结的中国古典哲学就与毛泽东的思想合拍了,自然而然就成为毛泽东思想的来源之一。"①冯友兰论证毛泽东受王船山的影响也许不完整,但是毛泽东思想受中国古典哲学的影响却是肯定的。

二、继承很厚的"家底"

中国传统文化对于中国文化的现代发展具有积极的作用,所以顺理成章的,冯友兰主张继承传统文化。冯友兰说:"人们常说,中国是一穷二白,家底子薄,这话不够全面,从物质文明方面说这种情况是有的,从精神文明说就不尽然。……从精神文明这方面说,家底子不是薄,而是很厚。"②面对这一个很厚的家底子,它可能是中国人的包袱,应该把它扔掉;也可能是一份遗产,应该把它继承下来。究竟是包袱,还是遗产?"要看革命者怎样对付它,怎样利用它。用之得当,腐朽可以化为神奇;用之不得当,神奇可以化为腐朽。这就需要对于旧文化作仔细的研究,有分析,有取舍,取其有用者,舍其无用者。"③冯友兰是将这个很厚的家底作为遗产看待的,他在20世纪50年代就提出要重新整理祖国的遗产,在20世纪80年代同样主张要正确地对待中国传统文化这个家底,怎样将之运用得当,如何才算将之运用得当呢?冯友兰认为,这就要以是否有利于建设中国特色社会主义现代化国家为取舍的标准。

冯友兰用"遗产"来概括传统文化,其中隐含着两层含义:其一,中国传统文化是家产,是好的东西,中国人应该敝帚自珍,加以继承;其二,中国传

---

① 冯友兰:《立足现在发扬过去展望未来》,《三松堂全集》(第13卷),河南人民出版社,2001年,第475页。
② 冯友兰:《关于中西文化问题的一点意见》,《三松堂全集》(第13卷),河南人民出版社,2001年,第443页。
③ 冯友兰:《关于中西文化问题的一点意见》,《三松堂全集》(第13卷),河南人民出版社,2001年,第443页。

统文化是旧的东西,是祖宗遗留下来的东西,应该对其进行研究、分析、取舍,以适应新的现代的文化体系和社会,也就是批判地继承。冯友兰此时对于传统文化与1950年代的"抽象继承"有些许区别。1950年代的"抽象继承"侧重于阐述继承,是文化继承的理论和缘由,是与"批判和否定"相对立的。1980年代的继承是进行有目的有分析地继承,既有批判,也有继承,是继承的辩证法。

冯友兰反对割裂传统、否定传统的观点,他认为,简单宣布过去的哲学都是为剥削阶级服务的,因此完全抛弃,从头开始,这种做法"显然在理论上过分简单化,在实践上也行不通"①。他延续了20世纪20年代的看法,把文化的存在作为一种事实看待,他说:"过去的存在是一个客观事实,任何主观的观点都无法抹杀它。……现在是过去的继续和发展。"②社会的发展是一个从低级到高级的过程,文化的发展也是逐步走向高级的过程,但是高一级的发展是建立在低一级文化的基础上的,就像"汽船是划艇的发展",划艇的实验和经验都是汽船的基础。冯友兰认为这是"文化发展"的辩证法。冯友兰在他的著作中多次引用黑格尔的正反合理论,认为事物的发展都是正、反、合的过程,也就是肯定、否定、否定之否定的过程,认为文化的发展也是正反合辩证发展的过程。"这样的合,包括了正、反的一切精华。"冯友兰认为,"现在应当包括过去的一切精华。这是解决不同的文化矛盾冲突的自然方式"③。所以对待传统文化不能简单抛弃和否定,而是要将其精华进行继承和发扬。

冯友兰反对"全盘西化"的看法,他认为:"专就'全盘否定'这个意思说,这和'文化大革命'的指导思想是一致的,至少是一类的。"④两者都是极

---

① 冯友兰:《哥伦比亚答词》,《三松堂全集》(第13卷),河南人民出版社,2001年,第366页。

② 冯友兰:《哥伦比亚答词》,《三松堂全集》(第13卷),河南人民出版社,2001年,第366页。

③ 冯友兰:《哥伦比亚答词》,《三松堂全集》(第13卷),河南人民出版社,2001年,第367页。

④ 冯友兰:《〈中国哲学史新编〉回顾及其他》,《三松堂全集》(第13卷),河南人民出版社,2001年,第457页。

端的反传统的典型,历史实践证明,全盘西化是站不住脚跟的,"文化大革命"也是失败的文化尝试。"我们必须要做的,就是对中国的文化遗产做一番摸底的工作。"①一个革命者在夺得政权以后,应该把革命的对象收过来,为己所用,一个文化的发展,应该把传统的文化进行一番摸底、分析和为我所用,也即是要坚持毛泽东提出的"批判继承法",但是这里的"批判"不是否定一切,而是要坚持批判和继承的统一。

冯友兰的这种对待传统文化批判地继承、在分析和研究的基础上继承的观点,是对之前抽象继承法的继续和发展,是对马克思主义继承方法的接受。在20世纪80年代的文化讨论中,批判继承是普遍接受的一种文化继承方法,人们对待传统更加理性,更加辩证。对待传统文化的方式仍然存在两种,一种侧重于继承,一种侧重于批判。

庞朴认为传统文化是无法一脚踹开的,是无法割断的,"就好像是一个人想要超出他的皮肤,跑到皮肤以外去一样,不管他怎样努力,是鼓足了一肚子气,还是吃了一身肉,他到底还是在自己的皮肤里面"②。传统文化是无法彻底决裂和彻底抛开的。庞朴区分了文化传统和传统文化的概念,认为文化传统"指的是支配千百万人的习惯和力量,可以说是一种集体无意识,是一种潜意识"③,而传统文化"是指具体的文化,或者是物质的或者是精神的"④。传统文化是可以通过学习、融合等进行改变的,文化传统则是一种深层次的东西,不容易被改变。

海外新儒家积极倡导新儒学的复兴,以取得文化的认同。杜维明提出了文化的大传统和小传统之分。"中国文化特色之一,是大传统与小传统之间互相激荡、互相冲击所造成的民族文化。"⑤从上层社会、民间文化之间的相互激荡来看,中国文化是相对开放的。在文化心理结构来看,中国传统文

---

① 冯友兰:《中国哲学的特质》,《三松堂全集》(第13卷),河南人民出版社,2001年,第459页。

② 庞朴:《文化的民族性与时代性》,中国和平出版社,1988年,第15页。

③ 庞朴:《文化的民族性与时代性》,中国和平出版社,1988年,第158、159页。

④ 庞朴:《文化的民族性与时代性》,中国和平出版社,1988年,第159页。

⑤ 复旦大学历史系:《中国传统文化的再估计——首届国际中国文化学术讨论会(一九八六年)文集》,上海人民出版社,1987年,第100页。

化则仍旧发生化学作用,仍旧发生极大的威力。杜维明认为,新加坡、日本等东亚工业化模式预示着儒学第三期发展的可能,儒学要取得进一步的发展,就要对西方文化的挑战有一个创见性的回应。

就连甘阳这样的反传统派在 20 世纪 80 年代末期也给予"传统"一席之地,他在 1988 年,"已经全面肯定儒学与中国文化传统"①,明确为文化保守主义辩护。他认为,"儒学在'现代'的作用,正应在这'互补'、'调停'、'均衡'的工作上"②。儒学可以对于现代化所产生的拜金主义等负面价值进行调停和补足。"社会主义社会之所以能从传统文化中直接获取其合法性根据,恰恰就在于社会主义与传统社会都是以'道德理想主义'(价值合理性)为本的。换言之,二者有着某种'内在亲和力'。"③他认为,20 世纪 50 年代初的"思想改造运动"能取得巨大的成功就是因为这个"亲和力"。"冯友兰当年苦心拈出'抽象继承法',实际正是想把这种'内在亲和性'表达出来。"④

但也有一部分学者直指传统文化的糟粕和落后,认为传统文化是文化现代化的阻碍。季羡林认为,"我们虽是社会主义国家,但包袱很重,最重的是封建思想包袱"⑤。社会中流行的"端起饭碗吃肉,放下筷子骂娘"反映的就是生产力发展与封建文化落后的矛盾,官僚主义、走后门等都是封建思想糟粕。何兹全认为,我们的优势过去了,落后是现实。"我们的现代化进程正在受着传统文化中一些落后意识的折磨。"⑥平均主义、大锅饭思想、家长作风、特权思想就是封建落后意识的集中表现。金冲及认为传统文化的保守和阻碍作用大于它的先进作用:"就总体来说,传统文化在思想领域里是一种巨大的保守力量。要建设社会主义'两个文明',不能不在许多方面打

① 甘阳:《古今中西之争》,生活·读书·新知三联书店,2006 年,第 10 页。
② 甘阳:《古今中西之争》,生活·读书·新知三联书店,2006 年,第 123 页。
③ 甘阳:《古今中西之争》,生活·读书·新知三联书店,2006 年,第 128 页。
④ 甘阳:《古今中西之争》,生活·读书·新知三联书店,2006 年,第 128—129 页。
⑤ 费孝通等:《传统文化与现代化》,《群言》,1986 年 11 月,第 3 页。
⑥ 费孝通等:《传统文化与现代化》,《群言》,1986 年 11 月,第 4 页。

破它。"①而要真正打破它,采用简单的办法是不行的,需要认真地分析这些东西是怎样在中国的土壤上产生,它有着哪些存在的条件、有哪些具体表现,从而因势利导,使问题逐步得到恰当的解决。

三、两个孔子

冯友兰所论述的中国传统文化对现代化的积极作用,继承中国的家底,其所指主要是儒学,儒学的代表就是宋明道学,要发挥儒学的作用,就要对宋明道学进行研究。

冯友兰区分了两个孔子:一个是历史上确实存在着的那个孔子个体,对孔子个人的研究,主要作用在于增加历史知识;另一个是被后人塑造出来的孔子形象,对孔子形象的研究,可以使我们对中国文化有更多更深的了解。"孔子的形象是后来的人塑造出来的,但又不完全是主观臆造,它是中国历史塑造出来的。"②相比之下,研究中国历史上所塑造的孔子形象更重要,更具有历史和现实意义,因为他代表了中国传统文化的主要部分。"了解这个形象,可以帮助人了解中国的古代。对于中国古代的了解,可以帮助人们了解中国的现代,对中国古代或现代的了解,可以指导中国走向未来。"③

"在中国历史上塑造孔子,最重要的时期是宋明道学时期。"④所以,研究孔子形象首先要研究宋明道学。冯友兰认为,宋明道学并不是人们所认为的那样,只讲三纲五常,宋明道学是一种"人学",即做人的学问,也可以称为"仁学","仁者人也","即讲人所以为人是因为人有仁这种品质"⑤。冯友兰认为中国哲学注重"人"。"中国文化有一个特点,就是对人的评价很高。"

　① 复旦大学历史系:《中国传统文化的再估计——首届国际中国文化学术讨论会(一九八六年)文集》,上海人民出版社,1987 年,第 199 页。
　② 冯友兰:《孔丘·孔子·如何研究孔子》,《三松堂全集》(第 13 卷),河南人民出版社,2001 年,第 411 页。
　③ 冯友兰:《孔丘·孔子·如何研究孔子》,《三松堂全集》(第 13 卷),河南人民出版社,2001 年,第 411 页。
　④ 冯友兰:《如何研究孔子之我见》,《三松堂全集》(第 13 卷),河南人民出版社,2001 年,第 419 页。
　⑤ 冯友兰:《如何研究孔子之我见》,《三松堂全集》(第 13 卷),河南人民出版社,2001 年,第 419 页。

"人与天地参。"①"在中国哲学里,无论是唯心主义的传统,还是唯物主义的传统,都认为人与天地参,这就是人和自然的关系,人在宇宙中的地位。"②"参"同'三',就是说天、地、人是宇宙的三个主体,将人和天地放在同等重要的地位。这与其他民族的哲学不同,"基督教文化重的是天,讲的是'天学';佛教讲的大部分是人死后的事,如地狱,轮回等,这是'鬼学';中国的文化讲的是'人学',着重的是人。"③

宋明道学所讲的"仁"是指一种最高的精神境界。冯友兰认为,"作为四德之一的仁,是一种道德范畴伦理概念;对于它的讨论,是伦理学范畴之内的事。作为全德之名的仁,是人生的一种精神境界;对于它的讨论,是哲学范围之内的事。"④宋明道学所讲的仁就是一种人生的境界,道学家讲"仁者浑然与物同体",超越了玄学的"超名教而任自然"和禅宗的"担水砍柴、无非妙道",把自然和社会统一起来,在这里"仁就不只是社会中的一种道德了,它具有了超道德超社会的意义"。⑤ 人从而达到"极高明而道中庸"的境地,可以在现实世界中体验宇宙的永恒。

冯友兰认为:"中国哲学的特点是'极高明而道中庸'。"⑥这源于道家对人生伦理问题的解决。在人的一生中,面临着两大矛盾:一是主观与客观的矛盾,一是共相与殊相的矛盾。"这两种矛盾是同一事实的后果,即每一个人或物都只是一个个体。"⑦道学家讲理与性,理就是事物的一般性,性就是

---

① 冯友兰:《中国哲学的特质》,《三松堂全集》(第13卷),河南人民出版社,2001年,第459页。

② 冯友兰:《中国哲学的特质》,《三松堂全集》(第13卷),河南人民出版社,2001年,第460页。

③ 冯友兰:《中国哲学的特质》,《三松堂全集》(第13卷),河南人民出版社,2001年,第460页。

④ 冯友兰:《对于孔子所讲的仁的进一步理解和体会》,《三松堂全集》(第13卷),河南人民出版社,2001年,第491页。

⑤ 冯友兰:《儒学发展的新阶段——道学》,《三松堂全集》(第13卷),河南人民出版社,2001年,第485页。

⑥ 冯友兰:《答〈中国哲学史新编〉责任编辑问》,《三松堂全集》(第13卷),河南人民出版社,2001年,第434页。

⑦ 冯友兰:《儒学发展的新阶段——道学》,《三松堂全集》(第13卷),河南人民出版社,2001年,第485页。

事物的特殊性,人之所谓人,就有其一般的规定性,人之所以异于禽兽,就是因为人本身的特殊规定性,人性本善,人之所以有恶的出现则在于"私",在于注重个体。道学家提倡的"义利之辨"也是要超越对立,达到统一,道家所谓"利"的思想就是从"私"字入手的,所谓"义"就是从公入手,"要是把私去掉,一切都为公,那你就跳出了特殊的范围了,就不为特殊所限制了,就与一般一致了"①。如果超越了私,也就超越了个体,超越了个体,也就解决了一般与特殊的关系,特殊是个体的、私的,超越了个体,也就打破了主观与客观的关系,物我合一。超越了私,人们就达到了为公的"义"的境界。道学家认为,在"义"之上是"仁"。"仁"比"义"还更含有爱的内容,它"不仅是道德的原则,还是一个精神境界"②。孟子所讲的"浩然之气"就是"仁"的境界的表现,"浩然之气"至大至刚。文天祥的《正气歌》最具有代表性:"天地有正气,杂然赋流形,下则为河岳,上则为日星,于人曰浩然,沛乎塞苍冥。皇路当清夷,含和吐明庭,时穷节乃现,一一垂丹青。……是随所磅礴,凛冽万古存,当其贯日月,生死安足论!"是一种气势磅礴、万古长存的境界,是一种超越自我的气势,这就是中国哲学所讲的最高境界。这种境界的人,超越了个人,也就解决了主观与客观、一般与特殊的问题。要练就这种人生境界,就像上面所说的那样"仁者浑然与物同体",就在平常所做的事情中来学来实践即可,不需要特别的时间、特别的机会、特别的条件。

怎么研究孔子和宋明道学? 讲过了宋明道学的最高境界,冯友兰认为,我们研究孔子和宋明道学就要注重精神境界的培养。他将孔子研究分为了两种方法:一种是找一些人在那里查资料,收集资料,解释概念,这是大学、研究院所采取的方法,这种是学院式的研究方法,通过撰写论文,给别人以知识。甘阳们所倡导的就是这种方法,甘阳认为:"儒学今日只有一条路:即把它的全副价值关怀均转入全力发展精神科学、人文研究的方向上去,亦

---

① 冯友兰:《中国哲学的特质》,《三松堂全集》(第13卷),河南人民出版社,2001年,第467页。

② 冯友兰:《中国哲学的特质》,《三松堂全集》(第13卷),河南人民出版社,2001年,第468页。

即把其价值关怀寄托在纯粹的学术研究上去。"①他们所倡导的这种研究是将儒学当作一种死的知识、博物馆的旧学进行研究,不能是经世致用之学,冯友兰倡导的是第二种方法,宋明书院的做法,这种做法"不是增加知识而是提高人的精神境界,俗话说也就是改变人对生活的认识"②。这种做法的目的在于提高人的境界。冯友兰在中华孔子研究所成立大会上指出,研究所的同仁大多是老人,没有撰写论文获得学位的压力,又对中国古代哲学有较深厚的功底,就要走宋明书院的路子,结合"四化"建设,运用中国古代哲学,就像将"义利之辨"运用于纠正不正之风一样,充分挖掘中国古代哲学的智慧,提高人们的境界和思想水平。冯友兰认为,这种研究方法对于老人来说,就是"寻孔颜乐处",达到孔子与颜回所达到的那种精神享受的境界,不仅对于"四化"建设有用,还可以延年益寿。冯友兰最赞赏的还是书院的方法,他所谓学院的研究方法只是对现代大学教育现状的兼顾。

冯友兰在晚年看待儒学很多时候是对中华人民共和国成立前一些看法的回归,但同时也是一定的超越。比如他所说儒学就是仁学、"人"学,中国人注重"人",相对于西方重于"天"重于"鬼神"的学说,这里面含有中国人注重伦理道德、注重精神,西方人注重物质的意思,但是又在意思上更进一步,那就是中国人的精神境界、浩然之气,冯友兰一向注重精神境界说,认为中国人的境界就是"极高明而道中庸",将这种看法运用于中西对比,是对中西物质文明与精神文明之分的超越。再比如,冯友兰在分析宋明道学义利、公私思想时,认为注重公、注重义是对一般与特殊问题的解决,这与他 20 世纪三四十年代的共相殊相理论一致,但是他又加入了主观客观关系问题,认为注重公、注重义、注重"仁"也是对主观客观关系的超越,一个人无私就超越了个体,超越了主观,达到主观与客观的统一,这无疑是对马克思主义元素的揉入。

---

① 甘阳:《古今中西之争》,生活・读书・新知三联书店,2006 年,第 133 页。
② 冯友兰:《如何研究孔子之我见》,《三松堂全集》(第 13 卷),河南人民出版社,2001 年,第 421 页。

第四节 "智山慧海传真火"

改革开放之后,中国社会进入一个良性的发展道路,冯友兰认为,中国文化的未来就是要建立一个新的广泛的哲学体系:马克思主义与中国实际相结合的文化体系。这个新的哲学体系的建立是已有中华文化的发展和继续,他需要广泛摄取各方的文化精华,更需要中国传统文化为其提供营养。作为营养的中国古典哲学并不是过去简单的原始资料的堆砌,而是将古典哲学进行分析、改造、提取,将其中精华的部分进行提炼、总结,变成一种活的营养,为新文化体系所吸收。因为哲学(文化)是一种活的东西,它不是死的没有生命的机器,不可能通过拼凑组装来完成,它是活的自我成长自我发展的东西。就像他在《哥伦比亚答词》中所说的"智山慧海传真火,愿随前薪作后薪"。冯友兰要努力为新文化体系的发展提供营养,将自己的生命作为燃料为文化这团真火增薪添柴,具体表现为重新撰写《中国哲学史新编》,把中国古典哲学中有永久价值的东西阐发出来。他说:"我的《中国哲学史新编》有一项新的任务。它应当不仅是过去的历史的叙述,而是未来的哲学的营养。"①也正因为冯友兰的这个历史使命感和出发点,他撰写的《新编》与之前的"两史"有很大的区别,独具文化意识和文化特点。"他所做的工作就是运用马克思主义哲学的观点和方法,重新清理中国古代哲学遗产,并在传统哲学中为马克思主义哲学在中国生根、发展寻找结合点。"②

一、哲学是人类精神的反思

冯友兰认为:"那种在传统文化继承与研究问题上首先要求恢复传统文

---

① 冯友兰:《哥伦比亚答词》,《三松堂全集》(第 13 卷),河南人民出版社,2001年,第 368 页。

② 方克立:《现代新儒学与中国现代化》,天津人民出版社,1997 年,第 323 页。

化的本来面目的主张,看似科学,实际上却违反了文化发展的规律,因而是行不通的。"①中国古典哲学要作为新的文化体系的营养和来源,并不是对旧文化的僵死的搬运和摘抄,也不是简单的拼凑,而是要将中国古典哲学进行分析、阐释、创新,将其中能够为新文化所用的东西详细而具体地阐发出来。所谓中国古典哲学也不是一成不变的东西,它是在漫长的历史长河中不断变化的,是不同时代的人对古代哲学的不同阐释,也体现着不同哲学家的个性和不同时代的特点。

冯友兰将历史分为两种:本来的历史和写的历史。本来的历史就是人类社会在过去所发生的事情的总名。"这个意义所说的历史,是本来的历史,是客观的历史,它好像是一条被冻结的长河。""这个事实永远是事实,到了现在没有变,以后永远也不会变。"②写的历史是研究历史的人根据个人的理解和掌握的史料所叙述的历史。"历史家研究人类社会过去发生的事情,把他所研究的结果写出来,以他的研究为根据,把过去的本来的历史描绘出来,把已经过去的东西重新提到人们的眼前,这就是写的历史。"③写的历史和本来的历史是主观与客观的关系,本来的历史已经无法改变,成为一种客观的存在,写的历史则是主观的东西,根据个人所处时代的不同和性格的不同而表现出不同的内容和特点。"写的历史与本来历史并不是一回事。其间的关系是原本与摹本的关系,是原形和影子的关系。"④写的历史永远可写。哲学史同样也存在客观的哲学史与主观的哲学史之分,主观的写的哲学史反映了时代的特点和哲学家的个性。

张汝伦和冯友兰持有相似的观点,他认为,每个时代的文化有每个时代的时代责任和特点,每代人对于文化都有新的阐释和发展。"每代人总是根

---

① 《复旦学报》(社会科学版)编辑部:《断裂与继承——青年学者论传统文化与现代化》,上海人民出版社,1987年,第52页。

② 冯友兰:《〈中国哲学史新编〉绪论》,《三松堂全集》(第8卷),河南人民出版社,2001年,第7页。

③ 冯友兰:《〈中国哲学史新编〉绪论》,《三松堂全集》(第8卷),河南人民出版社,2001年,第8页。

④ 冯友兰:《〈中国哲学史新编〉绪论》,《三松堂全集》(第8卷),河南人民出版社,2001年,第8页。

据他要对付的问题(其中有些是新的,有些则是老问题),根据他所达到的新认识和获得的新知识,对传统作出新的理解和解释,而这种新的理解和解释便构成了他对传统进行选择、改造与推陈出新的基础。"①冯友兰所写的《中国哲学史新编》就是要根据自己的理解和文化现代化的需要,对古典文化进行选择、批判、改造与重新解释。

冯友兰认为,主观的写的历史,并不是像打扮小姑娘一样可以任意打扮,而是建立在客观的本来的历史基础上的,写的历史越是与客观的历史相符合,其价值也越高。冯友兰在写作《新编》的时候,力争更多的占有资料,写客观的历史,但是他选择材料的角度和出发点在于为新文化提供哲学营养,这最突出地表现在他对哲学概念的界定和范围的划分上。

在《新编》中,冯友兰对哲学的概念有新的定义。他说:"哲学是人类精神的反思。所谓反思就是人类精神反过来以自己为对象而思之。"②人类精神的反思主要是认识,所以哲学就是"对认识的认识",这个反思和认识超越认识论中关于"认识的规律"的内容,还包括对"认识的内容"的反思。比如说,它还包括不同科学科目的科学研究内容,以及一门科学在不同时期的内容。冯友兰的这个哲学定义有着超级广泛的内容,只要是和人的思考相关的内容都可以作为哲学的内容,不管它是社会科学还是自然科学,是哲理的还是诗文的,是政治、经济的,还是文学的、社会的,统统囊括在内。这和列宁的看法相似,列宁说,哲学史是"一般认识的历史",即认识的形式和规律,也是"全部知识领域的历史",即认识的全部内容。

冯友兰这里关于哲学定义与其之前的著作不同,在《中国哲学史》(两卷本)中,他采用的是希腊哲学的说法,认为哲学主要包括物理学、伦理学、论理学三大部分,中国哲学则是西方哲学概念在中国古代思想文化中的存在,是"西方哲学在中国"。在《人生哲学》中,他认为,"哲学者,求好之学

---

① 《复旦学报》(社会科学版)编辑部:《断裂与继承——青年学者论传统文化与现代化》,上海人民出版社,1987年,第52页。
② 冯友兰:《〈中国哲学史新编〉绪论》,《三松堂全集》(第8卷),河南人民出版社,2001年,第15页。

也"①。认为哲学就是求人生最大的好。在《新理学》中,他认为哲学是讲宇宙全体者,是对宇宙全体的抽象和概括,科学所讲的则是宇宙间的一部分的事物。在《新知言》中,冯友兰认为"哲学是对于人生底有系统底、反思底思想"②,侧重于对人生的反思。在这几个关于哲学的定义中,因为撰写内容和范围不同,定义也不同,但都是侧重于哲学的某一个方面。只有在《新编》中,这个"人类精神的反思"的定义乃是最广泛的。

冯友兰对于"哲学是人类精神的反思"的定义进行了几个方面的阐释。首先,哲学与科学相对比,哲学既不是超乎科学之上的太上科学,也不是科学知识拼凑出来的科学大纲,而是对于科学知识进行反思所得出来的结论。对自然的研究所得到的是科学,对于自然研究的研究才是对人类精神的反思,才是哲学的。

其次,哲学是一种精神现象学,他认为:"哲学史中的大哲学体系都是一套人类精神的反思。……都是一个包括自然、社会、人事各方面的广泛的体系,所以在内容上都是一套完整的'精神现象学'。"③比如说,黑格尔的《精神现象学》虽然是唯心主义的,但是是人类精神发展的全过程,是"世界的知识的历史的全部结论"④。康德的三大批判也是一部完整的哲学著作,是一个完整的人类精神的反思。唯物主义哲学、马克思主义体系都是人类精神的反思。"每个时代的大哲学家的哲学,都是以当时的包括科学在内的,各方面的知识为根据而建立起来的。"⑤

最后,哲学研究的是理论思维与形象思维的结合,从共相殊相来讲,就是"具体的共相"。"讲一般而又顾及其所寓之特殊。"⑥哲学比较多的是以

---

① 冯友兰:《人生哲学》,中华书局,2014 年,第 12 页。

② 冯友兰:《贞元六书》(下),中华书局,2014 年,第 935 页。

③ 冯友兰:《〈中国哲学史新编〉绪论》,《三松堂全集》(第 8 卷),河南人民出版社,2001 年,第 19 页。

④ 冯友兰:《〈中国哲学史新编〉绪论》,《三松堂全集》(第 8 卷),河南人民出版社,2001 年,第 17 页。

⑤ 冯友兰:《〈中国哲学史新编〉绪论》,《三松堂全集》(第 8 卷),河南人民出版社,2001 年,第 19 页。

⑥ 冯友兰:《〈中国哲学史新编〉绪论》,《三松堂全集》(第 8 卷),河南人民出版社,2001 年,第 26 页。

理论思维来表现的,也有以形象思维来表现的,比如诗歌,很多诗歌表现了哲理。比如"身无彩凤双飞翼,心有灵犀一点通",人们在读这个诗句的时候,既感受到男女之间的爱情,还会联想到这是人类精神的自述。① 这里,冯友兰将理论抽象思维与形象思维都归到哲学的名下,不再是之前所倡导的"最哲学的哲学"。冯友兰注重理智和直觉两个方面,并且认为"如果认识到真正的哲学是理智与直觉的结合,心学与理学的争论亦可以息矣"②。将哲学进行理智和直觉的统一,扩大了哲学的研究对象。

　　总起来说,人类的精神生活是极其广泛的,冯友兰所给出的哲学定义就是一个极为广泛的内容体系。这个哲学体系牵涉各方面的讨论,概括地说,有三个方面:自然、社会、个人。"人类精神的反思包括三个方面以及其间互相关系的问题。"③在这个哲学定义下,冯友兰在他的《新编》中,所阐述的内容不仅包括儒家学说、黄老之学、佛教、玄学、墨家学说等,还包括了孙武兵法等军事思想,商鞅变法、太平天国和曾国藩等政治思想。

　　除了哲学定义所反映的《新编》内容的广泛性,冯友兰的《新编》与同时代别的哲学史相比,还有一个最大的特点,就是他的时间跨度最长,他阐述了从商周春秋到社会主义建设的全过程,从古代写到了现代。冯友兰将中国哲学史分为四个大的历史时期。他认为,中国历史经历了三次社会大转变时期,一次在古代,春秋战国时期,从奴隶社会向封建社会转变;一次在近代,清朝末年,从封建社会向半殖民地半封建社会转变;一次在现代,从新民主主义社会向社会主义社会转变。三个社会转变将历史分割成四个阶段。在这四个阶段中,前三个阶段一般的哲学史都有显示,对于最后一个时期,从1949年到1980年代的现代阶段则比较少有人接触,因为这基本上属于现代史,冯友兰却也进行了阐述,其中甚至评述了冯友兰自己的哲学和金岳霖哲学、毛泽东哲学等现代哲学,可以说是一个很全的哲学史。

---

　　① 冯友兰:《〈中国哲学史新编〉绪论》,《三松堂全集》(第8卷),河南人民出版社,2001年,第28页。

　　② 冯友兰:《〈中国哲学史新编〉总结》,《三松堂全集》(第10卷),河南人民出版社,2001年,第659页。

　　③ 冯友兰:《〈中国哲学史新编〉绪论》,《三松堂全集》(第8卷),河南人民出版社,2001年,第21页。

冯友兰《新编》所涉猎内容的广泛性是学人都意识到的问题，他因文化而在哲学上的着力，也是有目共睹的。牟钟鉴说："《新编》突破了旧史只关心所谓'纯哲学问题'的眼界，将哲学史扩展为思想史，并且广泛联系中国社会与文化，这样就更加符合中国哲学的特点，也更加体现出中国哲学'内圣外王'之道。"[①]丁以寿说："《中国哲学史》所忽略的人物，在《新编》里有了应得的反映。《新编》不惟比《中国哲学史》详尽，且新意迭出，实是一部中国文化史。"[②]冯友兰撰写《新编》，其目的在于文化："一个民族的哲学是一个民族的文化的最高成就，也是它的理论思维的最高发展。"[③]哲学营养对于文化不是一般的粗粮和果蔬，而是基本的米面粮油，最广泛意义上的哲学史著作将为文化发展提供最全面的营养。

二、马克思主义与中国哲学的互动

从上节可以看到，冯友兰所认为的在中国大地上建立的新文化是中国的马克思主义，是结合中国实际的马克思主义，是要将马克思主义与中国古典文化结合起来。在《新编》的撰写过程中，冯友兰有意识地运用了马克思主义理论对中国古典哲学进行分析，但同时也结合中国哲学的特点，采取了符合中国哲学实际的方法。可以说，《新编》是马克思主义与中国哲学的结合和统一。

（一）马克思主义的方法

冯友兰在中华人民共和国成立后一直有个愿望，就是用马克思主义的观点重新写一部哲学史，"我所希望的，就是用马克思主义的立场、观点和方法重写一部《中国哲学史》"[④]。但是无奈在 1980 年之前自己对马克思主义

---

① 牟钟鉴：《评冯友兰〈中国哲学史新编〉》，单纯、旷昕主编：《解读冯友兰》（学者研究卷），海天出版社，1998 年，第 84 页。

② 丁以寿：《"阐旧邦以辅新命"——冯友兰著中国哲学史简评》，《安徽农业大学学报》（社科版），1996 年第 1 期，第 43 页。

③ 冯友兰：《〈中国哲学史新编〉绪论》，载《三松堂全集》（第 8 卷），河南人民出版社，2001 年，第 30 页。

④ 冯友兰：《〈中国哲学史新编〉绪论》，《三松堂全集》（第 8 卷），河南人民出版社，2001 年，第 3 页。

没有很好地理解和掌握,再加上国内国际环境的影响,冯友兰在《新编》的撰写过程中走过两次弯路。改革开放后,受过 30 年马克思主义教育的冯友兰对马克思主义有了自己的理解和掌握,不再唯苏联、唯学术权威马首是瞻,决心用自己所理解和掌握的马克思主义重新撰写哲学史。

冯友兰认为,哲学史作为历史学的一种,有着哲学史自身特别的规律,"那就是唯物主义和唯心主义,辩证法和形而上学,这些对立面的斗争和转化,以至于唯物主义和辩证法的不断胜利"①。这个规律在具体的历史中,有着极其丰富的内容和变化多样的形式。当时一般的哲学史只体现唯物与唯心之争这一个线索,冯友兰则在哲学史中既体现了唯物主义与唯心主义的对立统一,也体现了辩证法与形而上学的对立和统一,突出了马克思主义的两条线索。结合中国哲学的特点,冯友兰将中国哲学中的主要派别根据客观与主观、动与静的对立进行了划分,中国哲学中有主观与客观之争,相当于马克思主义的唯物与唯心之争,根据这个线索可以梳理中国哲学中的思想和论争;中国哲学中的动静之争相当于马克思主义中的辩证法和形而上学之争,同样可以围绕这个线索进行哲学史材料的梳理。

在哲学史的撰写过程中,马克思主义规律和史料是互相体现的过程。要运用马克思主义规律进行材料的分析,也要经过哲学史料的分析与这个特殊的规律相结合,在材料分析中显现这个特殊规律。冯友兰说:"历史唯物主义的理论和原则,永远是我们的方法和指南,但不是一个预先提出来的结论,只等待我们用历史的事实加以说明;也不是一个预先布置好了的框子,只等待我们把历史的事实填进去。""它一方面是资料的统帅,一方面又有待于资料把它形成。"②也就是说,马克思主义理论最主要的是作为一种研究方法而遵循,而不是教条主义地生搬硬造。

从马克思主义辩证唯物论出发,冯友兰注重生产力对生产关系的决定作用,在第一册的绪论中,冯友兰指出,"社会制度的转变,归根到底,是生产

---

① 冯友兰:《〈中国哲学史新编〉绪论》,《三松堂全集》(第 8 卷),河南人民出版社,2001 年,第 12 页。

② 冯友兰:《〈中国哲学史新编〉绪论》,《三松堂全集》(第 8 卷),河南人民出版社,2001 年,第 13 页。

方式的转变。"①生产方式发展到一定的程度,会带来生产关系的改变。冯友兰通过"初税亩"的产生,分析了生产力、生产方式的变化,初税亩制度下,农民对土地有了自由支配权,同时向地主阶级缴纳税收,也推动了生产关系从奴隶制生产关系向封建制生产关系的转变。"'初税亩'表示一种新的剥削形式的出现。这种新的剥削形式又表现出新的生产关系的三个方面:所有制、人与人的关系和分配制度。"②初税亩表明农民对土地有了租赁权、使用权,农民与地主阶级之间的关系比较松散,不再是隶属的奴隶,而是租户和耕种者,农民向地主缴纳地租,自己还可以有一部分剩余。这一生产方式的变革表明生产关系的变化。

冯友兰用马克思主义发展的观点看待哲学史,他认为,"哲学史是历史学中的一门专史,它是研究哲学这门学问的发展的历史"③。冯友兰认为马克思主义所发现的"事物是发展及普遍联系"的辩证法规律适用于关于自然、社会和人的研究,在哲学历史的研究中,冯友兰同样运用。他借鉴列宁的观点,认为发展"是无限地近似一圈圆圈,近似于螺旋的曲线"。发展不是一帆风顺的,是丰富的、复杂的螺旋式的过程,同样发展也不是孤立的个体自我发展,而是与周围的事物互相联系的。"一个事物的发展总不是孤立的,它必然受到它的周围事物的影响或制约,而反过来也影响或制约其周围的事物。"④

从发展的观点出发,冯友兰注重哲学发展线索的发现。"哲学史是哲学的历史,不是哲学家的历史,所注重的,不应该是史料的堆积,或人名的罗列,应该是哲学发展的线索。"⑤冯友兰在中国哲学史的撰写过程中,注重思

---

① 冯友兰:《〈中国哲学史新编〉第一册绪论》,《三松堂全集》(第8卷),河南人民出版社,2001年,第51页。

② 冯友兰:《〈中国哲学史新编〉第一册绪论》,《三松堂全集》(第8卷),河南人民出版社,2001年,第54页。

③ 冯友兰:《〈中国哲学史新编〉绪论》,《三松堂全集》(第8卷),河南人民出版社,2001年,第37页。

④ 冯友兰:《〈中国哲学史新编〉绪论》,《三松堂全集》(第8卷),河南人民出版社,2001年,第38页。

⑤ 冯友兰:《路要自己走,走到底》,《三松堂全集》(第13卷),河南人民出版社,2001年,第429页。

想发展过程的呈现,比如对儒家思想,从孔子、孟子到董仲舒再到朱熹,在分析的过程中,注重分析不同阶段儒家思想的发展内容和进步意义。对佛学、玄学的发展过程也进行了详细的论述,这在之前的哲学史中是没有的。冯友兰在第四册,利用马克思主义的观点,以主观唯心主义、客观唯心主义的斗争为线索,说明了中国佛学发展的三个阶段,相比之前写的哲学史,对佛学阐述得更加详细完整。

从发展的观点出发,冯友兰在写作的过程中注重时代思潮和时代主题。"把握时代的思潮和思潮的主题,说明这个主题是一个什么样的哲学问题。每一个时代都有一个主要的思潮,其中必有一个真正的哲学问题成为讨论的中心。如果把这个问题讲清楚了,一个时代哲学发展的来龙去脉也就清楚了。"①在发展规律的支配下,冯友兰将中国哲学史的发展分为四个阶段、七个思潮,主要包括先秦子学、两汉经学、魏晋玄学、隋唐佛学、宋明道学、近代变法和现代革命,从而将《新编》分为七册。这七个阶段的划分是根据发展的辩证法和中国哲学发展的实际进行划分的,是中国哲学史发展的自然格局。

从唯物史观出发,冯友兰注重政治社会环境对哲学的影响,在撰写的过程中,《新编》注重介绍哲人的政治社会环境,"一个哲学家的政治社会环境对于他的哲学思想的发展变化有很大的影响"②。以《新编》第三册序言为例。《新编》既关注哲学家,也关注政治社会环境,冯友兰说:"如果作得比较好,这部《新编》也可能成为一部以中国哲学为中心而又对于中国文化也有所阐述的历史著作。"③比如在第四、第五册,冯友兰认为"士族是玄学的阶级根源和社会基础"④,详细阐述了门阀士族演变为"四民之首"这一历史背景,阐述了知识分子身份地位和社会地位的不同,为哲学思潮的变化提供了很好的时代背景。

---

① 冯友兰:《立足现在发扬过去展望未来》,《三松堂全集》(第13卷),河南人民出版社,2001年,第472页。
② 蔡仲德:《冯友兰先生年谱长编》,中华书局,2014年,第330页。
③ 冯友兰:《自传》,《三松堂全集》(第13卷),河南人民出版社,2001年,第330页。
④ 冯友兰:《〈中国哲学史新编〉第四册绪论》,《三松堂全集》(第9卷),河南人民出版社,2001年,第321页。

（二）民族的观点

冯友兰在运用马克思主义观点、方法的时候,注重了阶级的划分和阶级斗争,但是冯友兰从内心并不十分赞同阶级观点,冯友兰在《新编》的前两册,马克思主义痕迹比较明显,依照了阶级的观点,但在后面几册的书写中,阶级色彩越来越淡。

冯友兰认为,在运用阶级观点的同时不能放弃民族观点,甚至将民族观点和阶级观点放在同等重要的地位。这也许和冯友兰自身的经历有关,在"文化大革命"期间,他深受阶级斗争之苦,所以对于阶级斗争一直都有看法。但他说过"我向来是以民族的观点来看中国文化的",这也是他决心从美国回来、坚决留在中国的思想支撑,他内心认同的始终是中华民族。

冯友兰提出民族观点和阶级观点同等重要。他说:"在一个民族的内部,有阶级的对立与阶级的斗争,这是阶级斗争。在一个民族的外部,有这个民族同其它的民族的对立与斗争,这是民族斗争。民族斗争,归根到底,也是阶级斗争的另外一种形式。"①阶级斗争和民族斗争是纠缠在一起的,"民族斗争和阶级斗争不是纲、目的关系,而是经、纬的关系。历史的发展、变化的过程,可以说是以阶级斗争为经,以民族斗争为纬。经纬错综成为一块布"②。因此对待他们既要有阶级的观点,也要有民族的观点。

他说,从阶级的观点看,一个民族在某一个时代的统治思想是统治阶级压迫被统治阶级的工具,但是从民族观点来看,"这种思想也可以巩固本民族的组织,统一本民族的思想"③。久而久之,形成自己民族的"民族精神"。儒家思想就具有民族形成和民族融合的作用,这在前文"义利之辨""夷狄之辨"中就有阐述。冯友兰认为,中华民族是历史的产物,是经过漫长的数千年的时间而形成的,在历史过程中,"中国的"哲学起到了积极的作用。

---

① 冯友兰:《〈中国哲学史新编〉绪论》,《三松堂全集》(第8卷),河南人民出版社,2001年,第43页。

② 冯友兰:《〈中国哲学史新编〉绪论》,《三松堂全集》(第8卷),河南人民出版社,2001年,第43页。

③ 冯友兰:《〈中国哲学史新编〉绪论》,《三松堂全集》(第8卷),河南人民出版社,2001年,第44页。

（三）研究中国哲学的特殊功夫

冯友兰在撰写《新编》的过程中，深刻了解中国哲学史研究的特殊性，根据中国哲学史的特点，冯友兰力图对每个哲学家、哲学思潮有深刻的理解、同情和体会，并在阐述哲学思想的同时，详细论述哲学家哲学思想的产生过程、产生背景，将哲学家的思想系统化、体系化。

冯友兰认为，在中国哲学史研究过程中，掌握好哲学的史料需要过两道关：一是文字关，一是义理关。文字关就是对古文的理解，对不同时代不同的语言表达方式的理解，有些材料，人们可能对每一个文字都认识，却不懂得其中的道理。义理关就是要对于以前的哲学家们的著作有一定的了解和体会：所谓"了解"，就是"能够抓住某一家的哲学体系的逻辑结构"，所谓"体会"，"就是能够在一定程度上经验到他们的哲学所能达到的精神境界，就是能够用自己的体验和他们的哲学思想相印证"①。就像元好问的《论诗绝句》中所写的那样："图画临出秦川景，亲到长安有几人？"好诗就是要写出过来人的真实感受。对史料的理解和体会也要争取有哲学家当时的经历体会。冯友兰具有深厚的中国古典哲学基础，他在哲学史中要做的就是要注重义理，注重对于哲学家及哲学体系的深刻的体会，也就是"了解地同情"。

冯友兰认为，中国哲学言约义丰、言简意赅，"哲学史家必须把这种过程讲出来，把结论的前提补起来，但是这种'讲'和'补'当然不能太多。"②在哲学史写作中，我们要做到"讲"和"补"的工作，把古代哲学家想说而没有说的内容替他们说出来，把他们的思想过程、思维形成过程说出来。但是这个工作也不能太过头，不能说一些他们实际上根本没有说或者没有可能说的东西，否则，就是夸大古人的意思。冯友兰说："在以前的中国哲学中，'术语'

---

① 冯友兰：《〈中国哲学史新编〉绪论》，《三松堂全集》（第8卷），河南人民出版社，2001年，第14页。

② 冯友兰：《〈中国哲学史新编〉绪论》，《三松堂全集》（第8卷），河南人民出版社，2001年，第40页。

是比较少的,论证往往是不很详尽的,形式上的体系往往不具备。"①现在研究古代哲学史,可以引用西方哲学中的术语分析、解释、翻译和评论中国古代哲学,这为我们开展补的工作、把古人的意思说清楚提供了工具和方便。

另外,中国古代哲学家们比较少做正式的成系统的著作,没有形式上的系统。中国哲学史工作者就要"从过去的哲学家们的没有形式上的系统的资料中,找出其实质的系统,找出他的思想体系,用所能看见的一鳞半爪,恢复一条龙出来"②。要具体地说清楚一个哲学家的哲学体系,使之成为有血有肉、活生生的体系,"不可把哲学家们的活生生的体系分割开来,填入那几个部门之中"。那样的话就好像把活人分割为几块,然后再缝合起来,哪怕缝合得再好,那个人已经没有了生命。

牟钟鉴对于冯友兰在《新编》中对马克思主义和中国哲学的融会贯通有很高的评价,他认为:"他把中国哲学分析与中国社会分析糅在一起,深化了思想史的研究,也为三大哲学(马克思主义哲学、西方哲学、中国哲学)的良性互动进行了一场创造性的实验,无论是成功之处还是不足之处,都值得后人借鉴。"③牟钟鉴在这里除了马克思主义和中国哲学外,还提到了西方哲学,冯友兰在《新编》撰写过程中,还借鉴了西方的新实在论,并且借鉴了西方的哲学语言。作为受过西方哲学熏陶的冯友兰在撰写《新编》的过程中肯定会受西方哲学的影响,也会有关于西方哲学的思考,但这不是冯友兰有意识而为的事情,冯友兰《新编》的主要着力点在于古典哲学对于马克思主义中国化的作用。

三、理论回归与哲学总结

对于《新编》七册,冯友兰最看重第七册,他说:"中国哲学就好像一条

---

① 冯友兰:《〈中国哲学史新编〉绪论》,《三松堂全集》(第 8 卷),河南人民出版社,2001 年,第 40 页。

② 冯友兰:《〈中国哲学史新编〉绪论》,《三松堂全集》(第 8 卷),河南人民出版社,2001 年,第 41 页。

③ 牟钟鉴:《评冯友兰〈中国哲学史新编〉》,单纯、旷昕主编《解读冯友兰》(学者研究卷),海天出版社,1998 年,第 83 页。

龙,《新编》就是要画这一条龙,前六册是'东鳞西爪',第七册是'画龙点睛'。"①《新编》第七册的重要不仅仅在于它是关于现代哲学的,评价了许多现代哲学史上特别是还健在的哲学家的思想,包括冯友兰自己的思想,还因为在第七册冯友兰对《新编》进行了全史总结,提出了对整个中国哲学的看法和世界哲学发展的看法。更重要的原因还在于冯友兰在写到《新编》第七册的时候,真正感觉到"海阔天空我自飞"的自由,他斩名关、破利索,没有了他人的束缚,放飞了心灵,坚持写出自己的观点,他决心,哪怕日后书不能出版,情愿做第二个王船山。

不只是第七册,从第六册开始,冯友兰已经逐渐摆脱思想的束缚,逐渐走向融会贯通,他说,在《新编》的最后,"我的思想是越来越通了,也就是所谓'融会贯通'。古今中外,已经说出来的道理,看起来毫不相干,格格不入,其实也都有相同之处"②。冯友兰发表了许多"非常可怪之论",提出了许多常人不敢或者不能提的有见解的观点,也集中展现了冯友兰一生的哲学追求、哲学主张和总结。

(一)重新评价太平天国和曾国藩

在第六册中,冯友兰认为,19 世纪 40 年代至"文化大革命"时期是中国历史的第二次大转变,"这是一次东西文化的全面斗争"。这个时代的大思想家和政治社会活动家往往是合二为一的,他们是这个时代思潮的中心。他提出了许多"非常可怪"之论,特别引人关注的是对曾国藩、洪秀全的评价问题,他认为"中国维新时代的主题是向西方学习,进步的人们都向西方学习"③,以向西方学习的是长处还是短处为判断标准,冯友兰重新评价了曾、洪二人。冯友兰认为,洪秀全学的是西方的基督教,是落后的文化,会阻碍历史的进步,"洪秀全和太平天国如果统一了全国,那就要使中国倒退几个

---

① 蔡仲德:《冯友兰先生年谱长编》,中华书局,2014 年,第 455 页。
② 冯友兰:《〈中国哲学史新编〉回顾及其他》,《三松堂全集》(第 13 卷),河南人民出版社,2001 年,第 458 页。
③ 冯友兰:《〈中国哲学史新编〉第六册自序》,《三松堂全集》(第 10 卷),河南人民出版社,2001 年,第 286 页。

世纪"①。曾国藩灭了太平天国,是阻止了中国的中世纪化,他主张走官商的道路,如果坚持下去,可能会促进中国经济的发展,也将会促进社会和文化的发展。"曾国藩的功是阻止中国中世纪化,他的过是延缓中国的近代化。"②这与时人的评价恰恰是相反的,时人是以阶级的观点评判历史人物的,洪秀全是反封建的所以是先进的力量,曾国藩是封建顽固势力的代表,所以是反动的。冯友兰则提出了新的标准,那就是"是否学习先进文化",是否促进现代化,从这里来看,冯友兰所理解的马克思主义与一般人理解的马克思主义仍有区别,他并不是一个彻底的马克思主义者,他思想中的自由化倾向仍然存在。

(二)回归"新理学体系"

冯友兰在全书的总结中主要写了两个部分。其中之一是他关于哲学的主张,在这里,我们可以看到冯友兰经过多年的曲折后,内心始终坚持的还是《贞元六书》中的观点。他论述哲学与科学的关系时认为,"真正的哲学不是初级的科学,不是太上科学,也不是科学",是"最哲学的哲学","对于实际无所肯定"③,所谓初级科学就是认为哲学是在科学未真正发展时的科学,所谓太上科学是认为哲学是科学的最初来源,冯友兰认为哲学是最抽象的东西,对实际没有直接的关注。这个观点回归到了《新理学》中关于哲学的看法。在《新编》最后,冯友兰重新阐述"哲学是对人类精神的反思",则回归了《新知言》的观点④,《新知言》也认为哲学是对人生的反思,反思的范围比《新编》中小一些而已。冯友兰认同金岳霖关于"哲学是概念的游戏"。但是,同时认为,金没有认识到"哲学在实际生活中可能发生的功用"⑤。冯友

---

① 冯友兰:《〈中国哲学史新编〉第六册自序》,《三松堂全集》(第10卷),河南人民出版社,2001年,第286页。

② 冯友兰:《〈中国哲学史新编〉第六册自序》,《三松堂全集》(第10卷),河南人民出版社,2001年,第287页。

③ 冯友兰:《〈中国哲学史新编〉总结》,《三松堂全集》(第10卷),河南人民出版社,2001年,第654页。

④ 冯友兰:《〈中国哲学史新编〉总结》,《三松堂全集》(第10卷),河南人民出版社,2001年,第654页。

⑤ 冯友兰:《〈中国哲学史新编〉总结》,《三松堂全集》(第10卷),河南人民出版社,2001年,第655页。

兰认为哲学有其自身的功用,那就是提高人的精神境界,他重新引用了《贞元六书》中所引的柏拉图在《理想国》里所说的一个比喻:一个人从小生活在小的洞穴里,一旦从中释放出来,就能看到天地的广大,心中感到豁然开朗。《新原人》所提的最高境界,"自同于大全",就是把自己从洞穴中解救出来。张载所说的"大其心,则能体天下之物"中的"大其心"也是这个意思。儒家所说的"仁""寻孔颜乐处",佛学的"涅槃"也是这个意思,所以冯友兰重申人生境界说,是对《新原人》的回归。由以上可以看出,冯友兰的《新编》总结的第一个问题是对"新理学体系"的全面回归。

(三)"仇必和而解"

在《新编》总结中,冯友兰提出的第二个总结是"仇必和而解"。他将马克思主义与中国古典哲学进行了对比,他认为客观的辩证法有统一和斗争两个主要范畴,在统一和斗争的关系和主次上,马克思主义和中国古典哲学有了分歧,"马克思主义的辩证法思想认为,矛盾斗争是绝对的,无条件的;统一是相对的,有条件的。这是把矛盾斗争放在第一位"①。中国古典哲学没有这样说,而是把统一放在了第一位。张载把辩证法的规律归纳为:"有像斯有对,对必反其为;有反斯有仇,仇必和而解。"(《正蒙·太和篇》)就是认为事物都有相对的两面,相对的两面之间肯定会互相斗争,斗争就会有仇恨,但是仇恨最后会以"和"来解决,这里面的前三句和马克思主义讲述的一样,第四句则与马克思主义截然相反,马克思可能会说"仇必仇到底"。"仇必和而解"是维护两个对立面所处的那个统一体,"仇必仇到底"是破坏两个对立面所处的那个统一体。这就是马克思主义与中国古典哲学的分歧所在。

冯友兰强调矛盾的统一,他说:"其实,统一性是不会过分强调的。一个统一体的两个对立面,必须先是一个统一体,然后才成为两个对立面。这个'先'是逻辑上的先,不是时间上的先。"②马克思主义与张载理论的区别,在

---

① 冯友兰:《〈中国哲学史新编〉总结》,《三松堂全集》(第10卷),河南人民出版社,2001年,第662页。

② 冯友兰:《〈中国哲学史新编〉总结》,《三松堂全集》(第10卷),河南人民出版社,2001年,第663页。

实践上有重大的意义。马克思主义主张斗争。而张载所谓"和"的概念,并不是没有矛盾和斗争,而是在矛盾的对立中,通过斗争逐渐达到一个"和"的状态。在矛盾的斗争中,是有"异"的。"和"与"同"不一样,"和"是将不同的东西糅在一起,"同"是没有差异。冯友兰说:"'仇必和而解'是客观的辩证法。不管人们的意愿如何,现代的社会,特别是国际社会,是照着这个客观辩证法发展的。"①在今后的世界发展中,"求同存异"、走向和谐将是世界文化的未来,现在国际社会曾经存在的国际联盟、联合国就是人类尝试的象征。"人是最聪明、最有理性的动物,不会永远走'仇必仇到底'那样的道路。这就是中国哲学的传统和世界哲学的未来。"②冯友兰对斗争充满畏惧和厌倦,这与他个人的经历有关,人类是否必然走向"仇必和而解"的道路,还将拭目以待。

---

① 冯友兰:《〈中国哲学史新编〉总结》,《三松堂全集》(第 10 卷),河南人民出版社,2001 年,第 665 页。

② 冯友兰:《〈中国哲学史新编〉总结》,《三松堂全集》(第 10 卷),河南人民出版社,2001 年,第 665 页。

▍结　语

　　冯友兰一生的哲学研究都是依托于文化而进行的，他的哲学探索在于回答中西文化的冲突和矛盾，在他94岁的时候，他为自己写下了"阐旧邦以辅新命，极高明而道中庸"的寿联，这是他一生的追求和关怀，也是他的人生哲学。回顾冯友兰近一个世纪的文化探索，我们可以看到他为中国的独立自强和文化发展、为旧邦的统一和文化新命的实现所付出的不懈努力。梳理冯友兰的文化哲学理论，我们从中可以感受到他对中国传统文化的信念，发现他对中西文化互通及中国文化发展的贡献，领悟到一个哲学家强烈的文化使命感。

一、对中国传统文化的温情与敬意

　　冯友兰从小蒙受旧文化传统私塾教育，并在北京大学入中国哲学门，接受正统教育，对中国哲学有着很深的造诣，他对中国哲学理解的深度和广度是现在的"国学大师"所不能及的，他在中国哲学史上的地位是"可超而不可越"的。冯友兰在中西文化比较中，始终对中国文化充满了温情和敬意，不管是在五四运动对传统进行激烈批判的时期、"科玄论战"时期，还是在文化现代化的追寻过程中，或是在新中国成立之后的文化改造过程中，冯友兰始终为中国传统文化留有一席之地。他在20世纪20年代提出文化的客观存在说和文化的意志信仰说，指出虽然中国文化暂时落后，但中国文化作为一种存在，作为一种社会科学的资料还是有研究价值的。20世纪30年代，在探索文化现代化的道路上，他认为，中国向西方学习的是现代工业文化，中国固有道德和民族文艺是要保留的。20世纪50年代，当人们都在批判中国传统文化时，冯友兰冒险提出"抽象继承法"，为中国文化辩护。20世纪80年代，冯友兰又提出中国古典哲学将作为中国新文化体系的来源之一，为其输送营养。直到生命弥留之际，冯友兰关于哲学所说的最后一句话还是"中国哲学必将大放光彩"。冯友兰对中国传统文化的温情和敬意并不意味着文化本位或落后守旧，他是在承认西方文化的先进性、学习西方文化长处的同时，努力延续中国文化的统一性、体现中国文化的民族性、挖掘中国文化对世界文化的价值。

冯友兰始终认为，中国哲学特别注重人生哲学、注重人的精神，这是中国文化优于西方文化之所在，必将为世界文化发展做出贡献。冯友兰从20世纪20年代就探索中西哲学的根本不同，发现中国哲学的特质，研究中国哲学对世界文化的价值和贡献。冯友兰认为西方哲学注重物质和向外追求，中国哲学则注重精神和向内追求，中国哲学在人生精神方面技高一筹。所以冯友兰在后来的哲学创作和文化对比中，始终坚持精神境界说，坚持固守中国文化的道德价值。他在《新原人》中提出人生四境界说，在《新原道》中详细阐述"极高明而道中庸"的中国文化精神，在《中国哲学史新编》中，认为哲学就是人类精神的反思，哲学的功能就是提高人的精神境界。在生命的后期，冯友兰虽然经历了波浪和挫折，但在他内心深处，始终认同的还是中国的智慧。冯友兰认为"哲学的作用，一是锻炼人的理论思维，一是丰富人的精神境界"①。哲学就是要提升人的境界，丰富人的人格，求理想的人生，中国哲学是最讲究精神境界的。冯友兰批判西方哲学局限于对一些细小问题的研究，忽视或避开对安身立命大问题的探讨，造成"哲学的贫困"，冯友兰认为哲学就是要解决大问题的。②

中国传统文化在近代是命运多舛的，从五四运动的激烈批判，到中华人民共和国成立后特别是"文化大革命"的大批判大毁坏，都对中国传统文化造成了极大的创伤，如果说这些都是知识和文化上层毁坏的话，改革开放后，随着市场经济的发展，农业社会逐步向工业社会转型，"失礼求诸野"也求之不得，因为就像冯友兰先生曾预言的那样，随着社会类型的转变，中国

---

① 冯友兰：《〈中国哲学史新编〉绪论》，《三松堂全集》（第8卷），河南人民出版社，2001年，第31页。

② 冯友兰：《三松堂自序》，《三松堂全集》（第1卷），河南人民出版社，2001年，第222页。

传统文化正在被逐步消解,被新的现代文化所替代。文化的根一旦断掉将很难接续,人们已经意识到了这个问题,所以出现了"国学热""文化自信""创造性转化、创新性发展"等概念。在中国的现代化事业中,不仅处理中国传统文化与现代化的关系问题可以从冯友兰的著作中得到启发,而且他写的"三史"也将为中国传统文化的延续做出贡献。"把四书五经作为基本教材的中国传统教育制度在清末解体以后,中国人要了解、学习、研究中国哲学,一般来说,必须通过冯先生为后来者架设的桥梁。"[①]

二、促进中西文化的理解和互通

《中国哲学史》的美国译者卜德是冯友兰最好的朋友之一,他在《冯友兰与西方》一文中认为,冯友兰在帮助西方世界更好地了解中国哲学和文化,及把西方哲学和文化传播到中国方面,起到了积极的作用。他认为,1949 年之后,冯友兰研究马克思、恩格斯和列宁的著作,也是西方的思想,也是将西方思想介绍到中国。[②] 张岱年认为,在熊十力、金岳霖和冯友兰三位哲人中,熊十力侧重于中国传统,金岳霖侧重于西方学理,唯独冯友兰的哲学体系是中西均含的,是对中西的融会和交融。[③] 冯友兰的女儿宗璞认为,"对东西方文化各自所处地位的清醒的态度,和为促进两种文化互补互融所作的努力以及得到的成绩,在冯学研究中,是非常重要的一个方面。我愿意给它和爱思想、爱祖国鼎足而三的地位"[④]。冯友兰学贯中西,既对中国文化有着深厚的功底和社会感悟,也对西方哲学有系统地学习和现实的体会,他还将中西文化互释作为毕生的课题进行研究,三者兼备在国内学者中很少见,梁漱溟没有出过国门,五四之后的学者再难有系统的中国文化学

---

① 李慎之:《融贯中西 通释今古》,载陈岱孙、季羡林、张岱年等著《冯友兰先生纪念文集》,北京大学出版社,1993 年,第 8—9 页。

② 卜德:《冯友兰与西方》,载陈岱孙、季羡林、张岱年等著《冯友兰先生纪念文集》,北京大学出版社,1993 年,第 18 页。

③ 张岱年:《怀念冯友兰先生》,载单纯、旷昕著《解读冯友兰》(学人纪念卷),海天出版社,1998 年,第 10 页。

④ 宗璞:《向历史诉说》,载郑家栋、陈鹏选编《追忆冯友兰》,社会科学文献出版社,2002 年,第 247 页。

习,胡适如果可以算作一个的话,他却在中华人民共和国成立后没有依附在中国大地,也没有冯友兰的高寿,所以冯友兰对中西文化的思考和贡献是独一无二的。

冯友兰的一生九次出国,在这些出国经历中,他或是求学,或是参加国际会议,始终努力解释中西文化问题。20 世纪 20 年代,冯友兰到哥伦比亚大学攻读博士学位,奠定了良好的西方哲学根基,为他之后撰写《中国哲学史》,创建"新理学"体系打下了基础,在他后来的哲学探索中,共相殊相理论一直都是作为线索而存在的。冯友兰的著作在国内产生很大的影响,他的许多著作不仅作为教材流传,还是老百姓阅读的首选,通俗易懂而不失内涵,《冯友兰先生年谱初编》记载有山西农民车恒茂一直保持阅读冯友兰著作的习惯。冯友兰的《中国哲学史》经卜德翻译后,成为西方人了解和学习中国哲学的必备教材,为西方人了解中国发挥了极大的作用。李慎之说:"如果说中国人因为有严复而知有西方学术,外国人因为有冯友兰而知有中国哲学,这大概不会是夸张。"[①]1948 年,冯友兰在宾夕法尼亚大学讲授中国哲学,并用英文撰写了《中国哲学简史》,采取西方的视角阐释中国问题,向西方系统、清晰地讲述中国哲学,也促进了中国哲学的传播。冯友兰对中西文化互通融合方面所做的努力不仅体现在理论著作上,还体现在实践中。冯友兰在各种国际会议中努力促进中西互通,20 世纪 30 年代游欧,他提出了中西文化在中国发展的三个阶段;50 年代参加欧洲国际哲学会议,他试图让世界了解和理解社会主义新中国;80 年代他到哥伦比亚大学接受荣誉博士学位,他的发言是促进西方对他"所迹"的理解,对中国现代社会的理解。他在每个场合都试图向西方介绍中国文化及其发展新动向,促进西方对中国的了解。

冯友兰在中西文化互通互融的努力中,始终推进中国文化的进步和发展,在吸收西方文化的同时,向外传播中国文化,他对待中西文化的科学态度值得今天的学人借鉴。不可否认的是,当今时代的我们还在许多领域落后于西方,面对中西文化,有的人采取了一边倒的态度,一切唯西方马首是

---

① 陈岱孙、季羡林、张岱年等:《冯友兰先生纪念文集》,北京大学出版社,1993年,第 9 页。

瞻,丧失文化自信,一味套用或者简单复制西方的理论模型,丧失了创新性;有的人仍然留恋中国传统文化,却不能真正懂得传统文化的内涵和底蕴,不懂得文化需要与时俱进并不断发展的道理。在纷繁复杂的文化进程中,保持客观和科学的文化态度实属不易,但这也是我们要努力坚守的文化态度。

三、探索中国文化的现代发展之路

冯友兰关于中西文化的努力有着很强的现实关怀,"士"的角色在他身上表现得很明显,他的所思所想是为了国家和民族,他的哲学和文化创作是为了解决中国的文化问题。在中西文化冲突之中,他不仅努力解释中西的异同优劣,还努力促进中国文化的发展。冯友兰维护传统文化,但是他绝不是一个国粹派或者传统文化派,他注重文化发展的根基,也关注文化发展的连续性,但他绝不赞同固守旧文化,而是努力实现文化的新发展。"冯友兰先生是二十世纪中国对传统哲学文化的现代化作出了划时代贡献的哲学家。"①

有学者认为,中国的现代化历程始于鸦片战争,中国人的现代化探索经历了漫长曲折的历程。冯友兰认为,真正的现代化则是在国家实现独立统一的情况下才能实现,之前的努力都是序幕和开始。20 世纪 30 年代,中华民国实现了形式上的统一,现代化问题提上日程,人们当时展开了"中国本位"与"全盘西化"、"以农立国"与"以工立国"之争,冯友兰在《新事论》中提出了文化的类型说,是推动中国文化现代化的尝试,他认为中国文化的发展不是"全盘西化"也不是"固守本位",而是学习西方工业化类型的现代文化,保守中国民族特色的道德和文艺,走中体西用和质文合一的模式。20 世纪 80 年代,冯友兰仍然坚持 30 年代的现代发展之路,认为要先发展经济,在经济发展的基础上实现文化的现代化,但他同时指出,中西矛盾冲突已经不是中国文化面临的主要问题,中西文化冲突已经转变为在新中国建立新的文化体系,促进马克思主义的中国化。在新的文化体系建立过程中,要注重吸收中国古典哲学精华,为中国马克思主义文化体系的建立提供丰富的古

---

① 萧萐父、田文军:《旧邦新命 真火无疆》,载陈岱孙、季羡林、张岱年等著《冯友兰先生纪念文集》,北京大学出版社,1993 年,第 35 页。

典哲学营养,他撰写的《中国哲学史新编》就是这方面的努力。在这里,冯友兰已经触碰到了中、西、马三种文化的关系问题,只是他将三者的关系简化为两个文化之间的关系问题,将中西文化问题弱化,这与他的人生经历有关,也和中国文化的历史发展有关,他是将文化争论放在整个 20 世纪来看的,从历史长河来看,国家实现了独立,中西文化冲突已不是主要矛盾和问题,但是西方文化问题没有消亡,而是仍然存在,在改革开放和市场经济的推动下,中西文化问题逐步走向深入、细化。

冯友兰将中华人民共和国成立后的文化问题主要归结为马克思主义中国化的问题,这个问题也是当代的文化问题。在马克思主义中国化的进程中,如何处理马克思主义指导思想与传统文化的关系,冯友兰认为中国传统文化将是马克思主义中国化的古典理论来源,并挖掘传统文化中为马克思主义中国化、现代化所用的东西。当今学人的文化争论比较多的是中国马克思主义与西方文化的意识形态之争,是马克思主义如何在中国大地扎根、发芽并成长为参天大树的话题。马克思主义与中国实际相结合不仅是具体问题的结合,更是深层次文化的结合,将马克思主义与中国的文化传统相结合是马克思主义中国化的根本问题。在现代化进程中,在建设中国特色社会主义的历史过程中,将中国传统文化发扬光大,对于增强文化自信,建立中国话语体系有着特别的意义。

四、传承哲学家的文化使命

冯友兰在他的著作中,多次提到张载的"横渠四句",以明哲学家之志。冯友兰有着极高的哲学家使命感,这种使命感透露在他著作的字里行间。他在《新原人》自序中写道:"'为天地立心,为生民立命,为往圣继绝学,为万世开太平。'此哲学家所应自期许也。"[①]在《新理学》中,他"接着讲"中国哲学,在《新原道》中,他饱含感情地阐述中国文化精神,在中华人民共和国成立后,他立志用马克思主义的立场观点重新撰写《中国哲学史》,一写四十年,他用"智山慧海传真火"比喻,认为哲学家应该"愿随前薪作后薪",为中

---

① 　冯友兰:《贞元六书》(下),中华书局,2014 年,第 559 页。

国文化的发展添柴加火,延续文化生命。在《中国哲学史新编》中,冯友兰以"为天地立心,为生民立命,为往圣继绝学,为万世开太平,高山仰止,景行行止,虽不能至,心向往之"作为结束语,为自己的哲学人生画上了圆满的句号。

　　冯先生经常引用儒家经典《诗经》中的一句话"周虽旧邦,其命维新",这也是他一生文化探索的根本出发点,他的文化探索都围绕这个使命展开。他在西南联合大学纪念碑文中写道:"我国家以世界之古国,居东亚之天府,本应绍汉唐之遗烈,作并世之先进。将来建国完成,必于世界历史,居独特之地位。盖并世列强,虽新而不古;希腊、罗马,有古而无今。惟我国家,亘古亘今,亦新亦旧,其所为'周虽旧邦,其命维新'者也。"[1]冯友兰认为中华文明历史悠久,文化源远流长,在世界上具有不可忽视的地位。春秋战国时期,国家经历了第一次社会大变革,孔子为延续周朝文化,建立儒学,为后来的秦汉一统和文化延续建立了基础。从鸦片战争到中华人民共和国成立,这是中国经历的第二次社会大革命,作为哲学家,冯友兰认为自己有使命保存文化火种,为新文化体系的发展做好文化相续的使命。冯友兰说:"我的努力就是保持旧邦的统一性和个性,而又同时促进实现新命。我有时强调这一面,有时强调另一面。"[2]一方面,冯先生努力发扬中华传统哲学和文化的精髓,以备为国家所用;另一方面,冯先生融会中西、贯通古今,在新时代创造性地发展哲学,以适应时代的发展。

　　冯友兰曾对张岱年说:"近代思想家中,康有为、严复、章太炎在晚年都倒退了,唯有孙中山和鲁迅是随着时代前进的。"他决心要随着时代前进,做一位与时俱进的思想家。[3]冯友兰探索中西文化冲突矛盾问题,在不同的历史时代,提出不同的文化理论和概念。"文革"结束之后,冯友兰认为,中西冲突的问题已经有了一个决断,改革开放之后的文化使命是建设新的文化

---

[1]　冯友兰:《三松堂自序》,《三松堂全集》(第1卷),河南人民出版社,2001年,第300—301页。

[2]　冯友兰:《三松堂自序》,《三松堂全集》(第1卷),河南人民出版社,2001年,第311页。

[3]　单纯、旷昕:《解读冯友兰》(学者研究卷),海天出版社,1998年,第8页。

体系,今后世界文化的发展,必将走向"和谐"。他生命不息、奋斗不止。在生命的最后十年,他坚持每天写作,与疾病做斗争,与时间赛跑,终于在最后的时刻,完成了《中国哲学史新编》的撰写,他为中国文化的延续和发展"吐尽蚕丝""流尽蜡泪"。"文化大革命"时期,冯友兰曾走过一段弯路,为了争取时间,免受批斗,他加入了"批林批孔"的行列,成为"梁效"顾问,为后人所诟病。冯友兰有他的弱点,为了学术生命委曲求全,但是他也有勇气提出自己的"抽象继承法",并在"文革"后进行自我批评,指出自己学术"不诚"的错误。冯友兰所犯的错误既与历史大环境有关,也与他个人效忠国家的传统"士大夫"心理有关,还与他超然的哲学境界有关。

冯友兰对中国文化发展充满自信,他在《三松堂自序》中写道:"我常以身为中国人而自豪,因为中国人既有辉煌的过去,又有伟大的将来。"[①]冯友兰所做的文化延续努力必将为中国未来文化的发展增添力量。今日的中西文化冲突并没有停止,关于中西文化的讨论也不会停止。人们关于中西文化的讨论更加细化、专业化,更多的人开始采用西方的理论模式探讨中西文化问题,也有学者提出了新的理论模型,如方克立提出的"马魂中体西用"说,张岱年提出的文化"综合创新说",都是针对中国新文化发展实际,为处理好中、西、马的关系问题进行的理论阐释,从某种意义上说,他们关于文化的阐释是对冯友兰"旧邦新命"使命的延续。

---

① 　冯友兰:《三松堂自序》,《三松堂全集》(第 1 卷),河南人民出版社,2001 年,第305 页。

参考文献

一、中文文献

（一）著作类

［1］冯友兰. 三松堂全集：第三版（第1—5卷）［M］. 北京：中华书局，2014.

［2］冯友兰. 三松堂全集：第二版（第1—14卷）［M］. 郑州：河南人民出版社，2001.

［3］冯友兰. 三松堂自序［M］. 北京：人民出版社，2008.

［4］蔡仲德. 冯友兰先生年谱长（上、下）［M］. 北京：中华书局，2014.

［5］中国人民大学哲学系. 冯友兰哲学思想批判文集［M］. 北京：中国人民大学出版社，1958.

［6］陈岱孙，季羡林，张岱年，等. 冯友兰先生纪念文集［M］. 北京：北京大学出版社，1993.

［7］冯钟璞，蔡仲德. 冯友兰先生百年诞辰纪念文集［M］. 北京：清华大学出版社，1995.

［8］蔡仲德. 冯友兰研究（第一辑）［M］. 北京：国际文化出版公司，1997.

［9］高秀昌. 旧邦新命：冯友兰研究第2辑［M］. 郑州：大象出版社，1999.

［10］胡军. 传统与创新：第四届冯友兰学术思想研讨会论文集［M］. 北京：北京大学出版社，2002.

［11］胡军. 反思与境界：纪念冯友兰先生诞辰一百一十周年暨冯友兰学术国际研讨会文集［M］. 北京：北京大学出版社，2008.

［12］清华大学国学研究院. 冯友兰教育思想研究［M］. 上海：华东师范大学出版社，2012.

［13］刘长城,刘刚.冯友兰哲学与中国现代哲学:全国第九届冯友兰学术思想讨论会论文集［M］.北京:中国文史出版社,2013.

［14］王廷信,高秀昌.旧邦新命［M］.开封:河南大学出版社,2014.

［15］毛泽东选集(第2卷)［M］.北京:人民出版社,1991.

［16］毛泽东文集(第7、8卷)［M］.北京:人民出版社,1997.

［17］周恩来选集(下卷)［M］.北京:人民出版社,1984.

［18］邓小平文选(第二卷)［M］.北京:人民出版社,1994.

［19］黄克剑,吴小龙.张君劢集［M］.北京:群言出版社,1993.

［20］独秀文存·论文(上、下)［M］.北京:首都经济贸易大学出版社,2018.

［21］杨向奎等.百年学案［M］.沈阳:辽宁人民出版社,2003.

［22］中国近代思想家文库(杜亚泉卷)［M］.北京:中国人民大学出版社,2014.

［23］中国李大钊研究会编注.李大钊全集［M］.北京:人民出版社,2006.

［24］中共中央文献研究室.建国以来重要文献选编(第8册)［M］.北京:中央文献出版社,1993.

［25］哲学研究编辑部.中国哲学史问题讨论专辑［M］.北京:科学出版社,1957.

［26］陈崧.五四前后东西文化问题论战文选［M］.北京:中国社会科学出版社,1985.

［27］樊仲云.中国本位文化建设讨论集［M］.上海:上海文化建设月刊社,1936.

［28］马芳若.中国文化建设讨论集(上编)［M］.上海:上海书店,1935.

［29］《复旦学报》(社会科学版)编辑部.断裂与继承:青年学者论传统文化与现代化［M］.上海:上海人民出版社,1987.

［30］罗荣渠.从"西化"到现代化［M］.北京:北京大学出版社,1990.

［31］复旦大学历史系.中国传统文化的再估计:首届国际中国文化学术讨论会(一九八六年)文集［M］.上海:上海人民出版社,1987.

[32]冯恩荣.全盘西化言论续集[M].上海:上海书店,1936.

[33]梁漱溟.东西文化及其哲学[M].北京:商务印书馆,2015.

[34]胡适.中国哲学史大纲[M].北京:商务印书馆,2015.

[35]谢无量.中国哲学史[M].郑州:河南人民出版社,2016.

[36]渡边秀方.中国哲学史概论[M].刘侃元,译.郑州:河南人民出版社,2016.

[37]梁启超.欧游心影录[M].北京:商务印书馆,2014.

[38]杨明斋.评中西文化观[M].合肥:黄山书社,2008.

[39]蔡元培.中国伦理学史[M].桂林:广西师范大学出版社,2010.

[40]柳诒徵.中国文化史[M].北京:中国社会科学出版社,2014.

[41]陶希圣.中国社会之史的分析[M].长沙:岳麓书社,2010.

[42]李守常.史学要论[M].北京:商务印书馆,2015.

[43]金岳霖.论道[M].北京:商务印书馆,2015.

[44]蒋廷黻.中国近代史[M].武汉:武汉出版社,2012.

[45]贺麟.文化与人生[M].北京:商务印书馆,2015.

[46]陈旭麓.近代中国社会的新陈代谢[M].北京:中国人民大学出版社,2012.

[47]钱穆.八十忆双亲·师友杂忆[M].北京:生活·读书·新知三联书店,1998.

[48]张东荪.科学与哲学[M].北京:商务印书馆,2004.

[49]张君劢,丁文江等.科学与人生观[M].长沙:岳麓书社,2012.

[50]陈序经.中国文化的出路[M].北京:中国人民大学出版社,2010.

[51]陈序经.文化学概论[M].北京:中国人民大学出版社,2005.

[52]罗志田.再造文明之梦:胡适传[M].北京:社会科学文献出版社,2015.

[53]殷海光.中国文化的展望[M].北京:商务印书馆,2015.

[54]虞和平.中国现代化历程[M].南京:江苏人民出版社,2001.

[55]方克立.现代新儒学与中国现代化[M].天津:天津人民出版社,1997.

［56］蔡元培.学养［M］.苏州:古吴轩出版社,2016.

［57］张岱年,程宜山.中国文化精神［M］.北京:北京大学出版社,2015.

［58］张岱年,程宜山.中国文化与文化论争［M］.北京:中国人民大学出版社,1990.

［59］张岱年.文化与哲学［M］.北京:中国人民大学出版社,2006.

［60］季羡林.季羡林谈东西方文化［M］.北京:当代中国出版社,2015.

［61］费孝通.文化与文化自觉［M］.北京:群言出版社,2016.

［62］杜维明.否极泰来:新轴心时代的儒家资源［M］.北京:北京大学出版社,2016.

［63］唐君毅.中国文化之精神价值［M］.桂林:广西师范大学出版社,2005.

［64］唐德刚.胡适口述自传［M］.上海:华东师范大学出版社,1993.

［65］李泽厚.中国近代思想史论［M］.北京:人民出版社,1985.

［66］李泽厚.中国现代思想史论［M］.北京:人民出版社,1985.

［67］李维武.中国哲学的现代转型［M］.北京:中华书局,2008.

［68］张宪文等.中华民国史(第1—4卷)［M］.南京:南京大学出版社,2013.

［69］罗荣渠.现代化新论［M］.北京:商务印书馆,2004.

［70］甘阳.古今中西之争［M］.北京:生活·读书·新知三联书店,2006.

［71］甘阳.八十年代文化意识［M］.上海:上海人民出版社,2006.

［72］庞朴.文化的民族性与时代性［M］.北京:中国和平出版社,1988.

［73］周作人.知堂回想录(下)［M］.石家庄:河北教育出版社,2002.

［74］蔡尚思.中国学术大纲［M］.北京:知识产权出版社,2013.

［75］金冲及.二十世纪中国史［M］.北京:社会科学文献出版社,2009.

［76］罗素.西方哲学史［M］.何兆武,等译.北京:商务印书馆,2012.

［77］费正清,费维恺.剑桥中华民国史［M］.刘敬坤,等译.北京:中国社会科学出版社,1993.

［78］罗兹曼.中国的现代化［M］.“比较现代化”课题组,译.南京:江苏

人民出版社,1995.

[79]周策纵.五四运动史[M].周子平,等译.北京:世界图书出版公司北京公司,2016.

[80]亨廷顿.文明的冲突与世界秩序的重建[M].周琪,刘绯,张立平,等译.北京:新华出版社,2015.

[81]宗璞.旧事与新说:我的父亲冯友兰[M].北京:新星出版社,2010.

[82]宗璞.我的父亲冯友兰[M].北京:中国盲文出版社,2014.

[83]宗璞.我和我的父亲冯友兰[M].广州:广东人民出版社,2004.

[84]冯钟璞.走近冯友兰[M].北京:社会科学文献出版社,2013.

[85]宗璞.冯友兰:云在青天水在瓶[M].郑州:大象出版社,2002.

[86]蔡仲德.冯友兰先生评传[M].香港:三联书店有限公司,2005.

[87]单纯,旷昕.解读冯友兰丛书(四种)[M].深圳:海天出版社,1998.

[88]张克兰,王晓清.左读右读冯友兰:一代哲学大师学问世界的新透视[M].武汉:湖北人民出版社,2010.

[89]陈战国.冯友兰哲学思想研究[M].北京:北京大学出版社,1999.

[90]王鉴平.冯友兰哲学思想研究[M].成都:四川人民出版社,1988.

[91]郑家栋,陈鹏.解析冯友兰[M].北京:社会科学文献出版社,2002.

[92]田文军.冯友兰新理学研究[M].武汉:武汉出版社,1990.

[93]王中江,高秀昌.冯友兰学记[M].北京:生活·读书·新知三联书店,1995.

[94]宋志明,梅良勇.冯友兰学术思想评传[M].北京:北京图书馆出版社,1999.

[95]李中华.冯友兰评传[M].南昌:百花洲文艺出版社,1996.

[96]单纯.旧学新统:冯友兰哲学思想通论[M].成都:四川大学出版社,2005.

[97]郁有学.哲学与哲学史之间:冯友兰的哲学道路[M].上海:华东师范大学出版社,2004.

[98]陈战国,王仁宇.一代哲人冯友兰[M].北京:北京大学出版社,2011.

[99]胡军.冯友兰论人生[M].南昌:江西高校出版社,2010.

[100]柴文华.冯友兰思想研究[M].北京:人民出版社,2010.

[101]李真.世纪哲人冯友兰[M].石家庄:河北教育出版社,2009.

[102]高秀昌.冯友兰中国哲学史方法论研究[M].北京:北京大学出版社,2010.

[103]程伟礼.信念的旅程:冯友兰传[M].上海:上海文艺出版社,1994.

[104]刘东超.生命的层级:冯友兰人生境界说研究[M].成都:巴蜀书社,2002.

[105]范鹏.道通天地冯友兰[M].济南:山东画报出版社,1998.

[106]郑家栋,陈鹏.追忆冯友兰[M].北京:社会科学文献出版社,2002.

[107]陈来.现代中国哲学的追寻[M].北京:人民出版社,2002.

[108]柴文华.冯友兰思想研究[M].北京:人民出版社,2010.

[109]陈战国,吕琦.世纪哲人冯友兰[M].开封:河南大学出版社,2000.

[110]赵金钟.霞散成绮:冯友兰家族文化史[M].武汉:长江文艺出版社,2000.

[111]单纯.三松堂主:名人笔下的冯友兰、冯友兰笔下的名人[M].上海:东方出版中心,1999.

[112]邓联合.传统形上智慧与社会人生的现代开展:冯友兰先生"贞元六书"研究[M].南京:南京师范大学出版社,2003.

[113]田文军.大家精要:冯友兰[M].昆明:云南教育出版社,2010.

[114]李山,张重岗,王来宁,等.现代新儒家传[M].济南:山东人民出版社,2002.

[115]金春峰.冯友兰哲学生命历程[M].北京:中国言实出版社,2004.

[116]郑家栋.学术与政治之间:冯友兰与中国马克思主义[M].台北:水牛图书出版事业有限公司,2001.

[117]任继愈.实说冯友兰[M].北京:北京大学出版社,2008.

[118]赵林.从哲学思辨到文化比较[M].北京:人民出版社,2014.

[119]赵林.中西文化的精神差异与现代转型[M].上海:华东师范大学出版社,2015.

[120]邓晓芒.世纪之风:中国当代文化批判与人文建构[M].武汉:湖北人民出版社,2014.

[121]丁捷.时代与抉择:胡适和中西文化[M].郑州:河南人民出版社,1992.

[122]吕希晨,王育民.中国现代哲学史[M].长春:吉林人民出版社,1984.

[123]林毓生.中国传统的创造性转化[M].北京:生活·读书·新知三联书店,1988.

[124]杨早.清末民初北京舆论环境与新文化的登场[M].北京:北京大学出版社,2008.

[125]钱理群.论北大[M].桂林:广西师范大学出版社,2008.

[126]李四龙.有哲学门以来:北京大学哲学系(1912—2012)[M].北京:三联书店,2012.

[127]赵立彬.民族立场与现代追求:20世纪20—40年代的全盘西化思潮[M].北京:生活·读书·新知三联书店,2005.

[128]李宗桂.传统与现代之间[M].北京:北京师范大学出版社,2011.

[129]陈勤,李刚,齐佩芳,等.中国现代化史纲(上卷)[M].南宁:广西人民出版社,1998.

(二)论文、报刊类

[1]杨淑敏.冯友兰文化类型说述评[D].保定:河北大学,2000.

[2]王芳恒.冯友兰社会文化观研究[D].北京:中央民族大学,2003.

[3]柴文华.现代新儒家文化观研究[D].哈尔滨:黑龙江大学,2003.

[4]毛文凤.近代儒家终极关怀研究:从康有为到熊十力[D].上海:华东师范大学,2004.

[5]封海清.西南联大的文化选择与文化精神[D].武汉:华中科技大学,2005.

[6]赵庆灿.新理学与中国哲学的现代转型[D].天津:南开大学,2010.

[7]李文良.冯友兰文化哲学述要[J].郑州大学学报(哲学社会科学版),1990(2).

[8]李维武.冯友兰新理学与维也纳学派[J].现代哲学,1990(4).

[9]张岱年.冯友兰先生《贞元六书》历史意义[J].中州学刊,1991(2).

[10]陈来.冯友兰先生的终极关怀:先生1988年所撰之阐旧辅新联略说[J].中国文化,1991(4).

[11]张岱年.冯友兰哲学思想的转变给我们的启示[J].高校理论战线,1991(2).

[12]萧萐父,田文军.旧邦新命　真火无疆:冯友兰先生学思历程片论[J].中州学刊,1991(6).

[13]张跃.阐旧邦以辅新命　极高明而道中庸:冯友兰先生哲学探索历程述评[J].社会科学战线,1992(1).

[14]金春峰.冯友兰中国哲学史研究的启示:兼论哲学与哲学史[J].中州学刊,1992(4).

[15]余敦康.回到轴心时期:金岳霖、冯友兰两先生的哲学思考和中国文化的展望[J].中国文化,1992(7).

[16]涂又光.《冯友兰英文著作集》评介[J].哲学研究,1992(7).

[17]陈乐民.哲学家的足迹和沉思:冯友兰先生的两个自序和一个总结[J].读书,1993(6).

[18]陈俊民.中国近世"三教融合"与"中西会通":汤用彤、冯友兰、陈寅恪文化思想合论[J].北京社会科学,1994(1).

[19]方克立.冯友兰与中国哲学现代化[J].中国文化研究,1994(2).

[20]刘鄂培.冯友兰先生晚年的治学思想[J].船山学刊,1995(1).

[21]陈晓平.评冯友兰的新统:兼论冯友兰哲学的归属问题[J].中州学刊,1995(3).

[22]陈来.冯友兰中国哲学史研究的学术贡献[J].北京社会科学,1995(4).

[23]范鹏.一代文化托命之人:写在冯友兰先生诞辰百年之际[J].学术

月刊,1995(11).

[24]张岂之.从大处着眼:纪念冯友兰先生诞辰 100 周年[J].清华大学学报(哲学社会科学版),1996(2).

[25]李中华.对中国哲学与中国文化的普遍关切:冯友兰《中国哲学简史》的时代性[J].北京大学学报(哲学社会科学版),1996(2).

[26]陈鹏.冯友兰论中国哲学的近代化:兼论新理学的方法自觉[J].中国哲学史,1996(2).

[27]任继愈.冯友兰先生对中国哲学的继承和发展[J].齐鲁学刊,1996(2).

[28]柴毅龙.冯友兰与柏拉图[J].中州学刊,1996(3).

[29]田文军.冯友兰与文化保守主义[J].中国哲学史,1996(3).

[30]蔡仲德.中国现代哲学家冯友兰[J].文史哲,1996(4).

[31]蔡仲德.论冯友兰的思想历程[J].传统文化与现代化,1996(5).

[32]牟钟鉴.试论"冯友兰"现象[J].传统文化与现代化,1997(4).

[33]洪晓楠.冯友兰文化哲学新论[J].中州学刊,1997(6).

[34]方克立.全面评价冯友兰[J].哲学研究,1997(12).

[35]单纯.论冯友兰在中国哲学史上的地位[J].中州学刊,1998(1).

[36]何中华."科玄论战"与 20 世纪中国哲学走向[J].文史哲,1998(2).

[37]蔡仲德.关于冯友兰思想历程的几个问题:答方克立先生[J].哲学研究,1998(10).

[38]羊涤生."承百代之流,而合乎当今之变":冯友兰先生究竟属于哪一家[J].哲学研究,1998 年增刊.

[39]蔡仲德.关于冯友兰的思想转变[J].哲学研究,1998 年增刊.

[40]陈鹏.冯友兰论中国哲学的近代化:兼论新理学的方法自觉[J].中国哲学史,1996(1).

[41]田文军.冯友兰与中国哲学史学[J].学术月刊,1999(4).

[42]张斌峰,张晓芒.冯友兰的哲学观与中国哲学的新开展[J].社会科学战线,1999(6).

[43]李中华.冯友兰与"五四思潮":略论冯友兰文化观的演进[J].中国文化研究,1999年冬之卷.

[44]柴文华,张收.论冯友兰对儒家伦理的转化创新[J].河南师范大学学报(哲学社会科学版),2023(5).

[45]余敦康.冯友兰先生关于传统与现代化的思考[J].中国哲学史,2001(1).

[46]宋志明.略论冯友兰晚年的中国哲学史研究[J].中国人民大学学报,2001(1).

[47]成中英.21世纪中国哲学走向:诠释、整合与创新[J].中国社会科学院研究生院学报,2001(6).

[48]胡适.评冯友兰《中国哲学史》[J].卢海燕,译.中国哲学史,2001(4).

[49]蒙培元.在传承与创新中发展:在第四届冯友兰学术思想研讨会上的总结发言[J].哲学动态,2001(4).

[50]李建忠,刘小梅.冯友兰先生文化哲学思想的雏形:哲学与价值观意义上的"种类"说[J].南昌大学学报(人文社会科学版),2002(1).

[51]陈来.中国哲学的近代化与民族化:从冯友兰的哲学观念说起[J].学术月刊,2002(1).

[52]陈鹏."民族性"的分析与重建:冯友兰文化观的意义[J].北京社会科学,2002(2).

[53]陈衍东.从表征方式看"中国哲学的合法性":以冯友兰先生的正负方法论为视角[J].山东社会科学,2002(4).

[54]钟肇鹏.冯友兰在中国哲学史上的地位[J].哲学研究,2002(6).

[55]陈来.从"贞元之际"到"旧邦新命"[J].中华读书报,2002.

[56]周继旨.冯友兰的《新理学》与中国现代文化人对"西学东渐"的回应[J].南阳师范学院学报(社会科学版),2003(1).

[57]李维武.冯友兰在全球化与民族性之间的探寻[J].南阳师范学院学报(社会科学版),2003(1).

[58]李真.学贯中西、道通古今、境臻天地:论冯友兰哲学的眼界、方法

与境界[J].南阳师范学院学报(社会科学版),2003(1).

[59]郭桥.逻辑理性的融入:近代西方逻辑传播对冯友兰哲学的影响[J].中国哲学史,2003(2).

[60]方克立.中国哲学的综合创新之路[N].光明日报,2003年2月11日.

[61]马亚男.冯友兰和克尔凯郭尔的人生境界说比较[J].中州学刊,2003(3).

[62]李中华.哲学与人类的未来:冯友兰对中国哲学与未来世界哲学的阐释[J].南阳师范学院学报(社会科学版),2003(4).

[63]冯虞章.从中国现代哲学的主流看先进文化的前进方向:兼谈正常评价冯友兰哲学及其他[J].马克思主义研究,2003(6).

[64]胡军."以哲学代宗教":冯友兰哲学观管窥[J].中州学刊,2003(7).

[65]唐文明.古典教化思想的现代命运:以冯友兰为例看中国哲学的诠释学意义[J].哲学研究,2003(9).

[66]柴文华.论冯友兰的西方文化观[J].南阳师范学院学报(社会科学版),2004(1).

[67]马迅.对于现代"中国哲学"框架的愕然:从胡适与冯友兰的学术取径看[J].学术月刊,2004(2).

[68]李海星.安身立命之地:解读"冯友兰现象"[J].河南社会科学,2004(4).

[69]蔡仲德.关于梁漱溟与"冯友兰现象"[J].南阳师范学院学报(社会科学版),2004(5).

[70]李喜所.中国留学生与现代新儒家:以冯友兰、吴宓为中心[J].史学月刊,2004(11).

[71]柴文华.论冯友兰的中国哲学观:纪念冯友兰先生诞辰100周年[J].河南师范大学学报(哲学社会科学版),2005(1).

[72]张绍伟,陆卫明.冯友兰中西文化观述评[J].船山学刊,2005(2).

[73]郭齐勇,等."重写中国哲学"三人谈[J].文史哲,2005(3).

［74］宋志明.冯友兰的文化三说［J］.中州学刊,2005(4).

［75］陈雷,于伟.冯友兰"境界说"与弗洛伊德"人格"说之比较［J］.中州学刊,2005(6).

［76］范鹏.试论冯友兰新理学对旧理学的超越［J］.兰州大学学报(社会科学版),2005(6).

［77］蒙培元.冯友兰对中国哲学的贡献:从"求真"与"求好"说起［J］.博览群书,2005(11).

［78］陈江风.沿着冯友兰的道路走下去:在纪念冯友兰先生诞辰110周年暨冯友兰学术思想国际讨论会上的演讲［J］.南阳师范学院学报(社会科学版),2006(1).

［79］钟肇鹏.冯友兰在哲学上的地位［J］.孔子研究,2006(2).

［80］金春峰.关于中哲史之"合法性"与"危机"问题:为纪念冯友兰先生诞辰110周年作［J］.江海学刊,2006(3).

［81］刘金鹏.现代化与道德转型的分离:略论冯友兰"新理学"体系的道德观［J］.学术论坛,2006(4).

［82］刘鄂培.续谈冯友兰先生的"旧邦新命":纪念冯友兰先生诞辰110周年［J］.船山学刊,2006(4).

［83］王宝峰.张载对冯友兰思想的影响［J］.西北大学学报(哲学社会科学版),2006(4).

［84］单纯.又见冯友兰:读何兆武《上学记》中"冯友兰先生"之笔记历史［J］.中国图书评论,2006(11)。

［85］高秀昌.冯友兰抽象继承法新论［J］.中国哲学史,2007(3).

［86］胡军.中国走向自由之路的哲学思考:冯友兰文化观解读［J］.西南民族大学学报(人文社科版),2008(2).

［87］沈素珍,钱耕森."和"的哲学:中国哲学对世界未来哲学的最大贡献:冯友兰先生最后留给我们最珍贵的哲学遗产［J］.南阳理工学院学报,2009(2).

［88］胡军.逻辑分析方法的中国式解读(下):以冯友兰为核心［J］.学术月刊,2010(2).

[89]羊涤生.再论儒家重"和"的哲学及其现代意义:兼论冯友兰先生临终前关于"两种辩论法"的最后论述[J].

[90]贾磊磊,杨朝明.第三届世界儒学大会学术论文集,北京:文化艺术出版社,2011 年.

[91]柴文华.论冯友兰人生境界说中的中国传统思想元素:纪念冯友兰诞辰 115 周年[J].学术交流,2010(7).

[92]田文军.冯友兰与中国现代哲学[J].南阳师范学院学报(社会科学版),2011(1).

[93]沈素珍,钱耕森.哲学与文化:冯友兰对"横渠四句"的执着情怀[J].东吴学术,2011(2).

[94]刘成友.冯友兰"普遍性哲学"思想探析[J].哲学研究,2011(11).

[95]高秀昌.中华民族复兴道路的学术探索:重读冯友兰《新事论》有感[J].中国社会科学报,2012 年 8 月 20 日.

[96]陈晓平.冯友兰与李约瑟问题[J].重庆理工大学学报(社会科学版),2014(5).

[97]李洪卫.20 世纪中国理性主义哲学的重建:以梁漱溟、冯友兰、牟宗三的"理性"观念为中心[J].河北学刊,2014(6).

[98]竺可桢.为什么中国古代没有自然科学[J].科学,2015(3).

[99]何柳.论冯氏家族文化对冯友兰的影响[J].南阳师范学院学报(社会科学版),2015(4).

[100]王仁宇."阐旧邦以辅新命":冯友兰 20 世纪中国学术思想[N].光明日报,2016 年 1 月 19 日.

[101]李浴洋.缺席与在场:"新文化运动"时期冯友兰的教育经历与文化实践[J].文艺理论与批评,2017(3).

[102]张昊雷.德体技用:"中体西用"与"西体中用"之外的第三条路[J].思想政治教育研究,2017(4).

[103]李巍.从"讲哲学"看中国哲学:冯友兰的思想遗产[J].兰州大学学报(社会科学版),2018(3).

[104]高力克."旧邦新命":冯友兰的中国现代化论[J].史学月刊,

2019(1).

[105]张萍.关于冯友兰对中国现代化思考的反思:以《新事论》为中心[J],石河子大学学报(哲学社会科学版),2019(4).

[106]李浴洋."东西文化论争"的"方法转向":冯友兰文化比较观念的形成与泰戈尔的触媒作用[J].文艺理论与批评,2020(4).

[107]高硕.中华优秀传统文化继承与创新方法探析:五四运动以来两次学术讨论的启示[J].江苏海洋大学学报(人文社会科学版),2021(5).

[108]苏培君.从抽象继承到历史性梳理:中国话语的马克思主义哲学方法论重构[J].江苏社会科学,2022(3).

[109]巫海,张三萍.冯友兰马克思主义思想发展历程研究[J].南昌航空大学学报(社会科学版),2023(1).

[110]李悦.冯友兰:一个"中国特色"的哲学家如何思考世界[N].中国青年报,2023-04-18.

二、外文文献

(一)著作类

[1]Fung Yu-Lan. A Short history of Chinese philosophy. Edited by Derk Bodde[M]. New York:The Free Press,1976.

[2]Obenchain,Diane B,et al. Something Exists:Selected papers of the International Research Seminar on the Thought of Feng Youlan[M]. Honolulu:Dialogue Publishing,1994.

[3]Soo,Francis. Contemporary Chinese Philosophy,in Brian Carr&Indira Mahalingam,Companion Encyclopedia of Asian Philosophy[M]. London:Routledge,2001.

[4]Cheng,Chung-Ying,and Nicholas Bunnin,eds. Contemporary Chinese Philosophy[M]. Malden,MA:Blackwell Publishers,2002.

[5]Peter J. King. One Hundred Philosophers:A Guide to the World's Greatest Thinkers[M]. London:Apple Press,2004.

(二)论文、期刊类

[1]Masson,Michel C. The Idea of Chinese Tradition:Fung Yu-Lan,1939-

1949[D]. Harvard University,1977.

[2]Wycoff,William Alfred. The New Rationalism of Fung Yu-Lan[D]. Columbia University,1981.

[3]Teoh,Vivienne. The Post'49 Critiques of Confucius in the PRC,with Special Emphasis on the Views of Feng Youlan and Yang Rongguo:A Case Study of the Relationship between Contemporary Political Values and the Re-evaluation of the History of Chinese Philosophy[D]. University of New South Wales,1982.

[4]Chen Derong. Category and Meaning:A Critical Study of Feng Yulang's Metaphysics,Thesis[D]. University of Toronto,2005.

[5]Chuan Xu. The Realm of Sagehood:A Study of Feng You-lan's (1895-1990 CE) Doctrine of Tiandijingjie (Sphere of Heaven and Earth) [D]. Berkeley,California,2006.

[6]Fung Yu-Lan,Derk Bodde. The Rise of Neo-Confucianism and Its Borrowings From Buddhism and Taoism[J]. Harvard Journal of Asiatic Studies,No. 2(1942),Harvard-YenchingInstitute.

[7]Fung Yu-lan,Derk Bodde. A General Discussion of The Period of Classical Learning[J]. Harvard Journal of Asiatic Studies,No. 3/4 (1947),Harvard-Yenching Institute.

[8]DerK Bodde. Chinese Philosophy and the Social Sciences[J]. Pacific Affairs,No. 2 (1947),Pacific Affairs,Uniersity of British Columbia.

[9]Fung Yu-Lan. Chinese Philosophy and a Future World Philosophy[J]. The Philosophical Reiew,No. 6 (1948),Duke University press on behalf of University Press Philosophical Review.

[10]E. A. urtt. How Can the Philosophies of East and West Meet[J]. The Philosophical Reiew,No. 6 (1948),Duke University press on behalf of University Press Philosophical Review.

[11]Wing-Tsit Chan. Chinese Philosophy in Communist China[J]. Philosophy East and West,No. 3 (1961),University of Hawaii Press.

[12]Donald J. Munro. Chinese Communist Treatment of the Thinkers of the

Hundred Schools Period[J]. The China Quarterly, No. 24 (1965), Cambridge University Press School of Oriental and African.

[13] Alexander V. Lomanov. Religion and Rationalism in the Philosophy of Feng You-lan[J]. Monumenta Serica, No. 1 (1998), Maney Publishing.

[14] Jiang Wu. What is JINGJIE? Defining Confucian Spirituality in the Modern Chinese Intellectual Context[J]. Monumenta Serica, Vol. 50 (2002), Taylor & Francis, Ltd.

[15] Carine Defoort. Is "Chinese philosophy" a Proper Name? A Response to Rein Raud, Philosophy East and West, University of Hawaii Press, 2006(4).

[16] Diane B. Obenchain. The Enduring Value of What Feng You-lan Taught Us: A Western Perspective. Commemorating Feng You-lan's 120th Anniversary and 25th Anniversary, Tsinghua University, 2015(11):21-22.

[17] Carine Defoort. Feng Youlan and Twentieth Century China. An Intellectual Biography by Xiaoqing Diana Lin (review). China Review International, University of Hawaii Press, 2016, 23(1).